# 主力行为分析核心技术

金　铁◎著



中国宇航出版社
·北京·

图书在版编目（CIP）数据

主力行为分析核心技术 / 金铁著. -- 北京 : 中国宇航出版社, 2018.10(2025.10重印)
ISBN 978-7-5159-1501-2

Ⅰ. ①主… Ⅱ. ①金… Ⅲ. ①股票投资－基本知识 Ⅳ. ①F830.91

中国版本图书馆CIP数据核字(2018)第184914号

责任编辑 田芳卿
责任校对 许 可　　装帧设计 宇星文化

出版发行 中国宇航出版社
社 址 北京市阜成路8号　　邮 编 100830
(010)60286808　　(010)68768548
网 址 www.caphbook.com
经 销 新华书店
发行部 (010)60286888　　(010)68371900
(010)60286887　　(010)60286804(传真)
零售店 读者服务部
(010)68371105
承 印 三河市君旺印务有限公司
版 次 2018年10月第1版　　2025年10月第11次印刷
规 格 787×960　　开 本 1/16
印 张 18.5　　字 数 250千字
书 号 ISBN 978-7-5159-1501-2
定 价 45.00元

# 前 言

技术是什么？

技术不是根据已有的模式和数据，按照自己希望的方向去分析和判断。一个以主观愿望进行交易的理想主义者，市场很快就会给你开出罚单。

技术更不是“感觉要涨了或感觉要跌了”。如果交易行为建立在感觉上，那么结果注定会让人失望。

技术，其实是分析价格强弱变化、支撑与压制转化及多空力量消长的。跟随市场动态，分析价格变化，厘清市场运行的潜在逻辑，这才是技术之本。

技术包括两个部分：分析技术和操作技术。

别人没看到远处的金子，你看到了，这是分析技术。看到金子和拿到金子是两码事儿，拿到了，这叫操作技术。

学会分析股票买点和卖点并不难，难在“看到金子后，怎么拿到金子”。掌握了分析方法，并不代表必然会赚钱，实战中的具体操作是决定成败的重要一环。操作技术需要在实战中摸索和磨炼。

“主力”不是阴谋论的产物，它是博弈中的参与者和试图影响其他参与者的一种力量。在完全对抗、强烈竞争的零和博弈中，一方参与者的所得恰是其他参与者的所失，这就使得博弈充满阴谋与血腥。

主力挖个坑，你掉进去了，与其归罪于对手狡诈，不如反省自身不足。委罪于人，自己将失去进步的机会。当你把交易看作对弈的一盘棋，并思索其中孰优孰劣、孰长孰短，才有可能找出一条适合自己走的路。

无论是哪种技术，学习是为了适应变化，更好地参与实战。

没有不老的容颜，技术的变化何尝不是如此。

水本无形，因器成之。不囿成说，不困于中，技术派才会有春天。

金　铁

# 目　录

# 第一篇　主力概论与基础分析

价格就像飞翔的风筝，即便线牵在某个人的手里，轨迹却不是他能掌控的。

——《K 线图核心技术》[①]

① 《K 线图核心技术》一书已由中国宇航出版社于 2017 年 10 月出版。——编者注

# 第一章　说主力——谁是主力

*行情糟糕到一定程度，用不着外部提醒，多数人会主动寻找最不利的因素还有哪些，然后怨天尤人或自怨自艾，却不明白最不利因素之所以让你发现，是因为它们已经到了逆转的时刻。*

——《K 线图核心技术》

## 一、主力与庄家的异同

主力是指通过资金优势或其他方式，能够对股票价格涨跌走势起直接影响作用的实力资金。

在早年的股票市场上，谈及这类实力资金时，经常会用到“庄家”这个词。“庄家”一词出自赌博术语，意指掌控、操纵全局的人或资金。在现在的股票市场上，庄家一般专指对某只股票高度控盘的资金。

随着股票市场监管手段日趋成熟和严格，高度控盘的操纵模式已经不再具有普遍性，更多的情况是达不到控盘的程度但仍对股票价格有显著的影响，即在博弈中占据明确的优势，这种情况下的实力资金被称为“主力”。

相比“庄家”这一称谓，“主力”有更宽泛的意义，其包括但不限于庄家。

“主力”这个词引申自竞技、战争等领域，原意为精锐、主要的力量，当一方主力受损，则整体力量必然大打折扣，甚至土崩瓦解。

期货市场上有一个“主力合约”的概念，是指持仓量最大的合约。一般情况下，持仓量最大的合约，其成交量也是最大的。因为主力合约是市场上交易最活跃的合约，也是最容易成交的合约，所以投机者基本上都参与这个合约的交易。

期货市场的主力合约，可以理解为市场资金主要参与交易的合约。

“主力”这个词在股票和期货市场上具有其适用性，可以有效区分某一股票或合约中在资金和持仓数量明显占据优势的一方，以及各方（包括散户）彼此之间的地位与关系。这种区分在一定程度上能够反映股票和期货交易弱肉强食的特点及博弈的激烈性、残酷性。

在股票市场上，某只个股中的主力资金相比其他各方（包括散户资金）拥有资金、筹码等多方面的优势，当然这些优势是相对的，并不是绝对的。主力博弈的对象还包括市场监管力度和经济政策、经济形势的调整变化。

也就是说，某一实力资金入场成为主力之前，虽然对经济环境、经济政策有深入的了解和预估，并确定了自己应采取的策略，但是在实际操作过程中总会遭遇很多意外事件，这就使博弈的天平并不总是倾向主力一方。

比如 2015 年，股市场外配资政策突然调整使得很多主力资金措手不及，随后出现的暴跌也使很多主力资金折戟沉沙，只能通过后续操作尽量予以挽回。

如图 1–1 所示，2015 年 7 月前后，深证成指连续暴跌。监管部门连发十六道利好后，市场终于在 A 点迎来反弹，但短暂的反弹仍旧难掩颓势。

在特定的市场环境中，出现某些利好政策，尤其是突发性质的利好，既是考验散户市场分析能力的时候，又是考验主力实力以及排兵布阵能力的时候。

图 1–1

如上述案例，股市异动背景下管理层利好频出。当时监管部门发布的十六道利好包括：第一，保监会宣布提高保险资金投资蓝筹股票监管比例；第二，中金所宣布大幅提高中证 500 股指期货交易保证金；第三，国资委要求央企在股市异动期间不得减持；第四，证金公司称完全能够发挥好维护市场稳定的作用；第五，全体央企承诺不减持，同时表示积极增持并提高投资者回报；第六，深交所鼓励上市公司控股股东等相关方增持；第七，证监会表态支持上市公司控股股东增持股份以稳定股价；第八，中央汇金表态坚决维护市场稳定，股市异动期间不减持；第九，证监会表示要约谈近 6 个月内减持的股东；第十，央行声明支持股票市场稳定发展；第十一，证金公司向 21 家券商提供 2 600 亿元信用额度；第十二，证金公司表态将加大对中小市值股票的购买力度；第十三，财政部表态积极采取措施维护资本市场稳定；第十四，证金公司宣布申购5家公募基金份额共2 000亿元；第十五，证监会强调严控减持，大股东6个月内不得减持；第十六，公安部副部长带队到证监会，会同证监会排查近期恶意卖空股票与股指的线索。

可以说，上述每条利好消息都具有一定的分量，但是如图1–1所示，市场短暂反弹过后，指数仍旧重归下跌。

对散户在内的中小资金来说，反弹中还有出逃的机会，但对资金量较大的主力来说，很难做到全身而退。当然，这只是事后复盘和反思后的说法，回到当时特定的环境，在出现巨额亏损的情况下，可能很少有散户会在反弹中选择卖出。但是，当指数再次暴跌，选择抛售的可能就会大幅增加。

不少主力资金在暴跌后的反弹中降低了仓位，但由此也引发第二轮下跌。一部分主力资金选择更长远的布局，这也是股市异动过后很多个股强劲反弹的原因。不过，也有部分主力资金因资金链断裂而无力组织有力度的反击，股价只能一泻再泻，随后走向阴跌。

无论主力资金还是散户资金，在特定环境（暴跌暴涨）中都不可能不受影响。其实这也是博弈的特点，关键在于如何消除类似的不利影响。

市场不会刻意区分大资金和小资金，但这些资金自身会进行选择和区分。至于这种选择是否符合市场走向，只能由时间来证明。

主力资金并不像人们通常想象的那样，可以随心所欲，翻云覆雨。在市场运行过程中，主力资金既有可能遇到上述案例中市场整体行情突变的情况，也有可能遭遇上市公司方面出现重大问题。

主力资金入驻某一股票之前，都会对目标公司的基本面情况进行调研和评估，但并不代表其调研和评估的结论100%正确，或者上市公司今后不会出现重大问题。

例如，在“乐视危机”爆发前，乐视网（300104）的各项财务指标算不上惊艳，但总体保持稳定增长，很容易迷惑简单依靠市盈率、成长性等指标选股的投资者。该公司具备一些炒作的噱头，加上时任董事长“要把海水煮沸”的豪言，一时间俘获了不少拥趸。一些专业人士的质疑被市场解读为“廉颇老矣”，未获重视。随后发生的关联交易、割股充饥式的大幅减持、公司实际控制人变更、公司经营管理实质性变化、公司与关联方债务问题、大股东滞留海外迟迟不归等问题，使得乐视网股价走势风云突变，最后不得不停牌以应对抛售危机。

在停牌的近300天里，乐视网基本面发生了重大变化。2017年上半年，业绩首次出现亏损。2017年半年报显示，公司上半年实现营业收入55.79亿元，同比下降44.56%；归属于上市公司股东的净利润亏损6.37亿元，同比下降323.91%。2017年前三季度，公司亏损扩大为16.52亿元。

在乐视网公告复牌前，多家基金公司将其估值下调到每股3.9元左右。以停牌前每股15.33元的收盘价计算，贬值幅度近75%，相当于复牌后连续13个跌停。按基金公司的估值计算，乐视网市值由612亿元缩水至156亿元。

如图1–2所示，A日为乐视网复牌后第一个交易日，开盘直接跌停，直至B日才打开连续一字线跌停板。对于这种股票，即使想壮士断腕、决绝出逃，尾大不掉的主力资金也不可能做到。

乐视网复牌第一天竞价结束时，盘口挂单情况如图1–3所示，仅卖一位置挂出的卖单就达到7亿多股。

当然，主力资金利用“VIP通道”[①]等优势资源，可以比大多数卖盘更早挂单，更快地抛出一部分筹码，只不过相对其整个持仓量来说，能够抛出去的筹码只不过是九牛一毛。

在这种情况下，被困的主力只能通过后续操作来减亏。倘若操作得当，或者有行情走好的大环境助力，神奇地“咸鱼翻身”也不是没有可能。

---

① “VIP通道”的概念参见中国宇航出版社2018年1月出版的《盘口分时图核心技术》一书。——编者注

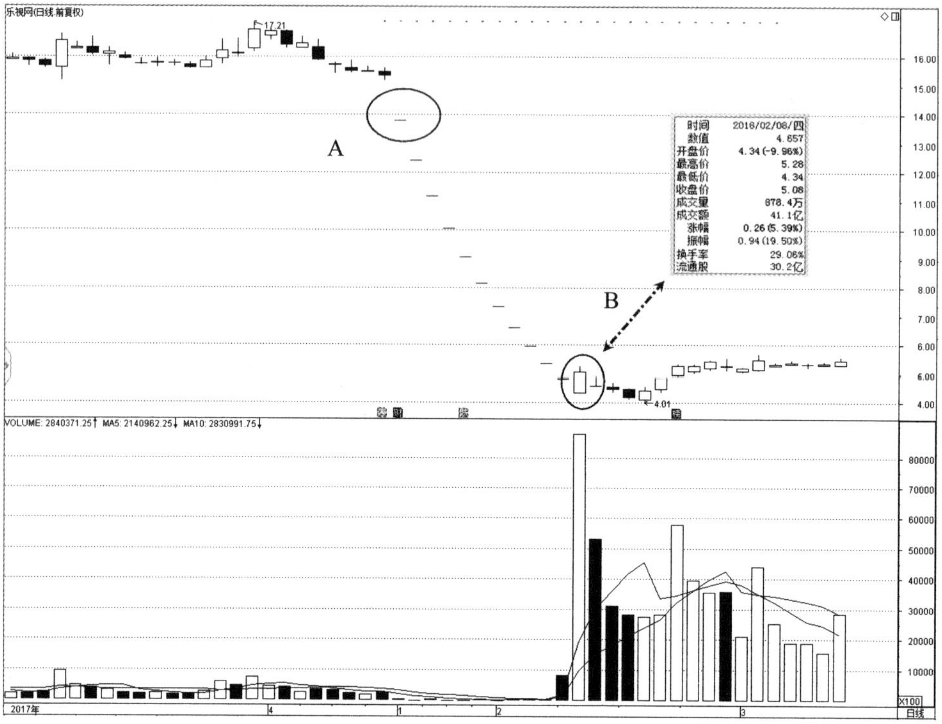


图 1-2

| | | | |
|---|---|---|---|
| 卖五 | 13.84 | 1179 | |
| 卖四 | 13.83 | 2917 | |
| 卖三 | 13.82 | 2162 | |
| 卖二 | 13.81 | 13874 | -12 |
| 卖一 | 13.80 | 7732275 | +252 |
| 买一 | | | |
| 买二 | | | |
| 买三 | | | |
| 买四 | | | |
| 买五 | | | |
| 现价 | 13.80 | 今开 | 13.80 |
| 涨跌 | -1.53 | 最高 | 13.80 |
| 涨幅 | -9.98% | 最低 | 13.80 |
| 昨收 | 15.33 | 均价 | 13.80 |
| 总量 | 12182 | 量比 | 0.51 |
| 外盘 | 9589 | 内盘 | 2593 |

图 1-3

见图 1–2，B 日打开连续一字线跌停板，当日收盘价为每股 5.08 元，换手率达到 29.06%，成交额 41.1 亿元。

看到这个换手率，肯定会有股评说："散户或游资在接盘！"不排除这种可能，但有一点可以肯定，散户或游资出手搏"短线"的数量绝不会太多，更难以将换手率推升至 29.06%、成交额提升到 41.1 亿元，即便达到其 1/3，都是一件值得高度怀疑的事。

在国内股票市场经历 20 多年的风雨磨炼后，散户早已不是 20 世纪 90 年代股市初开时的懵懂者，他们的进步和理智程度远超某些人的预计。可以说，把不理性的"帽子"乱扣在散户头上已经不合时宜。

对于上述案例提及的个股，其潜在风险人尽皆知，只怕大多数散户避之唯恐不及，更不要说参与疯狂抢筹了。

如图 1–2 所示，B 日及之后的走势，可以视作主力在为后续操作造势。在这个过程中，主力资金希望进场的包括散户在内的资金越多越好，毕竟唱独角戏不是主力想要的局面，各种力量纷纷参与才是关键。

并不一定需要把股价拉到很高的位置，仅通过不断的股价折返，主力就可以快速降低持仓成本，继而达到资金出逃的目的。当然，如果该上市公司在困境中神奇地逆转，那么病树前头万木春或者乌鸡变凤凰的神剧也有可能上演。

## 二、活跃的主导资金

主导资金是指一段时间内对行情起主要引导作用的资金。这个概念包括但不限于主力资金，因为有些个股中并无中长期主力入驻，只存在短期资金炒作行为。

主力资金从吸筹建仓到最后出货，通常是一个有序且漫长的过程，而主导资金会将这个过程大幅缩短，主要通过短期内的资金操作博取价差。

如果说主力资金是用充分的时间和操作过程来平缓与监管规则和相关法律之间的博弈，那么主导资金则将这种博弈活动尖锐化。在主导资金操作下，短期内股价大起大落。主导资金赚取的就是短期内的丰厚价差，但势必会与监管规则和相关法律相冲突。

和大部分主力资金的操作方式相比，主导资金似乎“赚钱”更快，但其风险也极高，一旦被监管部门盯上，就有可能面临严厉的惩罚。比如，某资金操纵*ST 新城（000809）和中兴商业（000715）两只股票，就被监管部门处以重罚。

如图 1–4 所示，A 区域为 2013 年 9 月 9 日至 12 月 26 日某资金通过资金优势、持股优势，利用掌控的账户组连续买卖*ST 新城，在其控制的账户之间频繁交易，影响股票的交易价格和交易量。

在操作*ST 新城期间，主导资金持股数量占该股无限售条件流通股的 10% 以上，占总交易日的 63.89%；持股比例在 20% 以上的有 34 个交易日，占期间总交易日的 47.22%。

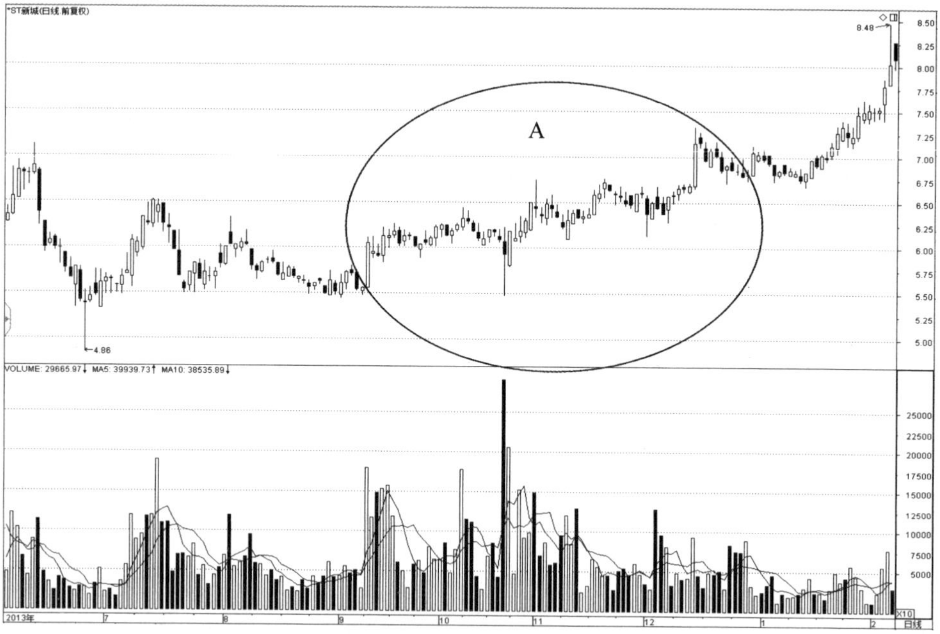


图 1–4

2013 年 1 月 4 日至 2014 年 5 月 26 日期间，该资金又以类似手法连续买卖中兴商业的股票，如图 1–5 中 A 区域所示。在 332 个交易日里，主导资金控制的账户组持股比例在 10% 以上的有 82 个交易日，约占期间总交易日的 24.70%。

该主导资金这两次操盘分别获利约 1.797 亿元和 8 802 万元，被监管部门查处后，不但没收违法所得，而且被处以 2.678 亿元的罚款。

主导资金和主力资金在操作风格方面存在差异也和面临的技术环境有关。在趋势明确的牛市环境中，主导资金更接近或按照主力资金的操作方式操盘；在熊市或者震荡市中，这些“闲不住”的资金则会不时地掀起风浪，更倾向于追求“赚快钱”。

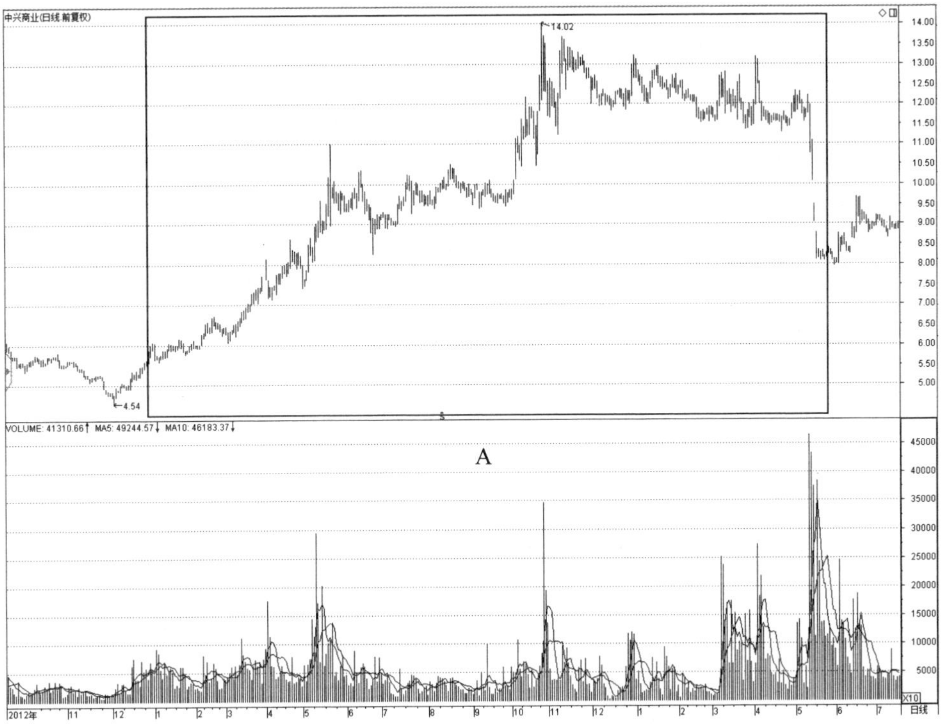


图 1–5

上述案例中，该资金利用42个人的49个账户进行交易，不仅包括自然人，还包括信托账户、公司账户，其目的是避免触及相关法律法规，逃避监管，这也是主力资金和主导资金惯用和常见的操盘手法。

《证券法》第四十七条规定：上市公司董事、监事、高级管理人员、持有上市公司股份百分之五以上的股东，将其持有的该公司的股票在买入后六个月内卖出，或者在卖出后六个月内又买入，由此所得收益归该公司所有，公司董事会应当收回其所得收益。但是，证券公司因包销购入售后剩余股票而持有百分之五以上股份的，卖出该股票不受六个月时间限制。

同时，《证券法》第一百九十五条规定：违反上市公司收购的法定程序，利用上市公司收购谋取不正当利益的，责令改正，没收违法所得，并处以违法所得一倍以上五倍以下的罚款。

以短时间攫取暴利为目的的主导资金，一般都会利用分账户或账户组的方式回避上述法律规定，但是总有些资金会露出破绽。

例如，证监会公告显示，2016年2月29日至2016年3月17日期间，某资金账户买入300多万股某股票。截至2016年9月4日，该账户合计持有某股票9 000多万股，占总股本的7%以上，超过《证券法》第四十七条规定的5%。

2016年9月5日至9月17日期间，该账户卖出股票1 000多万股，卖出行为与前次买入行为的时间间隔不足6个月，因此违反法律规定，受到了相应的处罚。

## 三、存量资金与增量资金

存量资金是指目前存在于股票市场内的资金。存量资金既可能具有活跃的属性，也可能具有呆滞或单一目的指向的属性。

具有呆滞或单一目的指向属性的资金，比如某些资金专门用于新股申购，不会频繁进行连续竞价操作。还有部分资金只对某一阶段行情进行操作，其他时间段则保持呆滞、休眠的状态。

具有活跃属性的存量资金，比如频繁短线交易的资金，在持仓和变现之间来回操作，这可以从每天的成交量上看出有多少存量资金处于活跃状态。在缺乏增量资金入场的情况下，行情热度主要依靠这部分存量资金来维系。

当市场环境渐趋恶劣，赚钱效应大幅降低时，场内的存量资金会逐步减少操作，使得市场成交量不断下降。当市场环境逐渐向好时，场内的存量资金就会逐步增加操作。

随着场内越来越多处于休眠状态的存量资金复苏，市场的成交量越来越大，行情开始呈现明显的活跃势头。赚钱效应是最好的说服方式，一旦市场出现赚钱效应，场外资金就会被吸引进来，这些新入场的资金就是增量资金。

增量资金即从市场外新进入市场内的资金。

当然，增量资金的来源和目的也是林林总总，并非都是被行情短期的赚钱效应所吸引。例如保险资金、养老基金等资金，可能出于长期投资或者其他目的进入市场。例如，2015 年股灾期间入场救市的证金公司、中央汇金等，则是以维护金融市场稳定为目的进入市场。

受赚钱效应吸引的增量资金有散户的储蓄资金、四方汇集的热钱和游资等，这些增量资金组织松散，不具备统一的计划和行动特征，往往会随着市场的炒作热点不断转移，一哄而上是其最大的特点。

长期没有增量资金持续进入，必然使市场萎靡不振并逐渐走向萧条。但是，增量资金的过度加入则会让市场过热甚至走向极端疯狂。

有增量资金、存量资金，就会有离场资金，三者之间的比例关系决定着市场的兴衰。

当增量资金占据市场主导地位时，行情必然朝着越来越火热的方向发展；当存量资金成为市场主导力量时，多数情况下行情不温不火，保持震荡格局；当离场资金占市场主导地位时，预示行情可能已经发生重大转折，上涨的好日子到了尽头。

资金是交易的基本条件，也是衡量主力以及市场趋向、趋势的重要砝码。

当一个市场很少有资金愿意大规模入驻，或者说不愿意成为中长期操作的主力，仅有偏好短期操作的主导资金在场内活跃时，那么这个市场必然处于下跌或震荡的阶段，并将渐渐趋于乏人问津的萧条态势。

当一个市场中的资金（尤其是大资金）以掠夺的方式抢夺筹码时，那么这个市场必然处于不断上涨、热火朝天的状态。极端情况下，甚至出现某股主力获利出局后，另有资金大举介入，成为新的市场主力。

无论是主力资金、主导资金，还是增量资金、存量资金，“资金”这个词并非仅指一定数额的现金货币，而是一个概括性的称谓：“资金”既有可能是个人，也有可能是机构。

## 四、主力无疆界

主力并非中国金融市场仅有的，放眼全球金融市场，有交易便有博弈，便有弱肉强食。

投资大师彼得·林奇评价股神巴菲特时说：“一旦他找到了好机会，就把这家公司的股票全部买下来……”

从彼得·林奇的评价中可以看出，股神巴菲特其实非常符合中国国内市场控盘主力的特点。不过巴菲特似乎并不通过足够的持仓筹码来操控股价，大多数时候是依靠上市公司改善经营管理获得超额利润。无论如何，巨额资金和足够多的筹码就是实力、就是话语权，这一点在中外交易市场上并无不同。

对主力操作感兴趣的交易者很有必要读一读《股票作手回忆录》和《对冲基金风云录》这两本书。

在《对冲基金风云录》中，作者巴顿·比格斯写道：“有一次巴菲特曾经说，想当一位优秀的投资者，不妨想象自己是一场棒球赛中的击球手，但无须击球。他们可能向你投来每股 45 美元的通用电气，你不一定挥棒；他们可能向你投来每股 28 美元的微软，你还是不一定挥棒。他们不停地投，你就耐心地等着，不想挥棒的时候不必勉强。你可能6个月没有挥棒，最后，当你等到想要的好球时，你就一棒把它打得不见踪影，你一定得耐心！”

巴顿·比格斯接着写道：“巴菲特这样的私人投资者也许可以说这样的话，但我们这些替别人理财的人就无法如此奢侈，让球一次又一次地飞过。我们必须击球，裁判就是投资顾问和客户，他们可没那么多耐心。他们要求我们击球，而且几乎每天都在考察我们挥棒的成绩。”

在《股票作手回忆录》中，大家可以看看杰西·利弗莫尔操作伯利恒钢铁打响翻身一战时的心理历程，还可以仔细品味一下杰西·利弗莫尔是如何利用自身的影响力操纵联合炉具等股票的。

享有全球投资之父美誉的约翰·邓普顿在很多国家的金融市场都有过交易，也因此留下很多经典的案例。20世纪50年代中期，邓普顿就发现日本股市存在机会，但是受制于日本政府对外国投资者的限制政策，未大举进军这个极具潜力的市场。60年代，日本政府取消了对外国投资者的限制政策，邓普顿抢在其他投资者之前抓住了这个难得的机遇，迅速调动自己的基金，以低于3倍市盈率的价格，大量买入日本股票市场的“便宜货”。随后，日本股市暴涨。

随着时间的推移，日本股票市场变成了一个热门市场，越来越多的资金涌入。邓普顿逐渐发觉日本的股市被高估，于是逐步降低仓位，在日本爆发股灾之前成功获利撤离。

邓普顿放眼全球各个国家，探测各国各地的股票市场，然后发掘有价值的投资新领域，我们似乎可以将其看作具备全球视野的“主力资金”。这种史无前例的全球性的投资探索是需要具备极大的勇气和决心的。

邓普顿对某个国家股票的看法是站在公司的层面上，对股票进行深入研究之后形成的，即“自下而上”的分析方法。也就是说，寻找投资机会要从市场最底层开始，即从个别公司开始。

很多情况下，邓普顿看好某个国家是极理想的投资对象，原因是这个国家有大量符合“便宜货”原则的低价股。随后他会了解该国的国内生产总值、就业前景或诸如此类的情况。这就是邓普顿的“自下而上”原则。

“自下而上”原则并不意味着邓普顿不重视对投资目标所在地国家的分析和研究，他认为，适宜投资的国家应该具备的条件是：法律法规要开放明了，对国外投资者的束缚较少，政府干预较少。总的来说，邓普顿寻找的是倾向于自由市场的国家，他要避开在管理和政策上趋于集权的国家。

在投资之前，至少对这个国家的宏观经济进行一次摸底，了解其证券交易所，不能盲目投资。但是有时一个国家的宏观经济与其国内个别公司的成长性并不吻合，比如，某国高通膨胀率、高失业率，以此来看，并不是一个适合投资的国家，但这并不意味着该国个别公司不具备强大的增长潜力。在此情况下，通过“自下而上”的投资策略可以把握获利契机。

华尔街另一位投资大师——有“投资骑士”之称的吉姆·罗杰斯，也是一位国际性投资者，或者说具备全球视野的“主力资金”。

1984年，奥地利股市是乏人问津的地方，只有不到30只股票上市交易，一周只开放几个小时交易，成员还不到20人。而在20世纪初，当时奥匈帝国的股票交易市场上有4 000人在忙碌地交易，是当时中欧最大的交易市场。1984年，该死的暴跌使奥地利股市连其1961年一半的水平都达不到。

市场低迷，股价低廉，并不是投资的唯一理由。罗杰斯发现这样的投资机会时，他认为还必须知道当地市场低迷、股价低廉的具体原因，以及有没有转好的可能和契机。在以国家为投资标的的市场框架中，有许多国家的股票都显得便宜，并且将一直便宜下去。

罗杰斯决定找找奥地利股市低迷的原因。他认为奥地利在地理上与德国接壤，奥地利政府不可能对整个欧洲和近邻德国资本市场的繁荣景象视而不见，肯定正在解决影响股市繁荣的相关问题。

罗杰斯来到奥地利最大的银行——信贷银行的纽约分理处，打听如何在奥地利股票市场进行投资。结果令他感到意外，一位负责人告诉罗杰斯：“我们没有股票市场。”一个国家最大银行的纽约分理处的高管竟然不知道他们国家有股票市场！

罗杰斯对这位一无所知的负责人感到无奈，这位负责人的无知也从侧面显示了奥地利股票市场的地位。

罗杰斯决定亲自前往奥地利考察。他回忆说："1984 年 11 月，我抵达奥地利，去了股票交易市场，那儿一个人也没有，死一般的静寂。"

罗杰斯在奥地利信贷银行总部找到负责交易市场的负责人。整个奥地利股票市场居然只有一个人管理股票相关事宜，连个秘书都没有。罗杰斯的心里简直乐开了花，他说："我感到自己简直像个暴发户。"

之后罗杰斯见到了主管股票市场的政府官员，从这位政府官员口中，罗杰斯得知：奥地利政府正修改相关法律，积极鼓励人们投资股票市场，因为政府意识到他们需要一个资本市场。当得知修改的内容为"降低红利税"时，罗杰斯掩饰不住自己的兴奋之情。但是，行事谨慎的罗杰斯还是抑制住内心的喜悦，进行多方询问和调研。最后他确信：这将是一次近乎完美的投资，机不可失！当奥地利股票市场开始启动时，全世界的投资者将蜂拥而至，把这儿炒得火热。

奥地利人目睹了德国股票市场的迅猛发展。此时的奥地利同德国一样，正在挣脱某些束缚资本市场发展的禁锢。事实上，一直无人对奥地利这个国家感兴趣，尽管其经济形势稳定、发展良好。外界对奥地利的认识非常贫乏，还没有实力机构投资奥地利股票市场，这意味着罗杰斯能够从容布局，迎接即将开席的盛宴。

摩根士丹利此前曾在一份报告中指出，奥地利股票的平均市盈率高得令人震惊。一向对华尔街所谓的专家嗤之以鼻的罗杰斯，这样驳斥摩根士丹利发布的数据："摩根士丹利的分析师该被枪毙。"罗杰斯发现摩根士丹利对奥地利股票市场平均市盈率的统计和计算采用的是不完整的、缺乏真实性的数据资料，所以得出的结论对公众完全是一种误导。"没有信息比得到错误的信息更好，如果有数据与事实不符，那么后面的错误将呈几何级数增加，并最终导致一个错误的结论。"罗杰斯说。

也许正是摩根士丹利令人沮丧的报告，不经意间帮了罗杰斯的大忙，才使他有了一个独享盛宴的机会。

“我的态度是，如果你对一个国家有信心，就应该购买交易市场中所有像样的股票。假如你经营有方，这些股票都会升值的。凡是资产负债表显示状况良好的公司我都买入……”罗杰斯是这么说，也是这么做的。

奥地利股市像一座沉寂已久的火山，终于开始喷发。次年，奥地利股市指数平均涨幅翻倍，罗杰斯不仅获得了大笔财富，还有无数同行由衷的赞叹。有人说，奥地利股市就像一个被施了魔法的睡美人，是罗杰斯亲吻了一下“她的脸颊”，唤醒了她。睡美人清醒后，一切都变得那么美好，让大家都赚了一大笔钱。

奥地利信贷银行邀请罗杰斯参加他们组织的季度论坛演讲，罗杰斯在演讲时说：“这一切还没有结束，等着瞧吧，你们都会在奥地利股票市场上大展宏图的，这是一个很大的市场。你们正从失衡的估价走向正常的估价，你们的经济在增长。现在翻了一番，并不意味着赚不到更多的钱。”

奥地利媒体对这次讲话做了大篇幅的报道，一时间罗杰斯成为奥地利的风云人物。有媒体称他为“怪才吉姆”，有的则直呼其为“奥地利股市之父”。自量子基金退休后，罗杰斯又登上了一个事业的巅峰。

# 第二章　主力的类别与风格

只要行情一有苗头，热钱便会不请自来。

——《K 线图核心技术》

## 一、维稳型与攫利型主力

马克思的《资本论》中有这样一段话："一旦有适当的利润，资本就胆大起来。如果有 10% 的利润，它就保证到处被使用；有 20% 的利润，它就活跃起来；有 50% 的利润，它就铤而走险；为了 100% 的利润，它就敢践踏一切人间法律；有 300% 的利润，它就敢犯任何罪行，甚至冒绞首的危险。"

资本的嗜血性在股票市场上亦是如此表现。可以说大部分入场的主力资金，其最根本的目的都是攫利，想方设法获取超额利润，这也是主力资金入场的原动力。攫利型主力还有诸多分类，下文将一一讲述，这里主要讲维稳型主力。

虽然攫利型主力资金占有较大的比例，但不可否认，还有一些具有主力色彩的资金，其入场的根本目的并不是攫取利润。

维稳型主力是指出于某种特殊目的入场操作的主力资金。这个类型的主力都是专为某一项任务而来，任务完成后，会通过转让股份或其他方式离开市场。

例如，2015 年股市异动期间入场救市的证金公司、中央汇金等资金，其目的是维护金融市场稳定，这部分主力资金就是维稳型主力。这期间，不但有证金公司、中央汇金等“国家队”资金参与救市，还包括多家证券公司出资救市，57 家基金宣布买入旗下偏股型基金，13 家私募基金表态唱多，此外还有保险资金、养老基金、社保资金等，这些在股票市场特殊时期入场做多的资金也属于维稳型主力。

当然，维稳型资金并不意味着就不能获利。比如，上述提及的救市资金，在短期内可能遭受亏损，甚至出现账面上的巨亏，但股市异动过后，大部分救市资金都会有相应的盈利。比如，某证券公司救市资金一度浮亏 6%，但在 2017 年浮盈 17.17 亿元，浮盈率高达 10.95%。

在行情正常运行的大部分时间，一些市值较大或影响力较大的股票，尤其是在指数构成中占较大比重的个股，也会对行情起到一定的稳定作用。

这些个股中介入的资金，通常以中央汇金资金或公募基金、保险资金等长期投资的资金为主，对行情走向往往起到调节作用和稳定作用。这部分主力资金既具有获利的属性，也具有维稳的属性，如图 1–6 所示。

| | | | | | |
|---|---|---|---|---|---|
| 中央汇金投资有限责任公司 ✔ | 13 000 510.38 | 44.21 | A股 | 其他 | 未变 |
| 中华人民共和国财政部 ✔ | 12 736 176.47 | 43.31 | A股 | 国务院所属部委 | 未变 |
| 香港中央结算（代理人）有限公司 | 3 053 763.28 | 99.35 | H股 | 其他 | ↑437.44 |
| 全国社会保障基金理事会 ✔ | 979 705.88 | 3.33 | A股 | 全国社保基金 | 未变 |
| 中国证券金融股份有限公司 ✔ | 584 368.65 | 1.99 | A股 | 其他 | ↓-10 255.76 |
| 中央汇金资产管理有限责任公司 ✔ | 125 543.47 | 0.43 | A股 | 其他 | 未变 |
| 梧桐树投资平台有限责任公司 | 98 072.37 | 0.33 | A股 | 其他 | 未变 |
| 中国双维投资有限公司 | 74 626.80 | 0.25 | A股 | 其他 | 未变 |
| 中国铁路建设投资公司 | 74 297.40 | 0.25 | A股 | 其他 | 未变 |
| 中国人寿保险股份有限公司－分红－个人分红－005L－FH002沪 ✔ | 66 002.13 | 0.22 | A股 | — | ↓-2 243.12 |

图 1–6

## 二、短期主力（主导资金）

股票市场上，多数主力资金都属于攫利型资金，然而攫利型资金之间也有较大的区别。

如果以操作时间为标准划分，可以分为短期主力资金和中长期主力资金。本节先讲短期主力资金。

短期主力资金也可称为主导资金，主要是以相对较短的时间利用资金优势获取暴利。

短期主力资金往往以“快、短、狠、准”著称。“快”是指其建仓、拉升、出货几乎一气呵成，其间绝不拖泥带水。“短”是指其整个运作过程一般在几天或几个月内即告完成。“狠”是指其操作手法凶悍，其间往往会出现连续的涨停板或跌停板。“准”是指其操作的股票大多精准切中市场的炒作热点。

这种风格的短期主力资金很像是荒原上流浪的独狼，发起进攻时竭尽全力，凶狠异常，撤退时则疾如闪电，瞬间消失。

张家港行（002839）从“三涨停”到“两跌停”的走势过程明显具有资金操控的特征，如图 1–7 所示。据悉，该股主力资金为回避监管，使用 300 多个账户，十几个操盘手同时进行交易。天网恢恢，疏而不漏，该主力资金最终还是被监管部门查处，传言其罚没资金金额高达 50 多亿元。

短期主力资金经常围绕股本扩张、资产重组、热点概念与题材、投资盲点迅速掀起市场炒作热潮，从中获取超额利润。这类主力多以小盘股、次新股、亏损股、题材股等为炒作目标，极少涉足大盘股。

比如，市场曾一度炒作区块链概念。区块链是分布式数据存储、点对点传输、共识机制、加密算法等计算机技术的新型应用模式。区块链技术被认为是继蒸汽机、电力、互联网之后，下一代颠覆性的核心技术。它有三个显著特点：去中心化、可追溯、不可篡改。因此，区块链技术具有交易自主化、节约监管成本、绝佳保密性和安全性等优点。

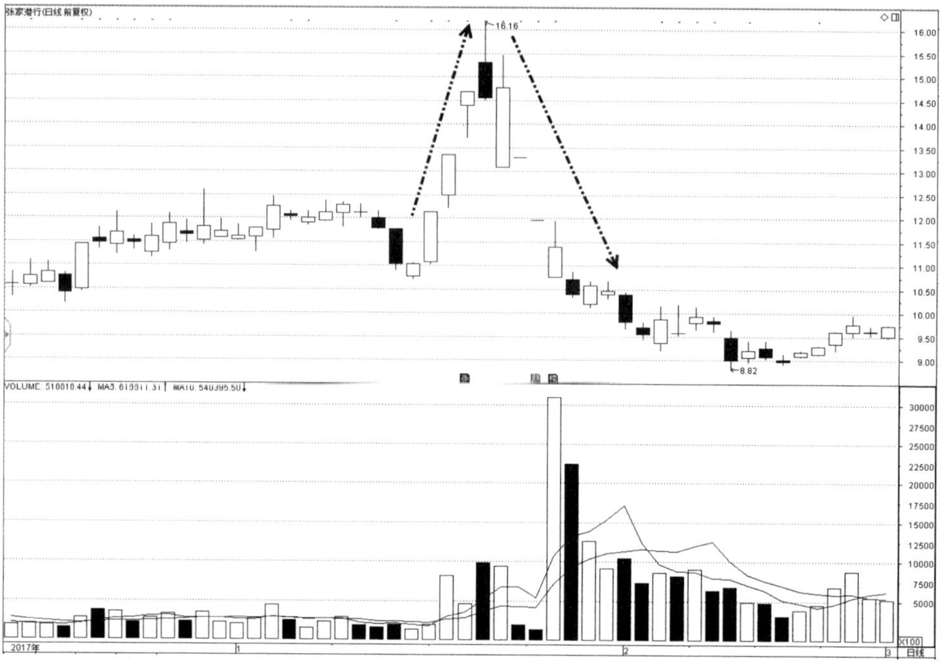


图 1–7

区块链技术当前正处于发展的初期阶段，区块链的两个核心技术，即共识算法和加密算法，还存在很大的不确定性。一些上市公司只是在探索研究区块链技术方面有些规划，并非在主营业务方面开展实际应用，甚至其应用和推广仍存在诸多不确定性，对未来业务规模及业绩的影响也看不清晰。市场上闻风而动的短期主力资金却不管这一套，热点乍现，便大肆进行炒作。

如图 1–8 所示，新晨科技（300542）即为短期主力资金热炒的区块链概念股，短短 7 个交易日，股价最大涨幅超过 70%。其炒作完成后，股价的下跌速度和幅度同样惊人。

短期主力资金或者说主导资金，通常对市场变化都具备灵敏的嗅觉，反应迅速，能够及时发现即将兴起的热点板块和炒作动向，挖掘新的炒作概念与题材。通过快速建仓及时进入爆炒阵地，在其他资金尚未做出反应时，短时间内迅猛拉升股价并趁机抛售筹码，兑现利润。

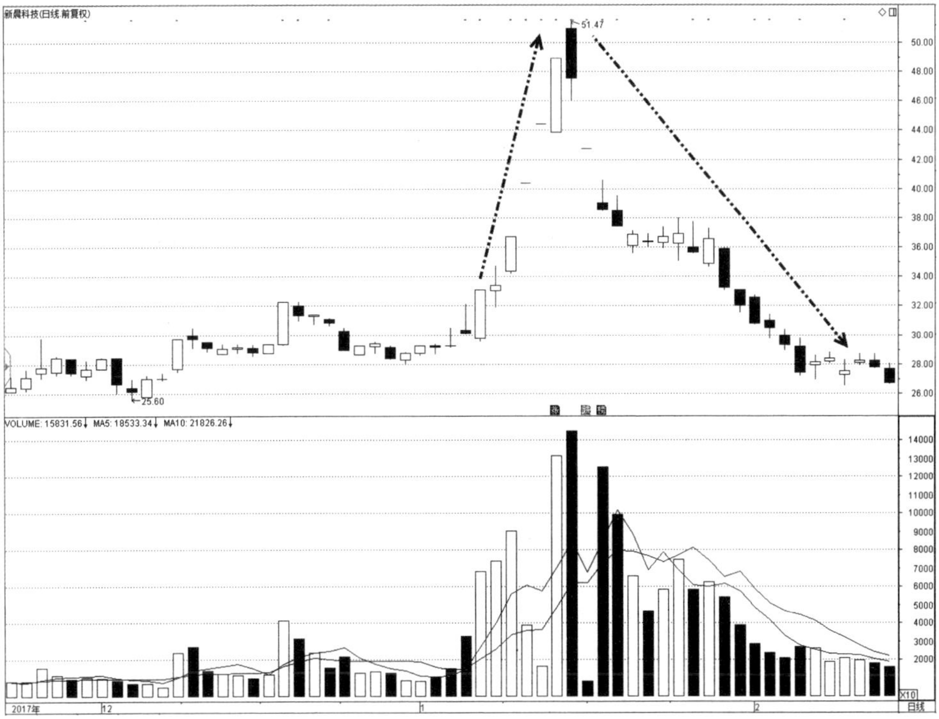


图 1–8

短期主力资金或者说主导资金有以下三个行为特点。

**1. 善于利用资金优势**

吸引市场资金的最佳方式是创造涨停板，以及可能连续封板的想象空间。主导资金操作时，会用大单扫空卖盘，再下挂超大买单，稳住涨停价至收盘，这个过程需要大量资金。例如，某主导资金操盘时，单日交易一只股票动用的资金超过 1 亿元的次数多达 14 次，平均每次动用资金 2 亿多元，有时甚至还要更多。当然，这也和操作个股的技术环境、股价以及流通盘规模等因素有关，并非恒定不变。

**2. 操作手法既快又狠**

通常来说，主导资金利用前一交易日强势涨停形成的市场影响，以及市场资金产生的股价连续上涨预期，在之后的交易中会陆续委托卖出。在市场环境并不理想的情况下，某些风格凶悍的主导资金会在涨停后的次一交易日不管盈亏坚决卖出离场，即迅速清空前一日买入的股票，即T日买入，T+1日全部卖出。

主导资金通过大单封涨停或虚假挂单申报后封涨停，此后迅速出货，不给其他资金“搭顺风车”的机会，如果有资金忍不住“嘴馋”，那么就有可能为主导资金“买单”。

**3. 反复操作**

短期主力资金一般会在几只选定个股上反复操作，除非股票基本面出现重大变化，或者有新的机会出现。有经验的散户在看盘时，也会发现某些个股走势或挂单等技术细节上有模式化的痕迹。虽然主导资金操盘过程中会试图掩盖一些行为踪迹，但想要完美地做到这一点并不容易。

## 三、中长期主力

股票市场的短期主力资金（主导资金）一直都是监管的重点对象，可以说这也是其行为特点带来的必然结果。一些中长期持股、不以股价短期波动为主要盈利方式的主力资金，面对的则是相对宽松的监管环境。

这类主力资金多以价值评估为标准，寻找低估值、高成长的个股低位吸筹，长期持有，或通过辅导、辅助上市公司实现持续性增长，从中取得长期投资收益。这种主力的运作风格较为温和，同时行情持续性较好，也颇受各界推崇。

股票市场上的中长期主力资金主要有以下五类。

**1. 公募基金**

公募基金是指以公开方式向社会公众投资者募集资金，并以证券为投资对象的证券投资基金。

公募基金投资目标多为蓝筹股、绩优股等质地较好的品种，在大多数市场阶段都不是市场热钱追逐的热门品种，所以短期或阶段性的行情走势给人以呆滞、缺乏灵活性的印象。但公募基金的投资标准和投资方式，以及市场调研、市场评估和研发能力，都具有其他主力资金无法比拟的优势。

公募基金有资产仓位方面的限制，如股票型基金，要求其 60% 或以上的基金资产投资于股票。如果遇到单边下跌行情，股票型基金减仓也只能减到持仓的 60% 为止，不能空仓，这种情况下只能眼睁睁地看着基金净值不断下跌。

市场一度将公募基金仓位高低作为大盘涨跌的参考信号，而且具有一定的准确度，例如"88 魔咒"，即公募基金平均仓位达到 88%，市场可能面临大幅回调。

**2. 私募基金**

私募基金是指非公开的向特定投资人募集资金的一种投资集合。

私募基金有两种方式：一是以合同进行约束的契约型投资基金，二是以参股公司的形式设立的公司型投资基金。

私募基金在募集对象上，只能面向少数特定投资者。私募圈子虽小，门槛却不低，往往是富人的游戏场。一般私募基金在市场调研、评估、研发能力方面无法与公募基金相提并论，但其在投资的隐蔽性、灵活性方面优于公募基金。

并不是所有私募基金都走中长期主力资金的道路，一些私募基金也惯于充当主导资金，在市场中兴风作浪，或与上市公司勾结，通过内幕信息、业绩造假等谋取超额利润。

**3. 券商自营资金**

券商自营资金是指证券公司以自己的名义用于买卖证券从而获取利润的自有资金。券商自营资金买卖的证券产品包括在证券交易所挂牌交易的 A 股、基金、认股权证、国债、企业债券等。

**4. 合格的境外机构投资者**

中国证监会发布的数据显示，截至 2017 年年底，合格的境外机构投资者（QFII）数量已达 310 家，成为中国内地股票市场上不可小觑的实力资本。

QFII 的投资取向具有相对一贯的风格：其往往关注具有突出的比较优

势或中国特色的上市公司，因为这些公司的股票是独一无二的，在世界其他市场无法买到。另外，能在一定程度上抵御宏观经济大幅波动形成的冲击，比如消费、资源、物流行业以及行业地位突出的龙头上市公司，是其一贯关注的领域。

QFII的择股思路，在一定程度上适应了新兴市场经济起伏较大的现实，于是采取了相对稳健的投资策略。

**5. 保险资金**

1995年以前，保险资金只能存入银行。1999年10月，保险公司允许以购买证券投资基金的方式间接进入资本市场，但比例不得超过总资产的10%。2004年10月，保险资金获准直接入市。

曾经默默无闻的保险资金在2016年四处出击，炒买炒卖热点板块股票，其表现可谓“大放异彩”，也让市场大跌眼镜，引发众多非议。很多业内的潜规则被某些保险资金肆无忌惮地暴露在市场面前，让同业尴尬的同时，也迫使保监会不得不出手“监管”。

当时相关媒体报道：“中国保监会今日发表声明，针对恒大人寿在股票投资中的‘快进快出’行为，保监会约谈了恒大人寿主要负责人，明确表态不支持保险资金短期大量频繁炒作股票，指出恒大人寿应深刻反省短期炒作股票对保险行业及保险资金运用带来的负面影响，要求恒大人寿应秉承价值投资、长期投资和稳健投资原则，牢牢把握保险资金运用服务主业、服务经济社会发展和服务供给侧结构性改革等国家战略的方向，加强资产负债匹配管理，做好保险资金运用整体规划，稳健审慎开展投资运作，防范投资风险。恒大人寿有关人员表示，将切实落实监管要求，着力杜绝类似行为发生。”

某人寿保险公司居然把自己当成“敢死队”，短时间内疯狂炒作数十只股票，被其炒作的股票皆“妖性”十足，一时成为市场瞩目的焦点。

如图1–9和图1–10所示，这两只股票都是某保险资金“快进快出”制造出来的“明星妖股”，两只股票短期内都出现了暴涨和大幅震荡的情况。

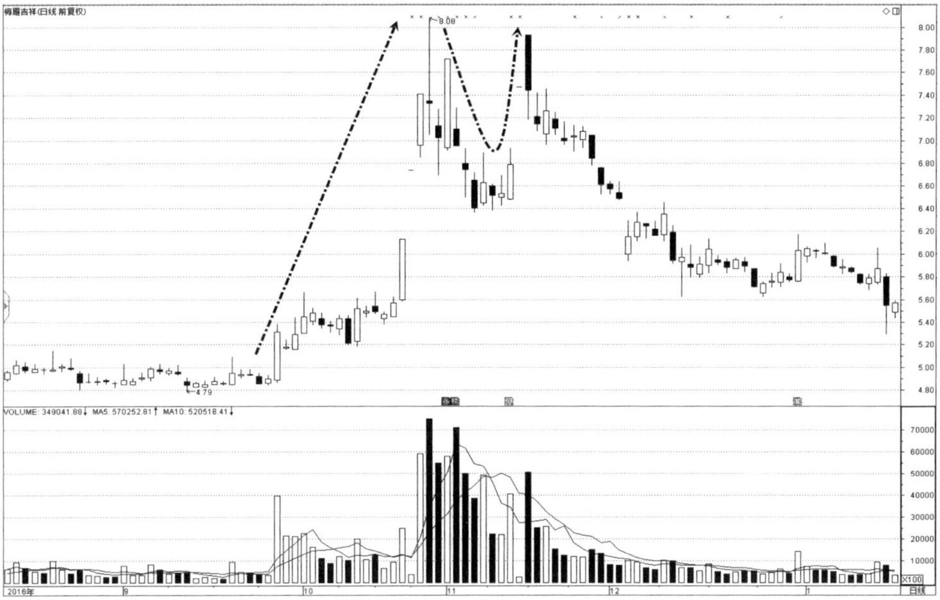
梅雁吉祥(日线 前复权)
8.08
4.79
VOLUME: 349041.88↓ MA5: 570252.81↑ MA10: 520518.41↓
2016年
9
10
11
12
1
日线

图 1-9

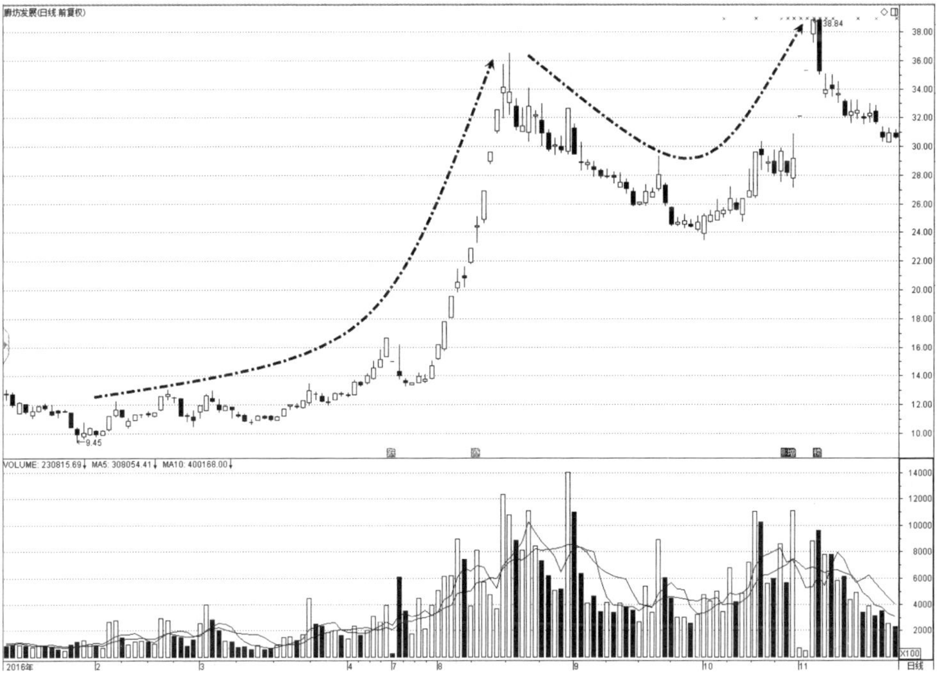
廊坊发展(日线 前复权)
38.84
9.45
VOLUME: 230815.69↓ MA5: 308054.41↓ MA10: 400168.00↓
2016年
2
3
4
7
8
9
10
11
日线

图 1-10

一向以稳健投资和投资蓝筹股见长的保险资金，忽然发起“庄家”式的疯狂炒作，让人颇为不解。这也说明市场上不论哪个品种的主力，疯狂起来都能掀起惊涛骇浪。

## 四、被套主力

实力资金进驻某股，成为能够影响该股价格走势的主要力量，但并不等于在操盘过程中就如履平地、所向披靡。就像前文提到的，经济环境、技术环境、政府监管以及市场各方力量一直处于变化与博弈之中，没有谁有 100% 的把握全胜。

即使是实力雄厚的主力资金，也有可能在特殊时期或阶段无法抵御价格下跌，甚至跌落到自己的成本线以下，这部分主力资金也被称为“被套主力”。

被套主力如果是中长期运作或新入场的主力资金，那么这种所谓的“被套”，从大局上看只是其投资过程中正常的现象。

对以短期操作为主的主导资金来说，这种“被套”则难以忍受。主导资金的资金来源，有一部分是场外配资或其他渠道，“被套”对于这部分主导资金来说可能是致命的，因为按照配资约定，被套可能会被强制平仓或追加保证金。

例如，某私募团队操作广汽集团（601238）股票期间，为维持其净值，避免穿仓风险，曾使用 6 个证券账户，在尾市交易时段的最后 5 ～ 10 分钟，利用资金优势通过大单连续买入拉抬股价，以影响当日收盘价。

该私募团队之所以甘冒被查处的风险采取较为激进的操纵手法，就是因为股价可能触及平仓线，不得已而为之。

在以往的股票市场上，当主力资金被套时，“跟庄”的散户只要咬牙坚持，多数都会等到由亏转盈的那一天，除非主力资金链断裂，不过这种情况发生的概率并不大。如今，主导资金很有可能因为股价跌至平仓线被动平仓，由此引发的个股股价暴跌也就成为常态化事件。

如图 1–11 所示，该股股价发生数次大幅度的急速下跌，参与其中的散户交易者除非选择止损，或者通过不断做 T+0 交易降低成本（做 T+0 交易需要一定的技术水平，否则不但降低不了成本，反而可能垫高成本），否则必然要承受巨额亏损。

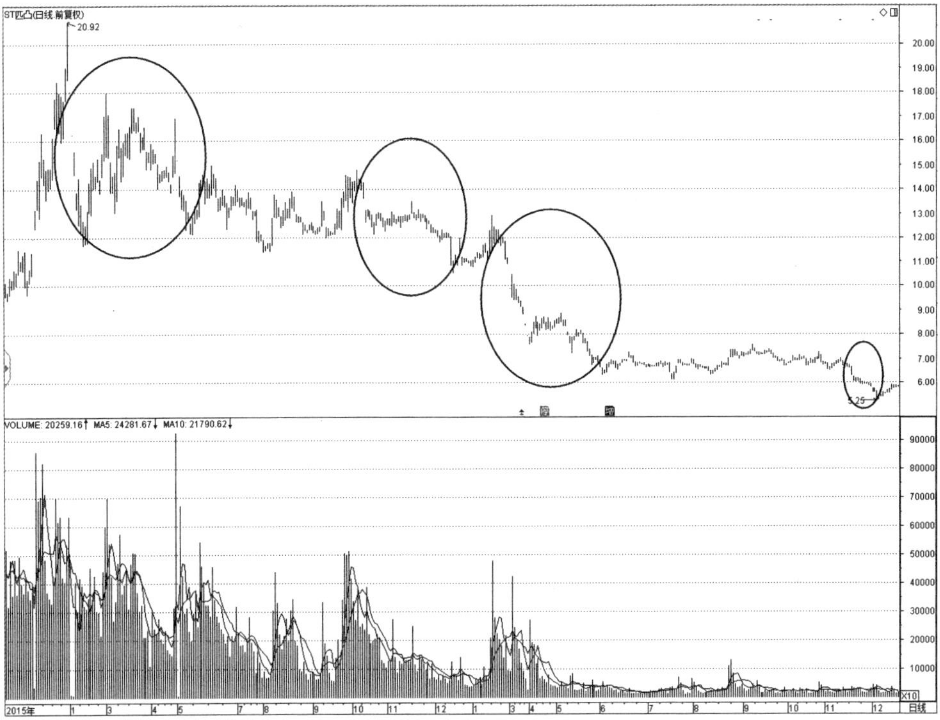


图 1–11

时代在进步，股票市场在改变，交易方式和交易技术需要不断地更新和创新。死抱以往经验或过时的传统理论，在实战中很有可能栽大跟头。对技术平平的交易者来说，可以选择行情走势相对稳定、有中长期主力资金介入的个股进行交易，尽量回避主导资金疯炒的个股。

## 五、新入场主力

以其持仓和盈利模式为标准划分新入场主力的话，可以分为中长期主力资金和短期主导资金。

中长期主力资金多以价值评估为基础，寻找低估值、高成长的个股低位吸筹，长期持有和运作。一般来说，这类主力资金具有相对明确的建仓期、震荡洗筹期、拉升期和出货期等。

如图 1–12 所示，图中走势即为长期主力资金从入场建仓到最终出货的整个过程。通常这个过程可以持续数年，特别是入场建仓阶段，需要耗费较长的时间。对于这种类型的新入场主力，交易者应重点关注，长期跟踪。

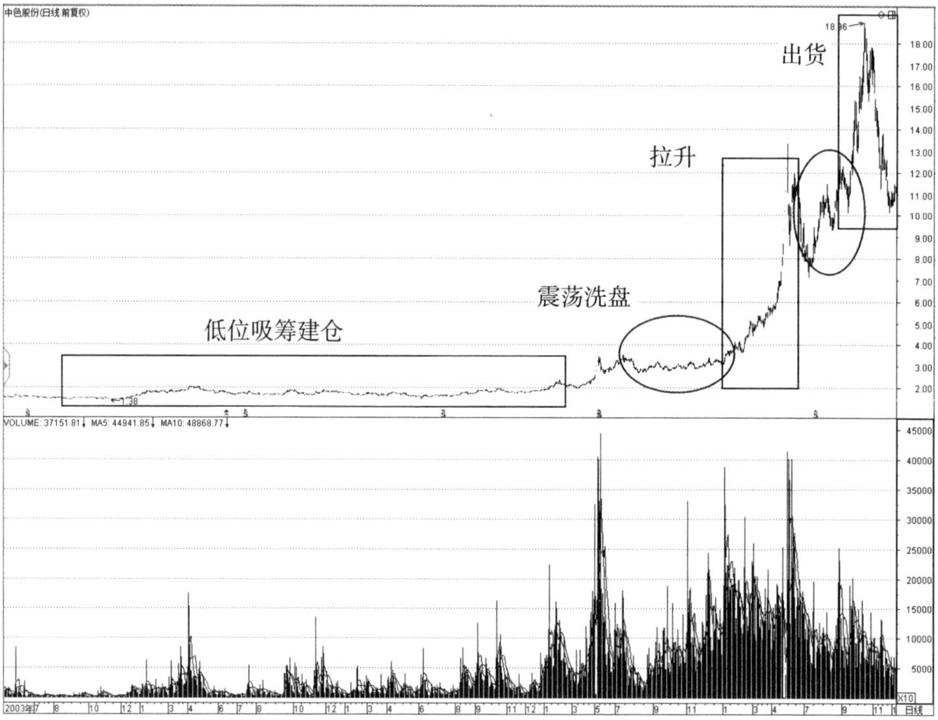


图 1–12

以短期操作为主要盈利模式的主导资金，其建仓、洗筹、拉升、出货等步骤几乎一气呵成，短时间内赚取收益后即兑现离场，或反复操作该股票。如无意外，整个操盘过程绝不拖泥带水。对这类新入场主力来说，入场几乎就意味着离场的开始。

如图 1–13 所示，该股在跌势途中突然放量快速拉升，整个升势过程极其短暂。随着主导资金在上涨过程中不断兑现筹码，股价也就失去了持续上涨的动力，随即发生自由落体般的下跌。

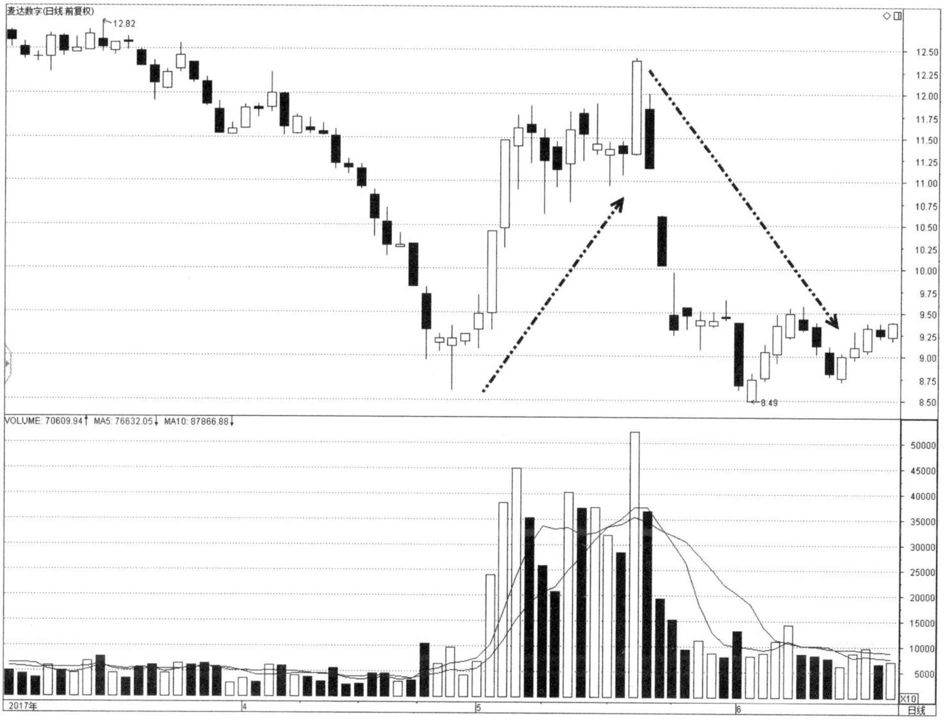


图 1–13

大部分交易者其实比较适合追踪中长期主力资金介入的个股，如果分析某股有主力资金入场建仓，那么可以在之后选择适宜的点位跟进并长期持有。有足够的耐心和持仓时间，从中获利并不困难。

很多交易者喜欢追逐短线利润，不愿意长时间持仓，或者缺乏足够的持股耐心。坦白地说，大部分交易者其实并不适合短线交易，原因要么是缺少盯盘时间，要么不具备相应的技术能力，或者交易心态存在问题。当交易者面对凶悍的主导资金时，能够盈利的少之又少。

## 六、控盘型主力

控盘型主力是指控制个股流通盘较大比例的主力资金。控盘型主力其实就是传统意义上的“庄家”，这种主力掌控的个股也被称为“控盘庄股”。

主力控盘究竟达到什么比例，才能称为控盘型主力，其实并没有固定的标准，因个股而异。通常意义上的控盘，一般是指掌握的筹码达到流通盘的 50% 以上。实战中，一些小盘股掌握 30% 的流通盘就足以达到控盘的效果。

主力的控盘程度过高未必是好事，很可能会使操作的股票走势僵化，人为运作的痕迹非常明显。

说到这里，想起美国金融史上著名的坐庄逼空案例——艾伦·莱恩操纵斯图兹股票事件。

1920 年，艾伦·莱恩操纵斯图兹汽车公司股票，从 1 月初的每股 100 美元上涨到 2 月初的每股 134 美元。此时空头入场，艾伦·莱恩毫不示弱，与空头对决，吞进空头抛出的所有股票。4 月初，斯图兹股票涨到了每股 391 美元。

由于此时艾伦·莱恩已经高度控盘，市场上难以大量买到斯图兹股票，空头们惊慌失措，因为他们必须向莱恩回购股票才能平仓。空头们本打算通过做空把股价砸下来，然后再低价买回，没想到遭遇莱恩的强力碾压。

空头们大多是在每股 130 美元左右卖空，即使现在能够以每股 391 美元买回平仓，每股也要损失 260 多美元，何况莱恩绝不会以这个价格卖给他们。经过一番讨价还价，最终空头以每股 550 美元的价格从艾伦·莱恩手里回购斯图兹股票，付出了惨痛的代价。

这一战艾伦·莱恩赢在了“控盘”上，但让人没有预料到的是，莱恩赢在了“控盘”上，最终也输在了“控盘”上。之后不久熊市来临，斯图兹股票价格暴跌，高度控盘的艾伦·莱恩根本来不及出货，即使出货也没有人愿意接盘。为控盘斯图兹股票，此前莱恩借入了大笔资金，此时已经难以还清，只能于 1922 年宣告破产。

控盘是一种高难度的主力行为，是刀尖上的独舞，一招不慎，满盘皆输。

控盘庄股运行中，无论图形还是具体的走势，都异于其他个股。尤其是在成交量或换手率上，控盘庄股具有明显的特点。

当主力锁定较大比例的流通筹码后，市场上留存的筹码很难对股价形成统一的、有目的性的影响。控盘主力则可通过次级或短期回落等折返震荡，不断地倒手降低持仓成本。当主力再次拉升股价时，不需要太多的成交量就可以轻松越过前期高点。在成交量柱形态上，多呈逐波减少的态势。

如图 1–14 所示，该股上市初期放出较大的成交量，但之后成交量逐波减少，股价却保持着稳定上升的态势。这种技术形态就是主力资金利用新股上市初期有巨量抛盘的机会，大力吸纳并锁定筹码，从而达到控盘的走势情况。

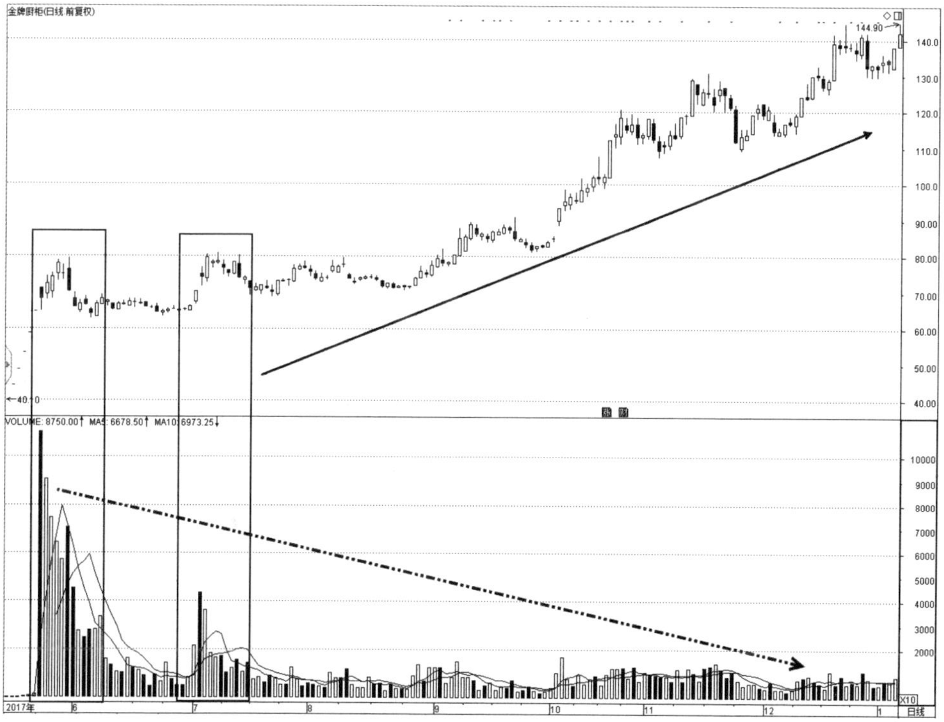


图 1–14

当某实力资金敢于主动对个股进行控盘操作，说明对该股未来走势拥有绝对的信心，如果无意外事件发生，那么该股的涨升行情将是一个长期的过程，升幅也必然极为可观。当然，因为某些事件被动成为控盘主力的资金不在此列。

花费心血锁定大比例流通筹码的控盘主力，不会轻易流失自己掌握的筹码，除非到了离场的时刻。在价格高位，控盘庄股成交量怕增不怕减！因为量能增加意味着主力加大减仓或出货力度，甚至可能是主力出逃完毕后，其他热炒资金惯性追高行为所致，如图 1–15 所示。

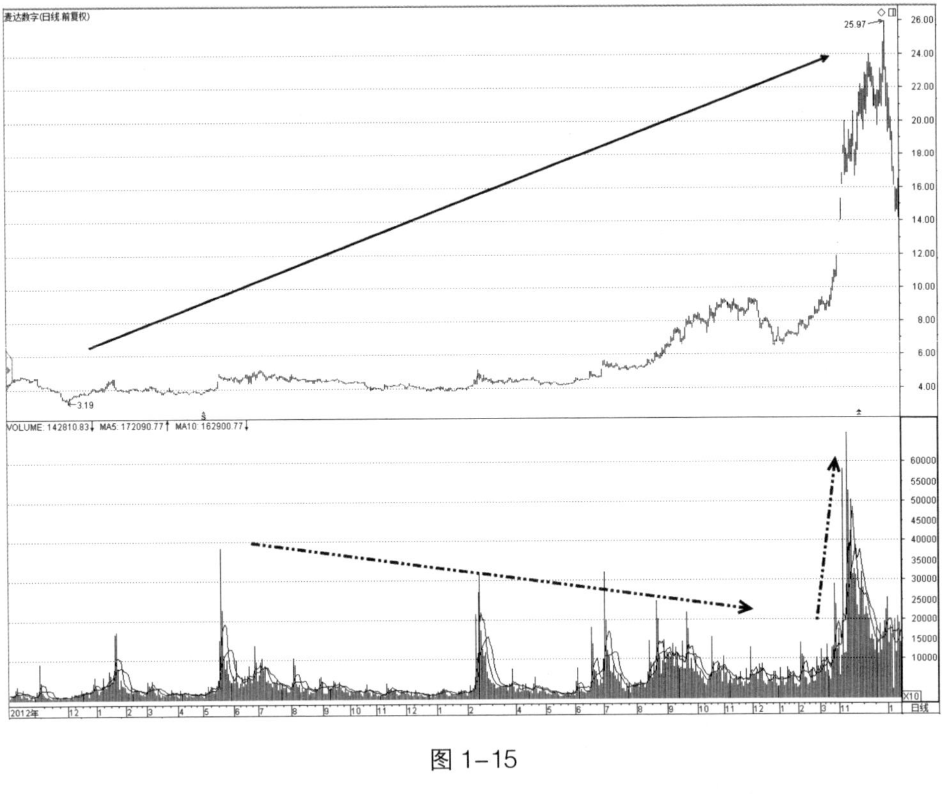


图 1–15

当控盘庄股在股价高位出现较高换手率时，交易者必须警惕股价可能正在构筑顶部。主力将较大比例的流通筹码锁定，才能称为控盘。既然控制住多数的流通筹码，那么连续出现较高的换手率，是谁的筹码在进行交易？毫无疑问，一定是主力的。控盘主力不再珍惜手中的筹码，而是肆意派发时，主力目的应该很明确，交易者此时正确的行为就是赶快跑路。

控盘型主力的盈利模式并不像大多数人预想的那样：控制大部分流通盘，等到股价进入高位时出货，兑现暴利。如果这样操作的话，可能大部分控盘主力都很难有顺利兑现筹码的机会。

控盘型主力的优势在于“控盘”，让行情在运行中反复折返，通过高抛低吸将自己的成本降至极低的价位。在控盘筹码数量不变的情况下，成本不断降低，就意味着盈利幅度扩大。在市场行情相对平稳的环境中，哪怕仅仅兑现部分筹码，控盘型主力也会有相当可观的利润。

综上所述，当控盘庄股在股价高位出现反常的大成交量时，即使不是最终的顶点，也是股价的相对高点。出现这种情况的控盘庄股，交易者绝不可掉以轻心。

## 七、相对控盘型主力

对于大部分以攫取暴利为目的的实力资金来说，控盘并不是他们的目标，因为成为控盘型主力的难度实在太大。其他的不说，仅如何回避监管就是一件令人头疼的事。多数情况下，实力资金都会选择相对控盘，即不追求大比例地掌控流通盘，仅锁定部分流通筹码，然后通过盘中运作来完成盈利的任务。

相对控盘型主力是股票市场上最常见的类型，也是大多数实力资金入场后的选择。对于相对控盘型主力操作的个股，图形上也较容易判断，比较典型的是成交量形态变化。

如图 1-16 所示，A 区域和 C 区域股价处于涨升阶段，成交量呈聚量形态，即成交量逐渐增加、聚集的形态；B 区域股价处于调整震荡阶段，成交量呈常量或变量或其他不规则形态。主力相对控盘的个股和前文提到的控盘庄股有较明显的不同。

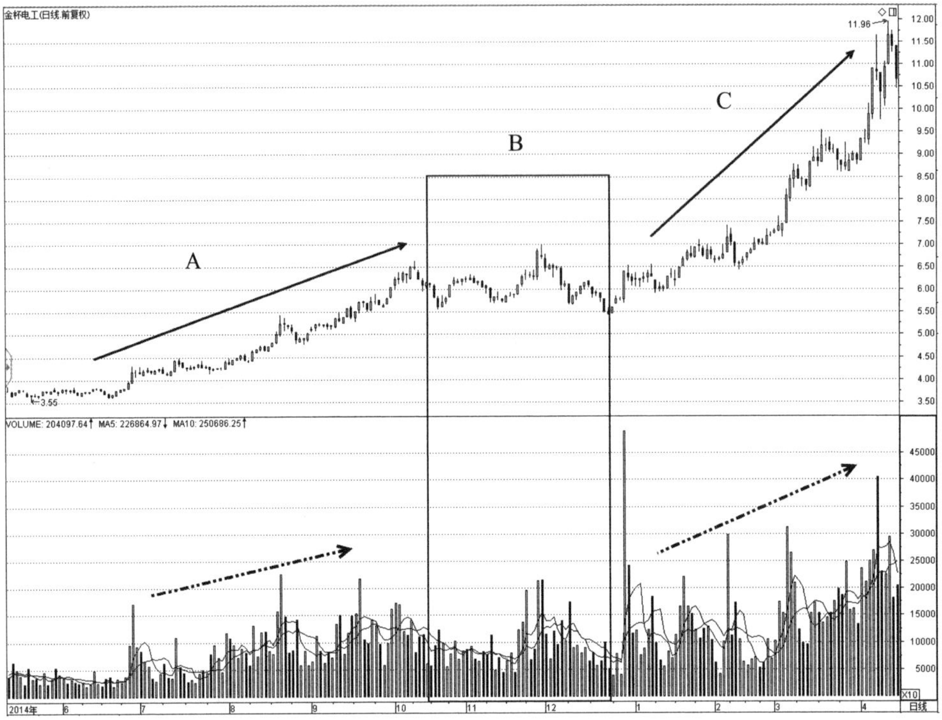


图 1–16

控盘庄股的成交量形态变化，大多数具有成交量形态从较高到逐次降低的特征，直到最后出货阶段再次放大（并不必然都出现放大的现象）。

相对控盘个股的成交量形态变化大多具有成交量和涨势同步的特征，这类个股一旦出现量背离或价背离，都是非常重要的不同级别的价格高点信号。

其实相对控盘个股的这种成交量形态变化也比较容易理解，毕竟主力资金并未实现高度控盘，所以在运作时需要借助市场资金的力量，或者需要抵抗盘中出现的抛压，等等。这种类型的主力是实战中最常见的主力，也是分析中最具技术含量的部分，后面的案例中还会反复讲到。

## 八、对倒型主力

如果以资金实力为标准进行分类的话，那么控盘型主力最强，相对控盘次之，对倒型主力最弱。

什么是对倒？对倒指自买自卖的虚假交易行为。首先要明确，对倒是法律法规禁止的行为，但在短线主力或主导资金的操作中，这是最常用的操作手法。关于对倒的内容，第二篇将专门讲解，这里偏重于对倒型主力的内容。

对倒既是主力减仓或出货常用的手法，也是某些实力不够强大的主导资金在一段行情中运作股价的手法。从这个角度来讲，对倒就是主导资金在资金实力不足的情况下，以借力打力、四两拨千斤的“巧劲儿”运作股价的一种手法。

对倒既有可能是短期行为，也有可能是某主导资金在一轮行情中贯穿始终的行为。

如图 1–17 所示，在股价相对低点就开始出现密集成交，在震荡盘整阶段甚至是拉升阶段，成交量一直呈密集成交的形态。这其实是很不正常的状态，几乎整个上涨行情都处于密集成交状态，只能说明主导资金实力不足，唯有借助对倒等手法或技巧来弥补资金不足的弱势。图 1–17 案例中的主力资金就是比较典型的对倒型主力。

如图 1–17 所示，主导资金以对倒运作股价上涨，这种类型的个股走势折返较为频繁，密集成交是常态，常常是盘中大买单连续出现，目的是吸引跟风资金合力做盘将股价推高。这种以对倒运作股价上涨的手法常令中长线持仓的交易者备受煎熬，但对摸清其中规律的短线交易者来说，采取波段操作就能乐在其中，并且可以获得不菲的收益。

在主导资金的短期操作中，对倒更是司空见惯。比如，某主导资金操作小商品城（600415）的 47 个交易日里，有 21 个交易日都存在对倒行为，其中 10 个交易日，其掌握的各账户间的交易量超过了该股当日成交量的 20%。

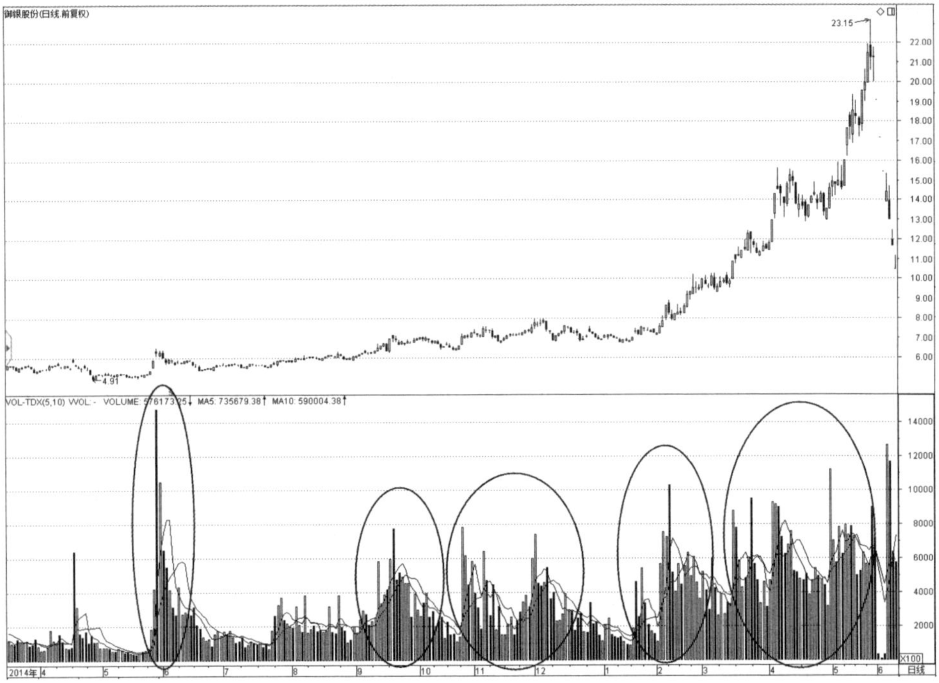


图 1–17

## 九、联庄与换庄

狼是一种聪明狡诈的动物，在捕猎时有着明确的分工，有的负责驱赶猎物，有的负责分散对方的群体，有的则处于潜伏状态，任务是发起最后的攻击，给猎物致命一击。

多方实力资金同时进驻一只股票，也是资金生存和发展的模式。这些主力之间具有千丝万缕的联系，不但有合作，也有斗争。比较常见的是，同一体系的机构在某只股票上具有合作关系。

在操作个股的过程中，某些实力不足的资金固然可以采取对倒等手法“做盘”，成为对倒型主力，但是无论“做盘”手法多高明，都不可避免地会留下一些痕迹，遭遇监管等方面风险的概率较大。

为了降低风险，这种类型的资金有时会选择合作，即多方资金联手进驻某只股票，以契约的方式联合操作。这种主力构成方式称为“联庄”。联庄主力既有以契约方式进行约束的，也有相对松散的联合。

上述“抱团取暖”性质的联庄，即相对弱势资金之间的联合，多见于主导资金的类型。

还有一种形式的联庄与此截然不同，即资金同属某一体系，为中长期投资或其他目的而进驻同一股票。如图 1-18 所示，同属某信托公司的两款信托产品，分别位列某股的十大股东之中。

| | | | | | |
|---|---|---|---|---|---|
| 横店集团控股有限公司 | 82420.00 | 50.18 | A股 | 其他 | 未变 |
| 东阳市博驰投资合伙企业（有限合伙） | 9273.76 | 5.65 | A股 | 其他 | 未变 |
| 华泰证券股份有限公司 | 2606.98 | 1.59 | A股 | 证券公司 | 新进 |
| 中央汇金资产管理有限责任公司 | 1995.68 | 1.21 | A股 | 其他 | 未变 |
| 华润深国投信托有限公司－润之信23期集合资金信托计划 | 1829.40 | 1.11 | A股 | 信托计划 | 未变 |
| 华润深国投信托有限公司－润之信50期集合资金信托计划 | 1407.31 | 0.86 | A股 | 信托计划 | ↑90.27 |
| 国元证券股份有限公司约定购回专用账户 | 1300.00 | 0.79 | A股 | 其他 | 未变 |
| 郑文淦 | 1248.10 | 0.76 | A股 | 个人 | ↓-3.36 |
| 中国国际金融股份有限公司 | 1121.30 | 0.68 | A股 | 证券公司 | 新进 |
| 鹏华资产－浦发银行－鹏华资产金润24号资产管理计划 | 965.06 | 0.59 | A股 | 基金专户 | ↑70.02 |

图 1-18

与此相似的还有同一基金公司旗下的多只基金进驻同一股票，这种类型的资金合作多以中长期投资为主，很少跟随价格波动热炒价差，称之为“联庄”似稍有不妥，但是某只股票中有多家同系资金入驻，其对该股的影响也是显而易见的，从主力行为分析的角度来说，具有一定的分析价值。

早年间，A 股市场上市公司数量较少、市值较小，一些实力资金联手控制几只关键的权重股或热炒的龙头股，就可以操纵大盘指数的涨跌，这种情况也可算作联庄的表现形式。如今国内 A 股市场体量日渐庞大，很难再出现这种情况。即使某些资金试图影响大盘指数，往往也只能在短时间内产生一定的效果，很难形成趋向，更不要说趋势了。

“抱团取暖”性质的联庄在运作过程中，有一些资金会因为各种原因选择退出，也会有新的资金选择加入，这种情况就属于换庄。换庄只要退出资金所占比例不大，一般不会影响股价的运行。

比较典型的换庄是指某资金运作个股的过程中，因资金链出现问题或其他方面的原因而选择退出，但同时又有新资金入场接盘。没有新资金入场接盘则被称为“弃庄”。

换庄既有可能是被动的，也有可能是主动的。被动换庄原因比较多样，比如在筹码争夺中失利，或者自身资金链出现问题，不得不将控制权拱手让出。

主动换庄一般出现在热火朝天的市场环境中，某股主力获利出局后，立即有其他资金大举介入，成为新主力，这在大牛市行情中并不鲜见。

多数换庄会使股价出现明显的波动，甚至让交易者认为主力已经出货。因为换庄过程中，某些个股确实存在主力减仓出货的现象，所以交易者在分析判断时，很容易甚至难以避免犯错。

换庄的个股，只有新入场资金完成布局，走势才会迎来转机。如果是某些短期操作的主导资金入场，其建仓、洗筹、拉升、出货等环节一气呵成，股价在短期内就会再次暴涨，但此后的下跌同样很快到来。

# 第三章　技术环境分析

所有的价格波动，最终都会回到趋势中来。看不懂K线，就跟着趋势走，这时就会发现不少主力的狐狸尾巴露了出来。

——《K线图核心技术》

## 一、趋向、趋势

技术环境分析是多种技术工具、长短周期综合分析的一种技术分析手段。如果说趋势、趋向和成交量以及均线系统是分析判断交易标的的主要技术工具，那么技术指标、市场心理倾向等就是重要的辅助分析手段，二者相辅相成，不可或缺。

综合分析交易标的所处的技术环境，能够避免一叶障目，不见泰山，无论对于规避风险还是追求盈利，都是一个较佳的选择。

### 1. 趋势与趋向

趋势是指在一个相对较长的交易时期内，价格整体运行于一个相对稳定的方向上，道氏理论将之称为“主要趋势”。

通常将整体保持上升趋势的市场称为“牛市”，将整体保持下跌趋势的市场称为“熊市”。

中短期内价格运行的方向上，趋向可能和趋势一致，也可能不一致。趋势由无数同向或逆向的趋向构成，趋向改变并不意味着趋势必然改变，但趋势改变必然由趋向的改变开始。

趋势包含不同运行方向的价格趋向，依照时间周期的长短，可以界定为中期趋向和短期趋向。中期趋向和短期趋向在道氏理论中称为“次级趋势”和“短期趋势”。

区分趋势和趋向有利于交易者从全局的角度考虑和谋划整个交易策略，避免纠结于价格的细微波动，错失在大方向上布局的时机。

交易者首先要认清行情的长期趋势，其运行的方向明晰之后，中期趋向和短期趋向就会跃然纸上。

（1）牛市行情

在长期上涨趋势即牛市行情中，交易者应以持仓和积极做多为主要交易策略。长期上涨趋势并不意味着市场一直上涨，其运行过程中会有很多次级别较大的回调（即中期趋向或称次级下跌趋势）以及不间断的短期回调（短期趋向），这种回调会制造恐慌，清洗不坚定的持仓者，减轻市场上行的压力。

如图 1–19 所示，A 区域为一轮长期上涨趋势。在长期上涨趋势运行期间，多次出现中短期下跌趋向。

（2）熊市行情

在长期下跌趋势即熊市行情中，交易者应以空仓和分阶段交易为主要交易策略。长期下跌趋势同样并不意味着市场一直下跌，其行情运行过程中，会有很多次级别较大的反弹（即中期趋向或称次级上涨趋势）以及不间断的短期反弹（短期趋向），反弹可以诱使资金介入。

如图 1–19 所示，B 区域为一轮长期下跌趋势。在长期下跌趋势运行期间，同样也会多次出现中短期上涨趋向。

**2. 绘制趋势线**

趋势线是指根据价格波动，连接两个重要的低点或高点，画出一条顺应价格运行方向的直线。

趋势线是分析价格趋势及其变化的有效工具，正确绘制上升趋势线和

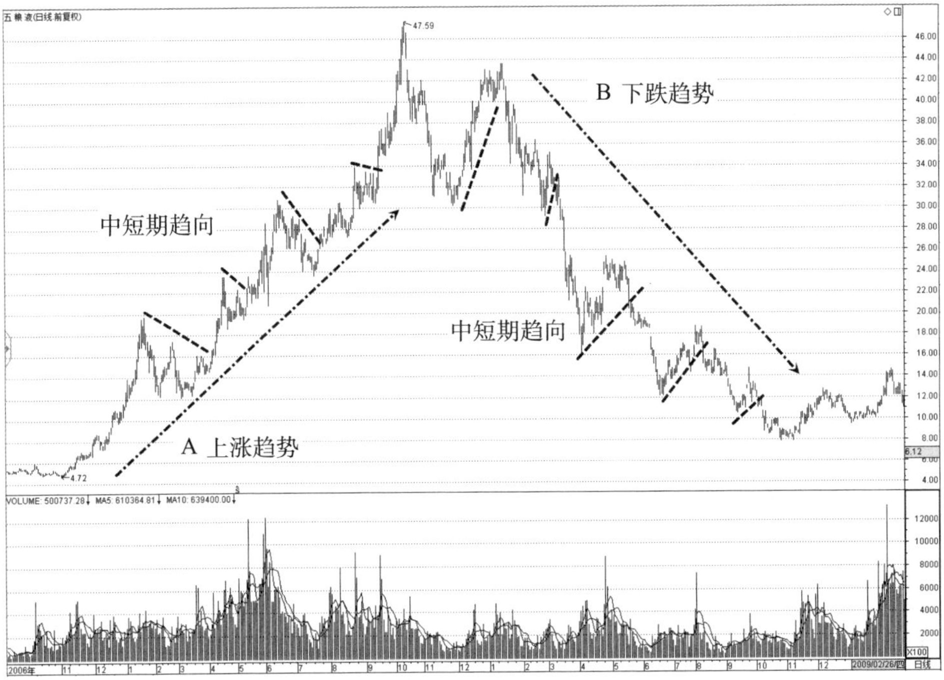


图 1-19

下降趋势线，有助于提前预判行情变化和趋势或趋向拐点。

绘制趋势线有三个要求：一是确定两个重要的低点或高点，二是这两个点在时间周期上应具有一定的距离，三是能够正确反映趋势整体运行情况。

如图 1-20 所示，A 点为该股顶部高点，B 点为第一次中期反弹高点，都属于相对重要的点位。两点之间的时间间隔 3 个月左右，也较为合适。两点连线后，这条趋势线能够反映后期股价趋势整体的运行情况。

### 3. 周期与历史追溯分析

技术环境分析首先要求交易者培养自身的追溯分析能力，也就是说要具备技术分析的历史观，善于分辨价格运行的趋势和趋向。

单凭最近几根 K 线，很难研判主力资金所处的状况，但若从较长时间周期进行回溯分析，则不难发现主力资金所处的阶段和状况。

图 1–20

如图 1–21 所示，该股出现一波翻倍行情。研判该股后市是继续上涨还是行情就此完结，是新一轮行情的开始还是原行情的延续，仅凭图 1–21 中 K 线、成交量以及均线难以得出准确的结论，此时需要借助更长时间周期进一步研判。

该股一年多的走势如图 1–22 所示，可以较为清晰地看到该股相对完整的走势：该股经过一轮波澜壮阔的大牛行情，之后股价急速暴跌，A 区域（即为图 1–21 中涨升阶段）很明显是大幅超跌之后的反弹走势。

以暴跌来终结牛市行情并不常见，所以必然有不少高位持仓者未能获利减仓，这也是股价在 A 区域超跌反弹的重要基础。之所以这样说，是因为这是持仓者习惯性的操作方式：低点不敢进，反弹一定幅度之后才决心加仓以摊低成本，殊不知此时反弹已经接近尾声。

见图 1–22，A 区域之前的大幅暴跌对略懂趋势分析的人来说，终结一

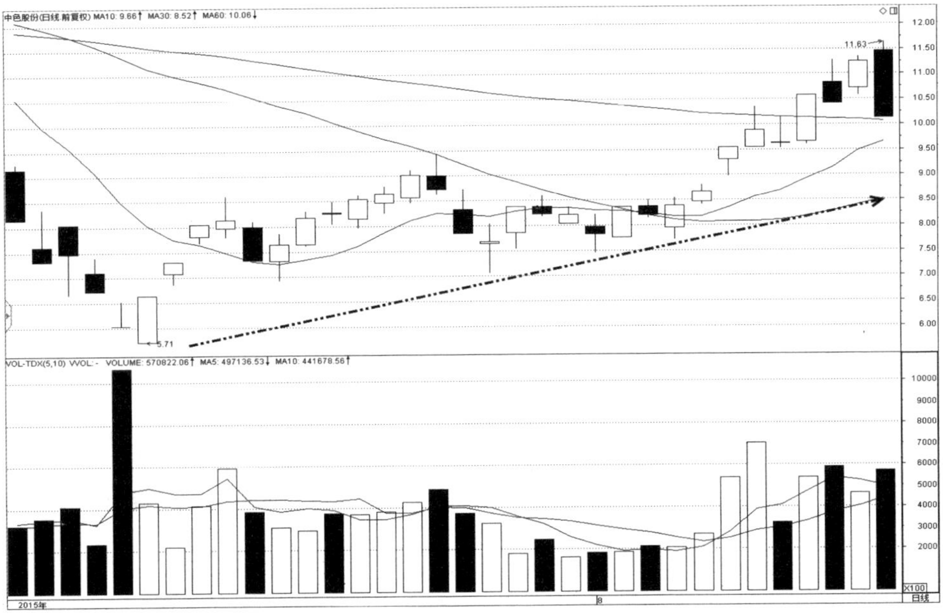
中色股份(日线 前复权) MA10: 9.66↑ MA30: 8.52↑ MA60: 10.06↓
11.63
5.71
VOL-TDX(5,10) VVOL: - VOLUME: 570822.06↑ MA5: 497136.53↓ MA10: 441678.56↑
2015年
8
日线

图 1-21

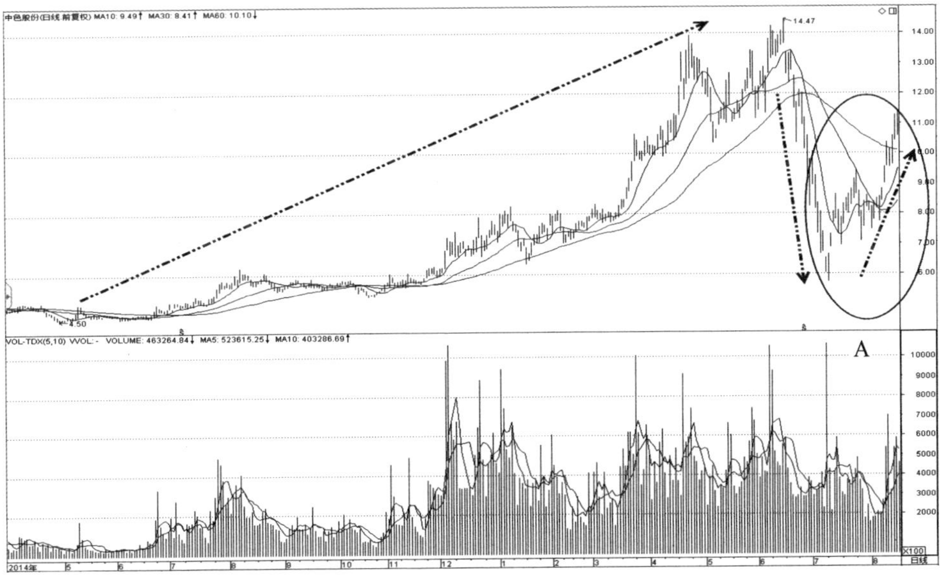
中色股份(日线 前复权) MA10: 9.49↑ MA30: 8.41↑ MA60: 10.10↓
14.47
4.50
VOL-TDX(5,10) VVOL: - VOLUME: 463264.84↓ MA5: 523615.25↓ MA10: 403286.69↑
A
2014年
日线

图 1-22

轮牛市行情在技术上应是毫无疑问的，及至A区域出现涨升行情时，股价超跌反弹的行情性质也不难界定，唯一让交易者迷惑的可能是超跌反弹的幅度居然能够让股价翻倍。

超跌反弹的幅度和两点息息相关：一是前期的下跌周期和速度，时间短、速度快的下跌所引发的超跌反弹必然强劲（排除基本面问题引发的连续一字线跌停现象，只包括技术面范围内的下跌）；二是下跌幅度，只有达到超跌①程度后，才有可能引发大幅度反弹。

**4. 价格运行重心**

价格运行重心就是价格波动和震荡的中轨线。以股价波动震荡的相对中心位置（或最近高点和低点之间的均价位置）画一条线，即为股价（价格）运行的重心。

如图1–23所示，虚线1即为上升趋向中形成的价格运行重心。

当股价运行至A区域时，并不能真正回归到原价格运行重心上方，说明遭遇到足以改变原运行轨迹的重压，也意味着价格的运行方向可能会发生向下的改变。

出现这种情况，即使是惯性下行，通常也会让股价跌上一段时间。

虚线2为股价转跌后形成的价格运行重心。

价格运行重心并不会沿着一个方向或角度持续存在，而是随着股价的波动不断改变角度或方向，价格运行重心的这种改变称为“变轨”。

从价格运行重心的特点来看，其能够及时反映股价在最近一段时间持续运行的方向以及将会发生的变化。

如图1–23所示，当股价向下偏离虚线2，并且不能收复和回归时，下跌速度将加快。

当股价逐渐回归到虚线3上方并不再跌破，或之后出现向上的变轨时，股价就此企稳弹升的可能性极大。

---

① 有关超跌的具体内容参见中国宇航出版社于2015年8月出版的《短线追涨与低吸技术》一书。——编者注

价格运行重心的概念很重要，盘面其他技术因素尚未发出提示信号时，根据价格和价格运行重心之间的偏离度，也可预估未来可能的走势。

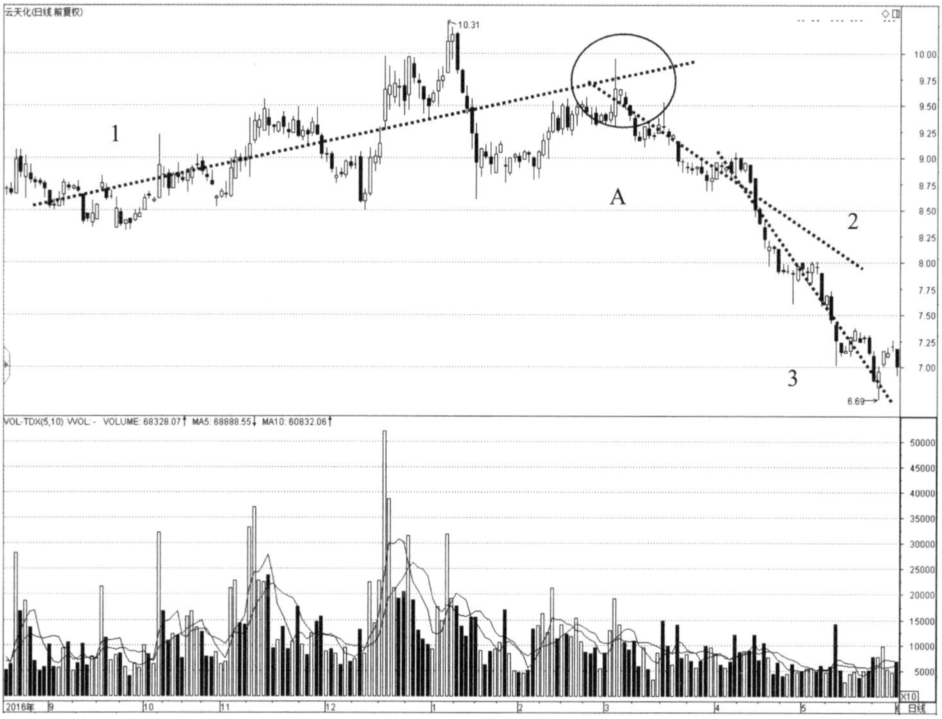


图 1–23

## 二、均线理论

均线（全称移动平均线）是指对最近 $N$ 个时间段内的收盘价进行平均，将这些值以线段的形式连接，即形成一条均线。

均线基本原理是，随着市场成本的变化，价格也会有所体现，成本的变化可能会导致趋势的延续或改变。移动平均线代表了一定时期内市场平均成本的变化趋向。

这是均线最基本、最常见的释义，最重要的是最后一句。真正理解了“移动平均线代表了一定时期内市场平均成本的变化趋向”，才能明白均线在实战中的含义。

均线代表的是市场平均成本运行趋势，其重要性在于反映现行价格得到支撑或受到压制的情况。支撑与压制是均线理论的核心与精华，均线分析的价值也正在于此。

均线如同奔流的江水，K 线则像在水中航行的船只。水能载舟，亦能覆舟。此外，还有逆水行舟和顺水行舟之别。

总之，在运用均线判断行情时，永远不要忘记一点：均线是灵动的，K 线也在不停地变化之中。呆板、机械地理解和应用 K 线和均线之间的关系，无法得到理想的结果。

**1. 顺水行舟形态**

当均线运行方向与 K 线运行方向保持一致时，称为“顺水行舟”。顺水行舟有两种技术形态：一是 K 线和均线同步保持向上的态势，即多头排列（见图 1–24）；二是 K 线和均线同步保持向下的态势，即空头排列（见图 1–25）。

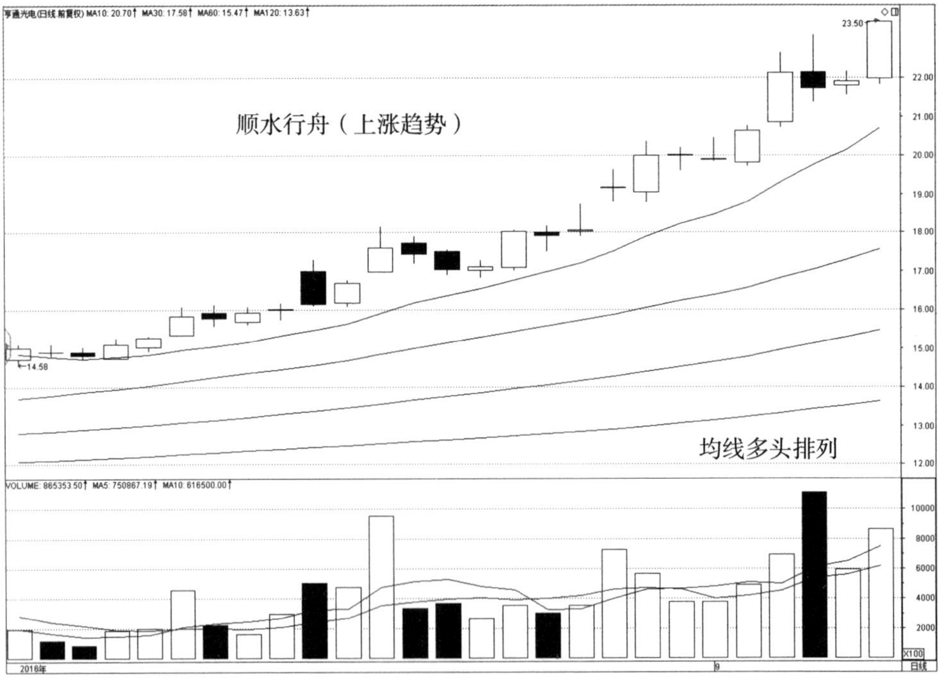


图 1–24

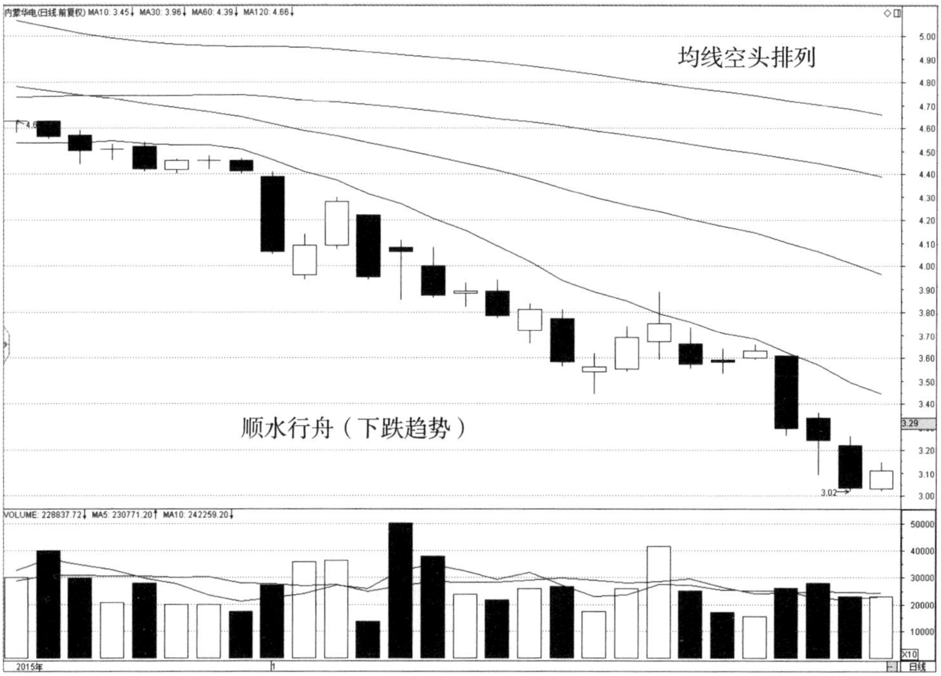


图 1–25

顺水行舟形态中，均线多头排列时，K 线上涨往往很火爆；均线空头排列时，K 线下跌则很凶悍。正如船只在顺风顺水的条件下行驶时可以达到“轻舟已过万重山”的境界。

### 2. 逆水行舟形态

当均线运行方向与 K 线运行方向相逆时，称为“逆水行舟”。逆水行舟也有两种技术形态：一是均线向上而 K 线向下，这种形态一般属于 K 线上涨中的正常回落整理，或者行情出现终极拐点时（见图 1–26）；二是均线向下运行而 K 线向上运行，这种形态一般属于下跌途中的反弹抵抗，或者见到行情拐点时。

逆水行舟意味着需要耗费远远大于常态的能量，当这种超常能量不能持续补给时，就到了行情停止前行甚至逆转的时刻。通常情况下，逆水行舟形态持续的时间都比较短暂，如图 1–27 所示。

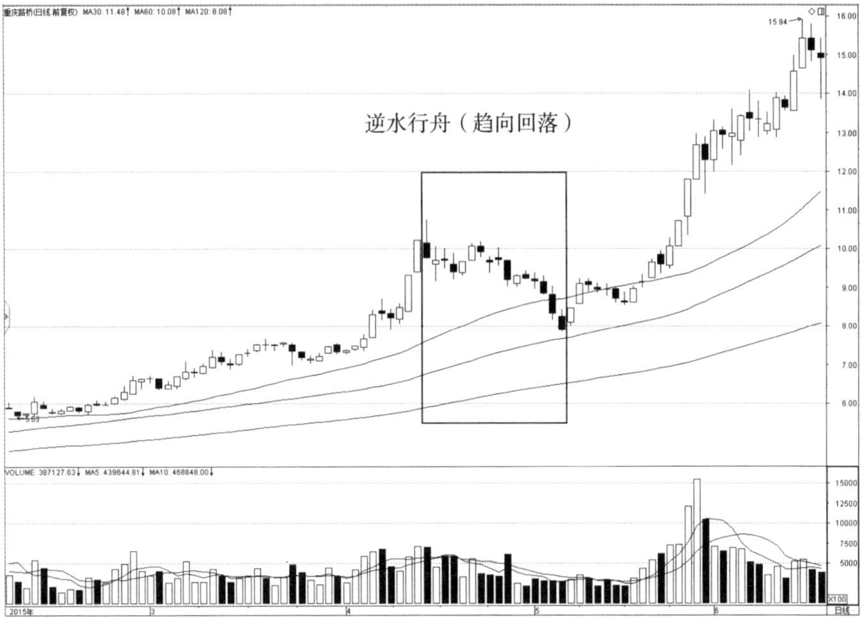
重庆路桥(日线 前复权) MA30: 11.48↑ MA60: 10.08↑ MA120: 8.08↑
逆水行舟（趋向回落）
15.94
VOLUME: 387127.63↓ MA5: 439644.81↓ MA10: 468848.00↓
2015年
日线

图 1–26

诺德股份(日线 前复权) MA30: 3.76↓ MA60: 4.76↓ MA120: 6.41↓
逆水行舟（趋向反弹）
9.73
2.88
VOLUME: 43094.64↓ MA5: 43531.20↑ MA10: 50832.00↓
2008年
日线

图 1–27

确认K线与长期均线系统的趋势，关乎交易者在一个较长的时间范围内采取的主要交易策略。K线与长期均线系统的趋势，也是交易者鉴别自己的交易行为是顺势而为还是逆势而为的标尺。

通常来说，符合趋势的顺势而为应当成为交易者的主要交易方向和重仓位参与的依据，而参与逆水行舟形态下的趋向行情则是与趋势相逆、与趋向一致，只能是短期交易和轻仓参与。

在上升趋势的市场中，当然应以做多为主要策略和行动方案，参与回落（逆水行舟之趋向回落）行情时，则应该控制好做空的尺度和界限。在下跌趋势的市场中，当然以做空或观望为主，主要参与趋向性的反弹行情，回避短期反弹。

**3. 顺逆关系的转化**

无论是顺水行舟还是逆水行舟，总是随着行情发展的变化而变化，不可能永远恒定。热火朝天的牛市终会有终结的一天，而肃杀清冷的熊市也必将有结束的一天。

逆水行舟形态可能会在运行途中结束，继续回归原有趋势，也可能会在运行中得到强化，使行情延长或转化。逆水行舟的转化是指由原来的趋向行情转化为趋势行情。

逆水行舟形态代表趋向性行情，多数时候，当价格运行至一些重要的均线关口，往往就是趋向性行情结束的时候，随后市场就会回归到原来的大趋势运行中。

在逆水行舟形态，当价格连续攻克一些重要的均线关口时，意味着行情处于形态的加强和延长状态，或者这个逆水行舟形态可能正担负着趋势转化的重要使命。

如图1–28所示，该股经过长期大幅下跌后，在A区域与中长期均线出现相逆的逆水行舟形态。通常来说，该形态下的反弹行情多会在遭遇60日均线重要关口时结束反弹，重回跌势。但是随着行情的发展，图中这个逆水行舟形态逐渐得到强化，价格轻松突破了重要的均线关口——60日均线，之后略加盘整便继续向上攻击 120 日均线。此时，交易者应当重新审视这个逆水行舟形态的性质，分析行情是不是正在发生转化，而不是惯性认为这只是单纯的趋向强化。是不是趋势转化，形态自身会显露出来。

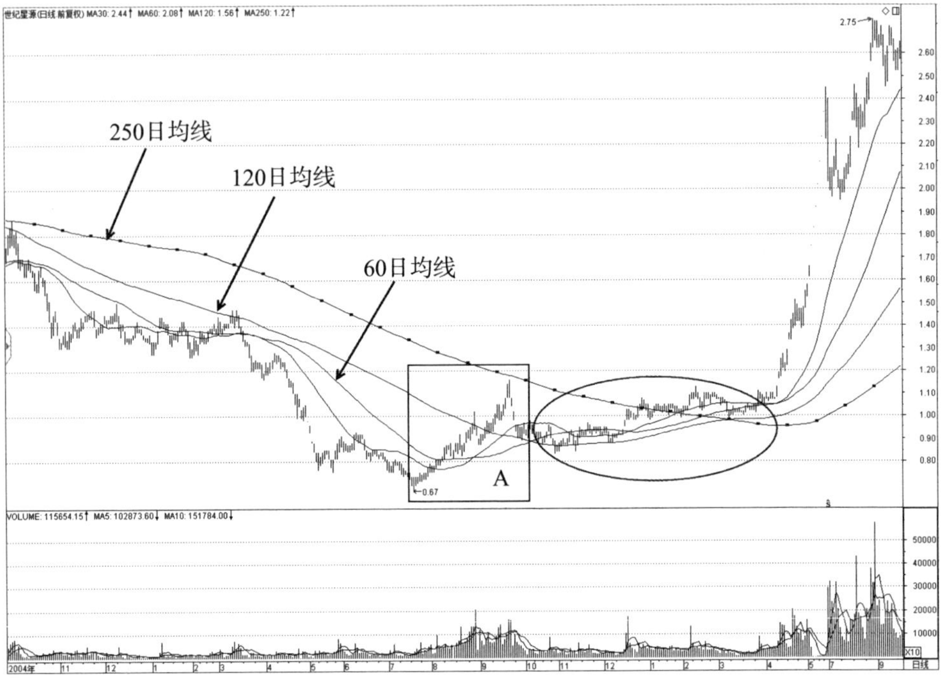


图 1-28

之后股价迅速突破 120 日均线，回抽破掉均线但很快收复并持续升势，有挑战 250 日均线的势头。实战中遇到这种情况，很多交易者可能担心会错过一轮升势，有的还会选择追高买入。但学过脱线形态[①]的读者都知道，该股股价连续急升，已经和最小时间单位的均线形成脱线。与此同时，上方的 250 日均线是极为重要的均线关口且呈下行态势，这两方面因素叠加分析，可以得出一个结论：即使股价向上穿越 250 日均线，也很难形成真正的突破，大概率的结果是冲高回落。后期该股股价果然冲高回落。这个回落过程中的股价表现，对于分析逆水行舟形态是否存在转化的可能极具

① 脱线形态理论见中国宇航出版社于 2017 年 10 月出版的《均线核心技术》一书。——编者注

价值，也是确定是否存在介入做多时机的关键。

A 区域后，120 日均线在此处已经由前期的下行转为走平并逐渐转为上行，该股股价回落过程中明显受到 120 日长期均线的支撑，这是一个初步倾向做多的积极信号。

之后股价在多条均线间出现盘线形态，价格运行重心缓步上行，这里就是一个低吸的交易时机，逆水行舟形态的转化至此初步确认。

当股价再度向上攻击并突破 250 日均线，这个阶段的盘线就是低价位介入的最后时机，也最终确认逆水行舟形态由反弹趋向成功转化为上涨趋势，下跌趋势也正式转为上涨趋势。

逆势而为并不等同于盲目与趋势对抗，大多数时候，逆势而为是指与市场普遍心理趋向相逆，或者是趋势正处于转化过程中，这时所谓的逆势正在或已经转化为顺势。

顺水行舟形态和逆水行舟形态在实战中最显著的作用，就是能够提示交易者根据股价运行趋势选择做容易做的交易、赚容易赚的钱。追求交易中的高难度，市场并不会给你特别加分。

**4. 均线实战攻守技术**

（1）厚度不封强势在

关于均线实战攻守技术等诸多技术与理论讲解，仅通过本节的篇幅是难以尽言的，请参阅《均线核心技术》一书。

“挽弓当挽强，用箭当用长。”短线交易中以强势股为主要的选择对象，当然，强势股并不意味着不会跌，学会辨别其中哪些下跌是机会，哪些是风险，是短线交易的基本功。

不少短线交易者喜欢追涨强势股，却往往追在短线高点上，一旦强势股回调便仓皇止损，止损后却又发现该股已经峰回路转，随后扶摇直上。

其实强势股也存在低吸的机会，但这个机会出现时，多数人并不敢买进。强势股的回调多采用日间震荡或空间换时间的方式，这种方式的行情走势必然如惊涛骇浪，让人避之唯恐不及，难得的低吸机会却偏偏隐藏其中。

操作强势股可关注5日均线、10日均线之间的厚度变化。通常来说，能称得上强势股，行情必然以大角度保持上涨，脱线是常见形态。

如图1-29所示，A区域之前的状态下，一旦连续性涨停板打开，当天不能再封住，也就是强势个股展开回调的时候到了。A区域的第一根阴线当天跌停板就是强势股以空间换时间的回调方式，当然这只是方式之一，并不是所有强势股都会采用这种方式。

被资金狂追的个别强势股也会采用回调略探5日均线然后再度起涨的方式，但连续采用这种方式调整的个股，一旦资金失去追涨的欲望，就会直接进入大级别的下跌。常说的“断崖式下跌”往往就发生在这种个股上。

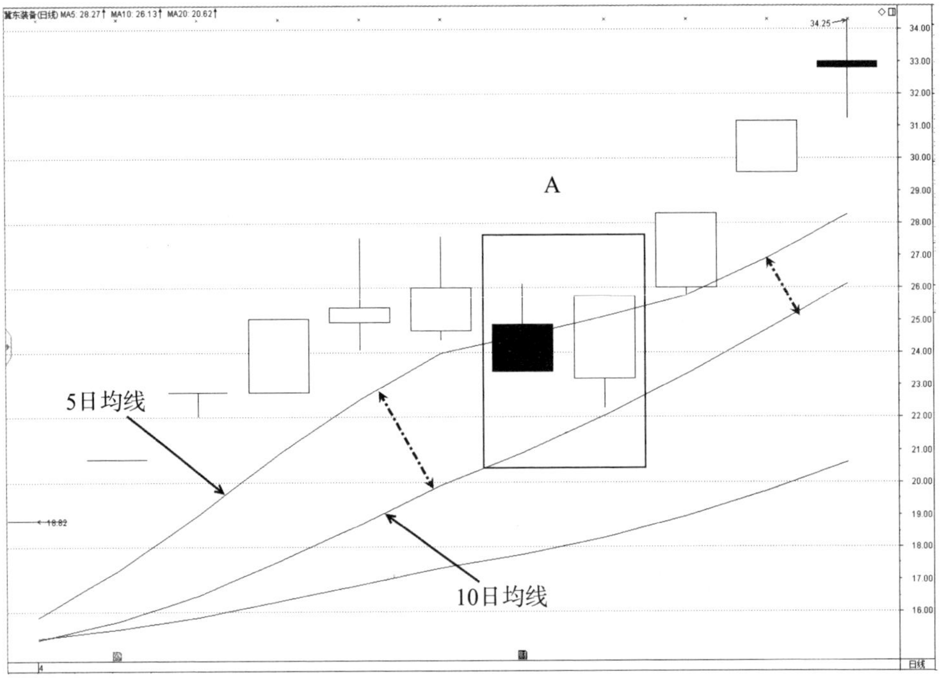


图1-29

A区域第二根K线是低开高走的阳线，其低点接近10日均线，而高点已经收复5日均线。厚度空间是由均线而非股价构成的。A区域，5日均线和10日均线仍具有相对较大的厚度空间，更重要的是，代表价格强度的5

日均线仍旧维持上行态势，这说明 A 区域第一根阴线未能消耗掉股价上升的强度，探底回升的阳线就是较为适宜的低吸点。

类似案例中的强势股操作，即使股价跌破 10 日均线，只要 5 日均线未转向，厚度空间未封闭，就说明短线涨升强度并未完全消失，仍可寻机介入。

实战中，如果 5 日均线交叉 10 日均线，厚度空间封闭，则说明该股调整的空间和时间都会出现相应的延长甚至是扭转，具体操作可根据技术细节具体分析。

（2）最忌逆势孤军深入

上涨趋势中，有时会突然遭遇大幅度的暴跌行情，价格短期内连续突破中长期均线系统，如 60 日均线、120 日均线、250 日均线。下跌趋势中也有类似的情况，如突如其来的暴涨，使价格连续突破中长期均线。

逆势出现的暴涨暴跌行情多数不可持久，即使这种暴涨暴跌行情最终改变了运行趋势，也存在一个较长的修复过程。在价格急速运行阶段，普通的交易者如果没能在最初阶段介入，后面很难捕捉到适宜的介入点。

当中长期均线呈空头排列向下运行时，股价短期暴涨，如同过度冒进、孤军深入的部队，在这种情况下，短期的强势难掩之后大概率的败退。

对于股价短时间内突起的逆向行情，如果技术环境方面并不具备趋势改变的基本条件，那么多数都会在急速运行阶段结束后直接或略经盘整后回归原有趋势。

（3）起飞跑道

上涨趋势初期阶段，或者涨势中级别较大的调整之后，部分个股股价恢复上涨的过程是以较小的倾角来运行，通常较少大阳线、大阴线，而以中小 K 线居多。总体来说，这种走势的个股一段时间内的升幅有限，所以不少持仓者耐不住股价磨磨蹭蹭地上涨，选择卖出换股。

其实仔细分析这类个股的走势，可以发现三个技术特点：一是中短期均线多头排列，稳定向上运行；二是量能逐步增加，接近滑行、起飞阶段时的聚量攻击；三是股价极少回落至中期均线之下，即使偶有发生，也会以下影线等方式快速收回。

具备以上形态特点的个股，一般被比喻为正在修建起飞跑道的潜力股。

（4）升势休整

上涨趋势中，30日均线回落触及或向下交叉60日均线，随后又向上交叉60日均线；之前的回落过程中，无量运行的股价开始加大换手率，K线低点逐步抬高，此后均线系统形成多头排列，即为升势休整形态，后市大多会有一轮强劲的上攻行情。

升势休整其实也是均线修复的过程。股价与均线上涨趋势运行一段时间后，会积累一定数量的不稳定因素。例如，随着股价越升越高，获利盘也会迅速增加，其兑现的欲望越来越强烈。

出现一段时间的回落修复期，既可以清理持股不稳的获利盘，也可借机提升市场平均持仓成本。这个清理过程的长短，一般以30日均线向下交叉60日均线，随后又向上交叉60日均线为主要观测基准。之后，当股价再度回归升势时，则意味着清理过程结束。

出现升势休整走势，可以让日益躁动的市场心理平复下来，毕竟过早地让价格进入疯狂状态，对主力来说并不一定是好事。

（5）长逆短顺

长逆短顺是下跌趋势中逆水行舟的形态，这种形态并不一定都能达到次级反弹的级别，也包括价格的短期反弹。

长期均线保持下行态势，对股价反弹形成强大的压制，多数反弹都会终于均线压制。即使某些个股后市发生趋势扭转，第一次反弹到下行的长期均线附近时也会回落。

实战中，一些个股虽然突破了长期均线，却不能形成扭转。如果同时出现放量滞涨或量能消散的态势，则意味着涨升强度正在快速减弱，股价回归跌势是大概率事件。

长逆短顺形态，对于个股涨幅以及上涨持续时间不要抱有太大的希望。

（6）回线不回价

回线不回价是指在上涨趋势中出现一波回落调整后，价格得到60日均线的支撑启动上涨，价格的下一次重要调整低点可能就在60日均线附近。

回线不回价是一种良性调整，能够提供一次较理想的短线介入机会，但需要注意两点。

第一，再次回到60日均线时的价格，不能接近启动时的价格，否则说明价格整体处于盘整阶段，并不一定是适合的介入点，这也是回线不回价的含义所在。

第二，价格再次回到60日均线后，不能长时间呈盘整状态，否则很可能会牵引60日均线走平，甚至向下扭转，从而导致后市运行方向复杂难辨。

## 三、成交量理论

成交量是指交易市场多空（买卖）双方在某个单位时间内对某项交易成交的数量。

成交量的计算单位为手或股，1手等于100股。

成交量能够直观反映交易的状态：成交量稀疏、低迷，说明参与交易的人或资金屈指可数，价格走势多呈萎靡或盘整的态势。成交量密集、高涨，说明参与交易的人或资金众多，价格走势必然亢进，行情大开大阖。

成交量分析是技术分析中不可或缺的组成部分，漠视成交量情况，仅仅专注于其他技术分析方法，很容易脱离实战，陷入为技术而技术的死链，最终得到的结论很难为实战提供有益的帮助。

同样，单一的成交量分析也难以胜任和负载对价格趋势或趋向的判断，必然会在实战中出现错判。综合性的技术环境分析，才是所有技术分析方法发挥作用的前提。

实战中，不但有放量上涨，还有放量下跌等多种模式与形态。成交量放大与缩小并不能决定价格涨跌，只能起到关键性的催化作用。对这一点必须有一个明确的认知，这也是正确认识和分析成交量的技术基础。

技术分析中，观测成交量的变化主要通过 K 线图、分时图以及量比、换手率、技术指标等不同手段。在最常用的 K 线图、分时图上，通常以成交量柱状图来展示成交量及其变化情况。

如图 1-30 所示，上方为 K 线图，下方则为代表成交量大小的柱状图，每根 K 线对应一根成交量柱。

在不同周期系统的 K 线图中，每根成交量柱代表不同时间周期的成交量。例如，日线系统中，每根量柱代表某一日成交的情况，周线、月线、分钟系统中的量柱则分别代表一周、一个月和某分钟的成交量。

与 K 线图类似，分时图上同样以成交量柱状图的方式展现成交量的变化情况，不过分时图中的成交量柱相对较细，更像一条线，所以通常也将其称为成交量柱线。

如图 1-31 所示，上方为分时图中的现价线、均价线、昨日收盘线，下方为成交量柱线图。每条长短不一的柱线代表每分钟的累积成交量。柱线越长，表明在这一分钟里的总成交量越大。

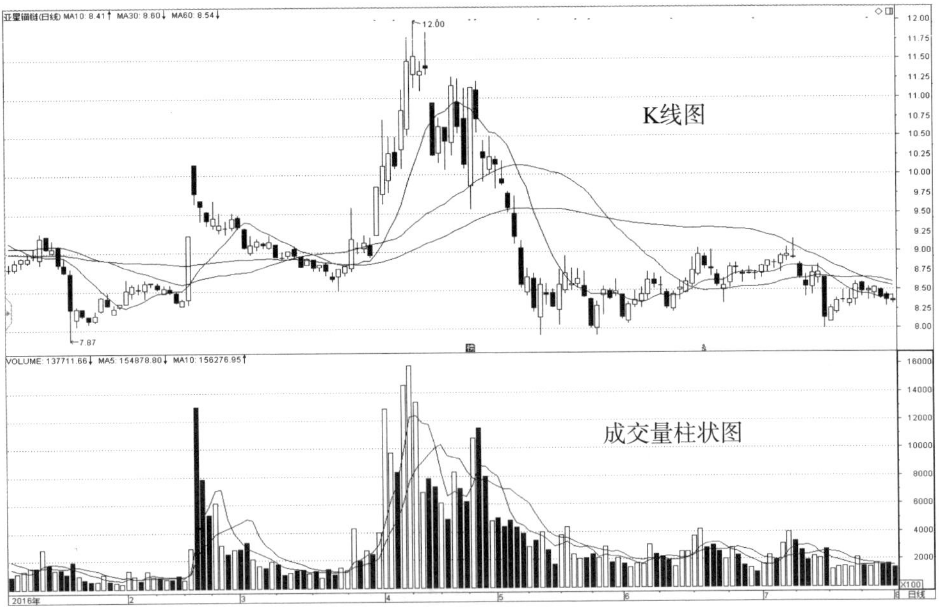


图 1-30

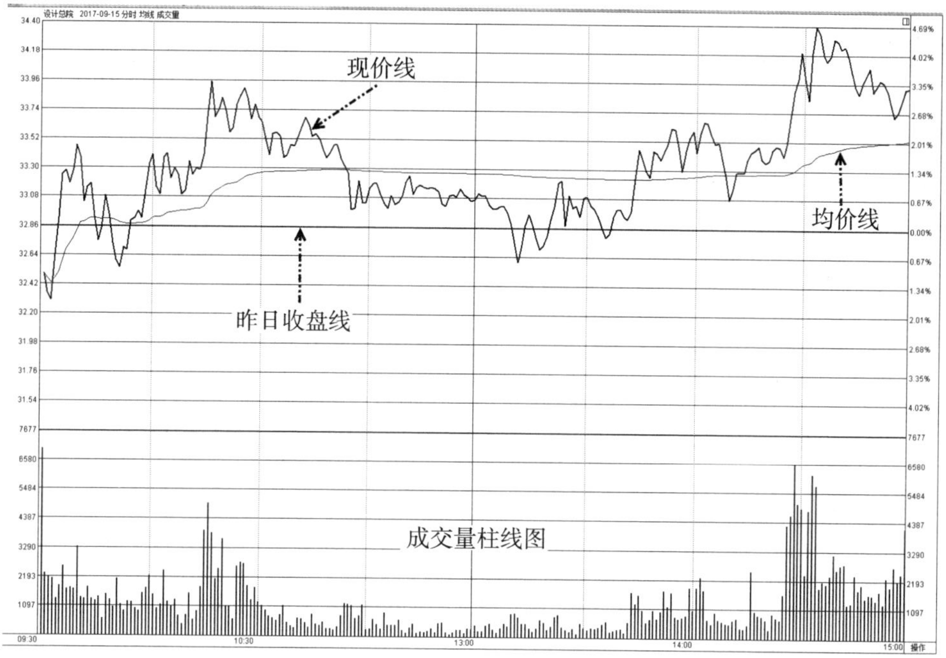


图 1–31

无论 K 线图还是分时图，都有各自的优缺点。例如，K 线图中成交量柱的优点是可以简单明了地看到一段时间内成交量的大小和变化，其缺点是与 K 线的阳线或阴线匹配的量柱虽然也会呈现阳量或阴量，但是阳量并不完全等于大部分是买入，阴量也不完全等于大部分是卖出，其中的变化绝不像图示中的阳量或阴量那样简明易辨。

分时图显示的是当日的即时走势，量柱线会随即时成交数据不断变化，其优点是能够及时观察交易中成交大单的出现和其密集程度，缺点和 K 线图类似，也即并不能完全确认成交大单的真实指向。

实战中，无论是 K 线图还是分时图，最基本的成交量观测点就是量价契合形态以及后市发展在逻辑上是否具有合理性。

成交量形态分析有以下四种。

**1. 常量**

常量是指某一时间段成交量的平均值。常量并不完全等同于地量，对此要有明确的认识。

常量并非静态的，而是动态的。随着行情的不断发展，某一时期的聚量、变量等形态会逐渐转化为新的常量，所以常量的值并不固定，而是处于不断变化之中。

当某一时期的成交量处于极度低迷期，超过或接近历史最小值，那么这个时期的成交量既是地量也是常量（见图 1–32 中 A 区域）。随着行情的发展，价格转升，成交量增加，当量能达到较大数值后，不再增加也并未持续缩减时，这个时期的成交量也称为常量。

当价格下跌，成交缩减后稳定在一定的水平上，此时成交量仍远大于地量，这个时期的成交量也称为常量（见图 1–32 中 B 区域）。

如图 1–32 所示，A 区域成交量值达到历史地量的标准，这个时间段内的低成交量平均值也被称为常量。随后股价出现一波快速上涨，成交量随之激增。至 B 区域，成交量再次稳定下来，不再持续增加和减少，这个时间段的成交量则是新的常量。

从图 1–32 中成交量柱状图可见，B 区域新常量的值大于 A 区域常量的值，这种现象被称作常量升级。

不仅常量这一种成交量形态存在升级现象，下文将要讲到的聚量、变量等也存在升级现象，其实这也是行情持续往更高阶段发展的必然现象。

常量是一种相对稳定的成交量形态，这种形态下的价格多会在某一方向上平稳持续运行，但是常量形态并不意味着价格必然波澜不兴。

常量形态下出现的价格波动，可称为常量攻击和常量过顶。

常量攻击是指常量形态下价格出现的上涨（向上攻击）或下跌（向下攻击），这种攻击只是原有趋向或趋势内的波动，很难对趋势形成方向上的改变。例外情况是控盘庄股，这类个股处于常量是主力高控盘使然。

常量攻击极其常见，在个股构筑价格顶底形态过程中，具有背离分析的作用，但大多数独立的常量攻击并无太大的分析价值。大部分常量攻击会在形成压制或支撑的均线、价格关口上结束。

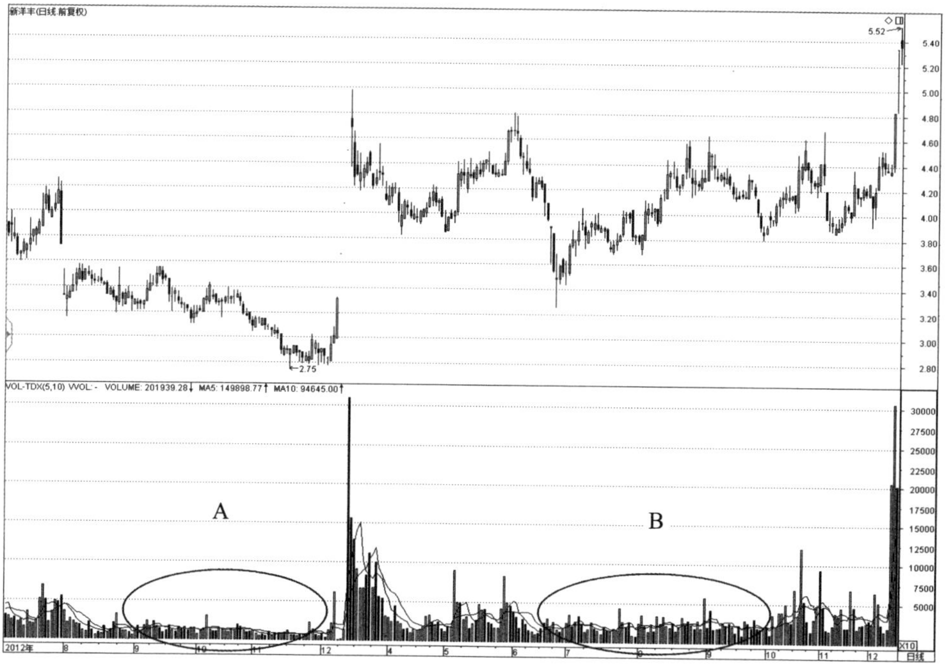


图 1-32

常量过顶是指常量形态下出现的对价格关口的突破。

除了控盘庄股，常量过顶在其他个股中也会出现，但是需要在实战中分析个股的技术环境。比如，适用常量过顶的个股最好是上涨趋势明确而非处于盘整状态的个股。

很多处于盘整状态的个股，有时也会出现常量过顶形态，但在确认过程中会形成失败走势。个中原因在于，在趋势或趋向不明确的个股中出现常量过顶形态，可能只是价格波动的产物，或主导资金的诱多行为。

当然，鉴别常量过顶的真实性，成交量和主力行为分析结合起来最为理想。

**2. 变量**

变量是指成交量出现重大变化，或是可能引发价格出现重人变化的量能形态。

变量是成交量的一种突变形式，既指成交量激增，也包括成交量骤减。实战中比较常见的类型多为成交量突然增大。如图 1–33 所示，A 区域成交量激增，与之前的常量形态有天壤之别。变量的具体数值越大，其引发价格巨变的可能性越大。

变量预示着多空双方的力量对比处于高度不稳定的状态中，价格可能因此出现较大的变化。变量不会长时间存在，否则也就不是变量，而是新常量或其他形态。变量究其根本是一种量能对于价格的催化形态。

一个变量形态存在成交量激增后又迅速减少的过程，图上的量柱显得极为突兀（如图 1–33 所示）。变量成交骤减后的成交量值和激增之前的成交量值相仿。

如果变量出现之后，在随后的行情中成交量并未骤减，或虽有减少但仍旧明显大于变量出现之前的成交量值，那么这个变量将有可能演化为新常量或进一步形成聚量。

出现变量必然意味着存在资金的攻击。且不论资金攻击的真实性（可能存在对倒），仅就变量形态本身而言，是对之前量价运行节奏的改变。这种改变既有可能是趋向性的，也有可能是趋势性的。换言之，变量发生后，个股可能就此出现趋势拐点，也可能仅仅是原有趋势中的一个次级波动。

鉴别这种改变的性质非常关键，因为涉及交易者如何制定交易策略。

例如，某股出现变量后，如果确认变量将会引发价格趋势由跌转升，那么交易者就应因此制订买入或加仓的计划。如果确认变量仅仅是跌势过程中的一次强烈反弹，那么交易者就可以借势抛空仓位，或选择时机做空。

通过变量本身是否存在形态转化的特点，再结合技术环境分析，可以确认变量的性质。如图 1–33 所示，A 区域的变量出现在下跌趋势中，成交量激增后骤减，显示这是一个单独变量，并不存在趋势的转化。

实战中，大部分变量不会引发趋势的改变，所起到的作用仅是延缓或迟滞趋势的运行节奏。换句话说，即在跌势中形成一次强力反弹，在涨势中形成一波回调，随后仍旧回归原有趋势。

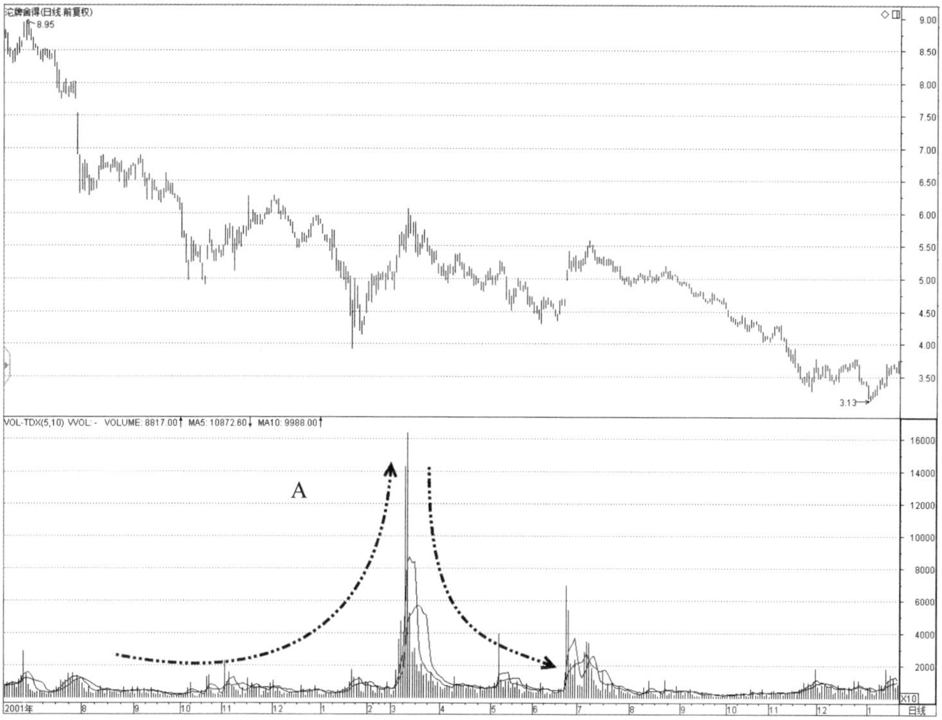


图 1–33

### 3. 聚量

聚量是指成交量由小到大逐渐增加和集聚的形态。聚量是动态概念，随着行情的发展会转化为常量或变量，也会随着价格的连续飙升或急跌出现更大级别的聚量。

如图 1–34 所示，虚线 A 就是成交量由低到高不断增加和集聚的过程，这个过程被称为聚量。

聚量是价格最容易出现攻击的一种量能形态，所以也将价格和相应的量能统称为聚量攻击。

聚量形态并非在所有个股或阶段都会出现。比如，控盘庄股运行中，某些涨升阶段仅具有常量形态。同时，聚量形态也在常量、变量等不同量能形态间转化，并不是始终保持增加和集聚的形态不变。

如图 1–34 所示，聚量不断增加集聚的过程中多次出现变量，但在价格回调、量能缩减后，整体成交依然呈增加集聚之势，这就说明聚量形态并未结束，而是处于不断升级之中。当某一时点出现变量或其他形态后，成交不再增加和集聚，而是呈消减的态势，意味着聚量形态结束。

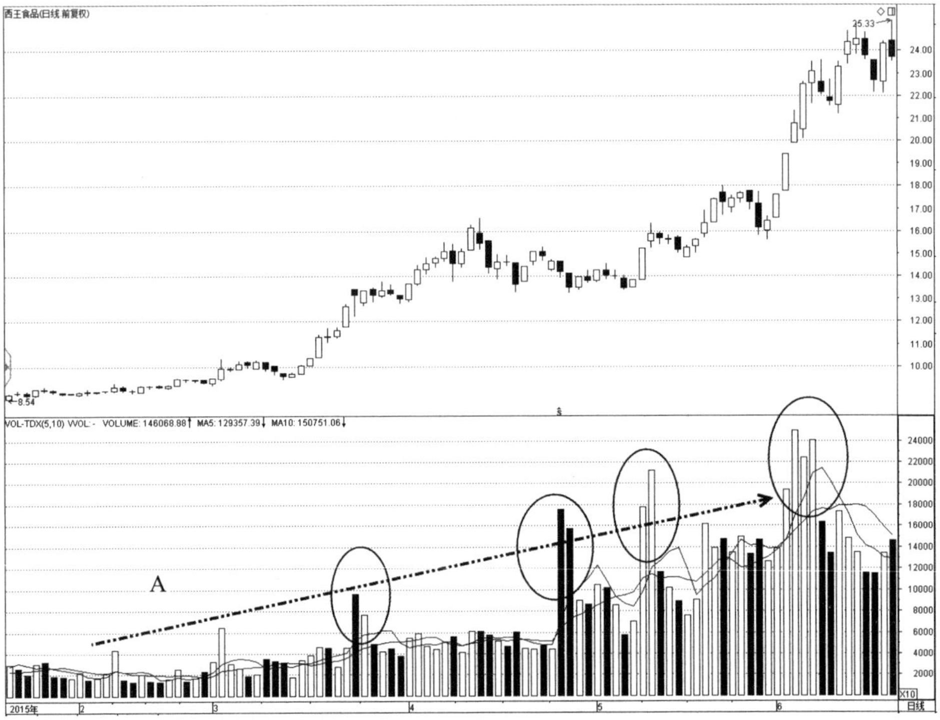


图 1–34

聚量形态是价格发起攻击的基本形态，符合成交量对不断上涨的价格进行确认的原则，意指价格的上涨得到资金的认可和源源不断的参与。

一个从常量阶段初步形成的聚量形态，所能引发的聚量攻击是有限的，在接下来出现变量或新常量之后，能否继续形成更大级别的聚量形态，预示着该股是否具有广阔的上涨空间。

在进行细节分析时，还需要注意不同时间周期系统上的聚量攻击。攻击层次不同，攻击级别也会有较大的变化，相应地，价格能够达到的高度也会有极大的差异。

聚量形态还包括股价下跌过程中形成的阴聚量，即随着股价的连续下跌，成交量呈逐渐聚集增大的形态。这种由阴量柱组成的聚量称为阴聚量。

出现阴聚量说明在股价下跌过程中，恐慌情绪正不断蔓延，抛单逐渐密集。当某日 K 线实体明显缩小，阴聚量仍在聚集增加，则表明不同级别的股价反弹可能已经近在咫尺。在有些技术环境中，借助阴聚量可以区分哪些是恐慌盘的抛单，哪些是主力的打压单。①

**4. 量能消散**

量能消散是指成交量由高到低逐渐缩减的一种量能形态。

量能消散经常在聚量攻击或变量之后出现，也就是出现在一波价量高涨之后的回落调整过程中。作为一种调整性质的量能形态，出现量能消散，说明涨势至少暂告一段落，行情正处于回落调整之中。

天下没有不散的筵席，股票市场也没有永远高涨的成交量。成交量的聚散过程，显示的正是资金从热情高涨地买入到意兴阑珊地退出的过程。

在不同的技术环境中，量能消散形态出现的时机并不一致。

在上涨趋势较为明确的行情中，一波聚量攻击或变量出现之后，随之而来的量能消散不会持续很久，很快就会迎来第二波聚量攻击或变量急拉，如图 1–35 所示。

在价格拐点或跌势的各级别反弹行情中，一波聚量攻击或变量出现之后，接下来的量能消散会比较漫长，即使中途出现强烈的价格反弹，也多伴以变量形态，之后量能仍会继续处于消散状态。

如图 1–36 所示，阶段 A 聚量攻击中出现变量，随后的阶段 B 股价大跌，成交量也呈量能消散的形态。

① 有关阴聚量的内容详见中国宇航出版社于 2018 年 6 月出版的《成交量核心技术》一书。——编者注

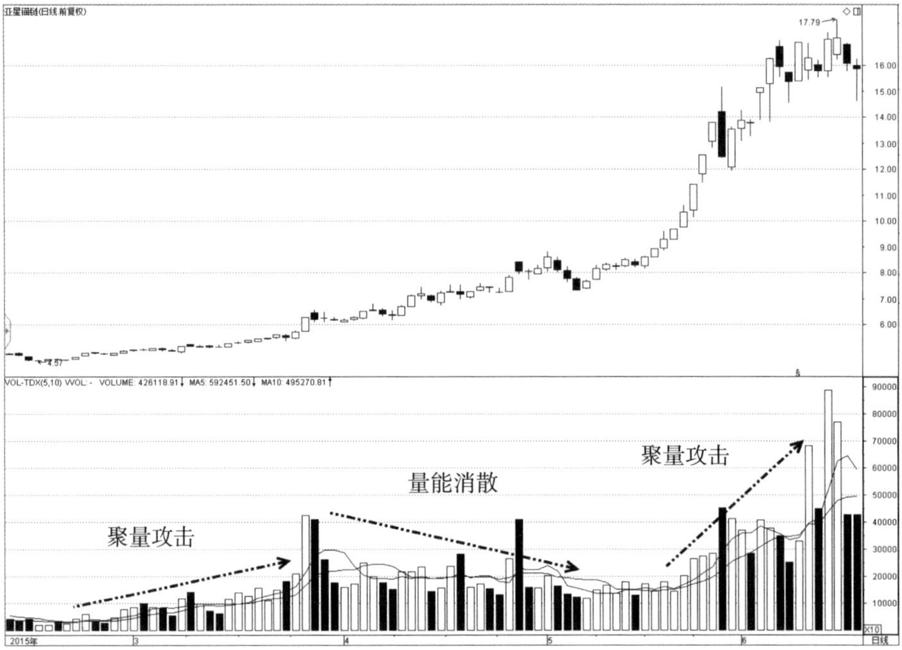
亚星锚链(日线 前复权)
17.79
4.57
VOL-TDX(5,10) VVOL: - VOLUME: 426118.91↓ MA5: 592451.50↓ MA10: 495270.81↑
聚量攻击
量能消散
聚量攻击
2015年
3
4
5
6
X10
日线

图 1-35

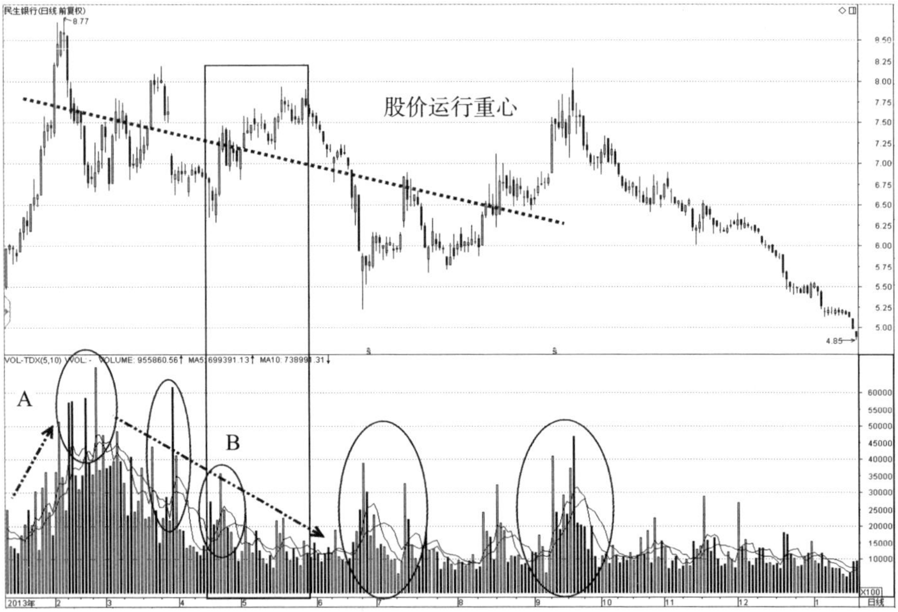
民生银行(日线 前复权)
8.77
股价运行重心
4.85
A
B
2013年
X100
日线

图 1-36

阶段 B 量能消散形态中出现的变量，是由股价的急速反弹引发的，在随后的跌势中又多次出现这种具有短期属性的变量强弹。

当聚量攻击或变量结束后，成交呈量能消散形态。在之后的行情运行中，如果仅仅出现变量形态的上涨，聚量攻击形态不再出现，那么表明价格的趋势性上涨已经结束，成交量也将由量能消散形态逐步过渡到较低水平的常量形态。

在量能消散形态和价格涨跌的对应关系上，多数量能消散形态下，价格处于回落调整的状态，当然也存在量能消散形态下价格上涨或横向震荡的情况。

如图 1–35 所示，量能消散阶段，股价处于稳定上涨中，这和个股所处的技术环境有关。如图 1–36 所示，阶段 B 是量能消散阶段，股价也出现了涨升。两张图中的量能消散阶段，股价都出现了上涨，但是性质不同。

见图 1–36，阶段 B 的涨升是由变量下强弹引发的，整体升幅并不大且不久就重回跌势。同时该股运行重心向下，强弹下股价虽然穿越重心线，但缺乏必要的量能支撑，最终还是无功而返。技术环境方面，该股在阶段 A 形成价格拐点，之后的阶段 B 多次出现变量强弹，可以将之视为对价格拐点的确认或反抽。

图 1–35 中的量能消散阶段，即使不画出股价运行重心虚线，也可以轻易看出其运行轨迹。技术环境方面，该股处于价格低位，这个阶段股价缩量涨升，可视为各方惜售的结果。

量能消散形态下，价格如图 1–35 所示的稳定上涨很少见，更多的是图 1–36 中变量强弹的形式。

当然，如果技术环境处于下跌趋势中，个股出现类似图 1–35 的上涨，那么技术意义则可能完全不同，极有可能出现的只是一个弱势的反弹。

## 四、盘口与分时图

交易软件上不停闪烁的盘口数据和蜿蜒的分时图曲线，并不像表面上看到的那么平淡，这些数据和曲线能够在细节分析中为交易者提供极为重要的交易依据和参考。

狭义上的盘口主要包括能够反映当天大盘或个股状况的数据和分时走势，例如委比、委差、买卖盘挂单、开盘价、涨跌幅、最低价、最高价、量比、内外盘、总成交量、换手率、现价以及基本面信息摘要等。

广义上的盘口，在上述内容的基础上，还包括K线图等。通常所说的看盘，多指广义上的盘口。

### 1. 集合竞价

集合竞价是指在规定时间内接受买卖申报、一次性集中撮合的竞价方式。集合竞价期间未成交的买卖申报自动进入连续竞价。证券竞价交易按价格优先、时间优先的原则撮合成交。

· 每个交易日的9：15 ～ 9：25是集合竞价时间。

· 每个交易日的9：15 ～ 9：20可以挂单，也可以撤单。

· 每个交易日的9：20 ～ 9：25则只接收申报，不能撤销申报。想撤单必须在9：20之前完成，否则只能等开盘之后。

· 集合竞价遵照价格优先，然后才是时间优先原则，以此撮合交易。如果力求集合竞价阶段成交，那么最好在接近9：25时申报一个比即时报价有价格优先权的价位，以确保成交。

### 2. 开盘

集合竞价过后的9：25，大多数个股的开盘价已经确定。开盘分为高开、低开和平开。开盘价比昨日收盘价高，即为高开；比昨日收盘价低，即为低开；和昨日收盘价一样，即为平开。

高开可以分为事件驱动型高开、主力驱动型高开和市场随机型高开。

低开可以分为事件驱动型低开、主力驱动型低开和市场随机型低开。

### 3. 收盘与尾盘

（1）收盘规则

深市收盘采取集合竞价交易，这一点和开盘竞价一样，即每个交易日的 14：57 ~ 15：00，这最后 3 分钟是深市集合竞价时间。

集合竞价如不能产生收盘价，则以当日该股最后一笔交易前 1 分钟所有交易的成交量加权平均价（含最后一笔交易）为收盘价。当日无成交的，以上一交易日收盘价为当日收盘价。

沪市收盘并不采取集合竞价的方式，而是以最后 1 分钟成交的加权平均价计算收盘价。

沪市收盘价为当日该股最后一笔交易前 1 分钟所有交易的成交量加权平均价（含最后一笔交易）。当日无成交的，以上一交易日收盘价为当日收盘价。

（2）尾盘

尾盘通常指每个交易日进入 14：00 或 14：30 以后的时间段。在尾盘时间段内，大盘以及大部分个股当天的大体走势已基本确定，交易似乎已进入“垃圾时间”，但某些有所图谋的个股主力，往往会在这个时间段启动“秒杀眼球”的行动。

尾盘的异动表现主要有三种。

一是尾盘急拉，可以肯定的是，尾盘急拉基本上是主力驱动型或消息驱动型，但是尾盘急拉的技术含义不尽相同。尾盘急拉并不必然意味着下一个交易日该股股价就会上涨。

二是尾盘急跌，个股全天运行平稳，但临近尾盘突然急速下跌。如果加入技术环境分析，则会因个股所处的不同的技术环境具有不同的市场含义。比如，长期或大幅下跌的低位或上涨趋势正常运行期间，这种尾盘急跌大多是为制造恐慌情绪，引发抛售。在长期或大幅上涨的后期，行情震荡频繁，但整体趋势尚未明显出现转折时，个股主力往往会借助尾盘暴跌减仓。

三是尾盘折返，尾盘折返是指个股在尾盘突然出人意料地急升或急跌，势头迅猛，但随后迅速回落或回升，甚至可能回到启动的位置。尾盘折返有可能是主力的试盘动作，还有可能是减仓或利益输送行为。出现尾盘折返，至少能够说明该股有主力正在运作。

4. 挂单

买卖盘挂单是主导资金运作股价的重要方式。

通过交易软件可以看到盘口买卖盘，大多是买单五档，卖单五档，一些软件还提供十档买卖盘挂单信息。无论是五档还是十档买卖盘挂单，其实分析效果并无太大区别，太多档的挂单信息有时反而会带来干扰。实战中，大多数时候前三档买卖挂单信息是观察的重点。

5. 综合排名

点击数字键 81 或 83，可以在软件上看到沪市或深市的综合排名情况。点击数字键 80，则可看到沪深两市的综合排名。

综合排名的内容非常丰富，对习惯短线交易的人来说，是不可错过的分析市场和强势个股的窗口。

综合排名各栏的分析重点有两个。

（1）今日涨跌幅排名

综合排名中的今日涨跌幅排名是当日即时交易中涨幅最大的个股和跌幅最大的个股排名情况。

分析今日涨跌幅排名，可以直观地了解当日某一交易时段市场个股的强弱分布情况。例如，今日涨幅排名中涨停板个股的数量是否超过跌停板个股的数量，也就是说，当日表现最好的股票是否比表现最差的股票多。

涨停板个股数量多，说明市场处于强势。涨停板个股数量如果随着交易时间的推移仍在不断增加，则市场趋势呈现单边上扬的局面无疑。如果随着交易时间的推移，涨停板个股数量逐渐减少，或者跌停板个股数量增加，则说明市场走势正在逆转。如果当日跌停板个股数量多，涨停板个股数量少，则说明市场处于弱势。

今日涨跌幅排名能够帮助交易者在极短的时间内了解市场强弱情况和强弱个股的分布，及时调整自己的交易策略。

（2）5 分钟涨跌速排名

5 分钟涨跌速排名是指市场上 5 分钟内涨速或跌速最快的个股排名。也可以在软件中设置成 1 分钟或 3 分钟涨跌速排名。

对短线交易者来说，5 分钟涨跌速排名可谓交易利器。运用这个排名，可以在极短的时间内发现市场上活跃的股票或出现异动的股票。

利用 5 分钟涨跌速排名，还可以第一时间发现热点板块的异动。比如数只同一板块个股同时或先后出现在涨跌速排名中，则说明该板块正受到资金集中攻击或遭到资金打压。

一些长时间走势低迷的个股偶尔出现在 5 分钟涨速排名中并不稀奇，但若是连续几个交易日都出现在涨速排名中，则可能正被资金关照，交易者可以追踪观察，及时介入。

一些热门大涨的个股连续多日闪现在 5 分钟跌速排名中，虽然当日其整体跌幅并不大，但应警惕主力资金可能正在减仓。

**6. 涨幅排名（龙虎榜）**

涨幅排名是指当日沪深市场中所有股票的涨幅排名。在大多数软件中，交易者按下 61 或 63 数字键，就可以看到沪深两市的涨跌幅排名，或者按下 60 数字键，可以看到沪深综合的涨跌幅排名。这个排名能够较直观地反映当日整体行情的强弱程度，以及某些板块的异动表现。

涨幅排名和综合排名的今日涨跌幅排名有重复之处，但更为全面、完整，能够看到市场上所有个股的涨跌幅情况。

实战中可从以下四个方面分析涨幅排名。

一是查看涨幅排名靠前的个股是否具有热点板块特征。如存在明显热点板块特征，应及时评估其对行情的影响，并关注其中的领涨个股。在行情运行到特殊时期时，热点板块的涨跌对于整体行情的趋势发展有极大的影响。交易者需要注意一点，热点板块并不等于热门板块。热点板块在被市场充分认可之前，其对市场行情的影响有限。当热点板块被市场认可就会成为热门板块，其对行情的影响才会显现。

二是分析涨幅排名靠前的是大盘股还是小盘股，以确定当日行情的性质。市场存在“二八行情”跷跷板的运行特点：当大盘权重股启动时，小盘个股往往偃旗息鼓；当大盘权重股下跌时，小盘股有可能开始活跃，有时候市场整体一起下跌。区别大盘股和小盘股比较简单，主要看其总股本或流通股本大小。

三是强势股数量分析。早盘看涨幅榜排在第一板的股票涨幅是多少，如果其涨幅不超过 4%，则说明市场走势相对疲弱，资金活跃度不足，不太适宜短线追击。

四是观察涨幅榜、涨跌停板股票数量，预测大盘当天走势的强弱程度，确定当天是否适合进行追涨交易。这种分析方法（尤其是在行情处于极端运行阶段）能够及时发现行情转折的迹象。比如，某日涨停板股票数量为 20，无股票跌停，下跌个股跌幅超过 –7% 的寥寥无几，那么当日大盘行情即便处于跌势中，也很难出现暴跌，反而是转跌为升的概率很大。

**7. 分时图**

分时图的坐标可以选择普通坐标、10% 坐标、满占坐标等，通常使用默认的普通坐标，交易者也可根据自己的看盘习惯和喜好来选择。

分时图上的横线代表价格和相应的涨跌百分比，竖线代表交易时间，通常每条竖线的时间间隔为 30 分钟。

整体来说，分时图可以分为三部分。

（1）即时走势

即时走势由三条线构成，即昨日收盘线、均价线、分时价位线，其中分时价位线也称为分时线、股价线或现价线。

昨日收盘线是以上一交易日的收盘价所画的横线，若现价线在昨日收盘线下方，则股价为下跌，在其上方则为上涨。

均价线是将每分钟的平均成交价格相连构成的曲线，在个股分时图上一般用黄色标示。每分钟的成交均价 = 每分钟的累计成交金额 / 每分钟的累计成交量。现价线是将每分钟最后一笔成交价格相连构成的曲线，在个股分时图上一般用白色标示。

（2）成交量柱线图

即时走势的下方是成交量柱线图，能够显示盘中即时成交的情况。

（3）技术指标图

分时图左下侧边框可选择不同的技术指标来辅助分析价格走势，包括量比、成交量、资金博弈、资金驱动力和竞价图等部分。对于技术指标图，交易者可选择使用或隐藏，因为过度关注指标变化，反而容易忽视价格的真实波动。通常来说，技术指标图在验证判断结论或检测技术共振时使用。

必须说明一点，分时图有其优越性，也有其缺憾处。某一日分时走势强势并不代表这种强势具有持续性，尤其是在行情整体处于震荡阶段，或与个股强势逆反的方向时。

应用分时图，要明确分时图仅是技术分析的一个点，并不能替代技术分析的所有方面，综合研判才是保证结论正确性的有效方式。实战中，应用分时图主要是从形态和量价匹配的角度展开。

首先，分时图细节分析包括四种情况。

一是双线顺势。当现价线持续在昨日收盘线、均价线上方运行，成交量保持稳定或温和放大时，表明市场预期较好，多方信心不断增加，早前介入的大部分交易者都有盈利。

昨日收盘线虽然是静态的，但是当现价线和均价线在其上方或下方运行时，这条线能否表现出一定的支撑或压制作用，对于分析盘间价格运行趋向具有重要的参考作用。

下跌过程中的情况类似，当现价线持续在收盘线、均价线下方运行时，表明市场预期较差，资金正陆续流出，早前介入的大部分交易者都遭受亏损。

二是乖离与折返。涨势中，当现价线大角度急速上涨，与均价线瞬间拉开较大距离，之后均价线不能迅速向现价线靠拢，二者之间保持较大的乖离时，则现价线极有可能出现折返走势。

如图 1–37 所示，A 区域现价线大角度急速上行，一度封住涨停板，这时均价线涨幅仅 3% 左右，二者相距大概 7%，而且均价线呈横向移动的态势。之后现价线向下折返并一度跌破均价线。午盘现价线和均价线已经失去双线顺势，显示走势可能进入盘整的态势。

现价线和均价线之间乖离过大，显示资金高位持续追涨的意愿不断降低，市场普遍存在畏高怕套的心理。如图 1–37 所示，A 区域之后，现价线盘落，成交量一路走低，正是这种心理倾向不断放大的结果。

现价线上升，均价线紧随其后，二者乖离保持在正常范围内，则股价后市继续强势运行的可能性较大。

跌势中，当现价线持续下行，均价线在其上方跟随下行时，说明有资金意欲兑现离场，价格仍将继续下跌。

如图 1–38 所示，在整个下跌过程中，现价线每一次小幅弹升，都受到下行的均价线的压制，随后两条线依旧保持顺势而下的态势继续下跌。

在这种情况下，成交量或大或小其实并无多大的分析价值，但尾盘时的成交量变化应给予足够的重视。如图 1–38 所示，尾盘现价线持续下行，成交量明显放大，就要细致分析其中隐藏的市场含义。

尾盘量能放大隐藏的市场含义应结合技术环境而定。例如，价格高位启动下跌时，当日尾盘多会放量，这种放量既有当日高点卖出、尾盘 T+0 买回的资金，也有盲目抢尾盘赌次日反弹的资金。因下跌走势刚刚开启，很多市场资金仍存在看涨的惯性心理，促使其抢买尾盘。这种类型的尾盘放量并不值得关注，即使次日出现反弹，也多难以持续。

另外，跌势持续一段时间后，某日尾盘下跌时出现量能明显大于前几日的情况，则之后的交易日多数会有幅度不等的弹升。这种类型的尾盘放量值得关注，一般意味着有增量资金进场或原主导资金回补，即使只是一个短期行为，其弹升的幅度也比前一种情况理想得多。

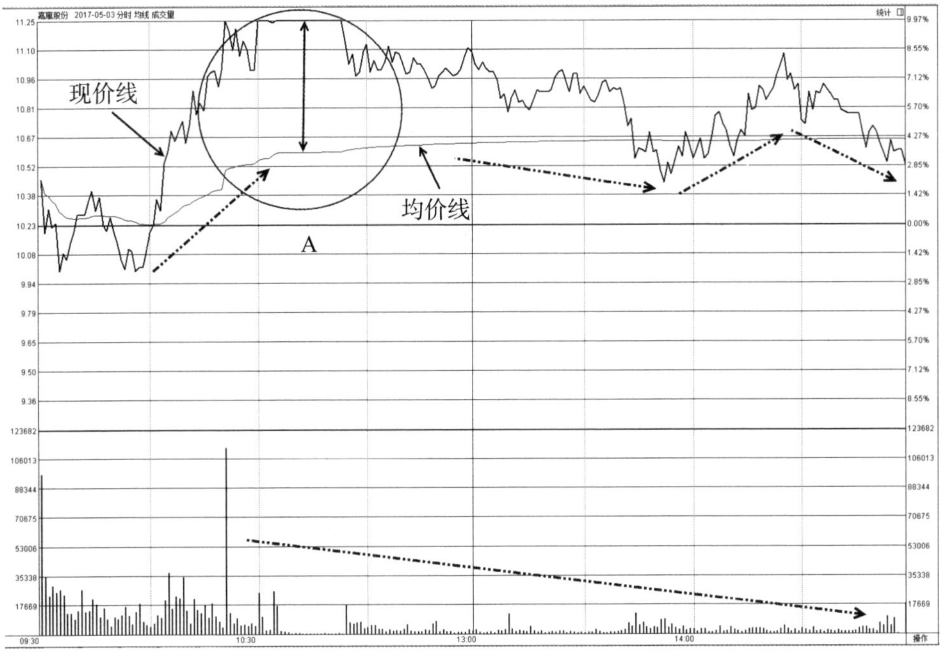
嘉寓股份 2017-05-03 分时 均线 成交量
现价线
均价线
A

图 1-37

飞亚达A 2017-04-14 分时 均线 成交量
均价线
现价线

图 1-38

当现价线骤然大角度急速下行，但均价线并不迅速跟进并呈走平的态势，二者乖离较大时，价格可能出现幅度不等的反弹。

现价线和均价线之间的乖离，其实源于二者计算方法的不同。可以将均价线看作当日参与者的平均成本，当现价突然向下远离平均成本，将会引发市场恐慌。大多数时候这种恐慌能够受控于主导资金，因此也成为其常用的做盘手法。某些情况下，恐慌情绪大面积蔓延，并不是主导资金所能控制的，这时就会出现群体性大跌。

现价线和均价线之间的乖离过大时，几乎都会出现反弹，但重点在于反弹的幅度和持续性。

三是横向震荡。现价线横向震荡在均价线、昨日收盘线上下，如遇大盘下跌但现价线与均价线仍旧维持这种波动，并未出现明显向下倾斜的迹象，则在量能放大时，发力上涨的可能性较大。

目标个股这种方式的横向震荡，其波动幅度越小越好，但前提是目标个股并不是长期冷门股或成交清淡的权重股，最好是有主导资金介入操作而目前处于回落调整期的个股。出现这种横向波动，极有可能成为转跌为涨的短线拐点。

实战中，如果大盘或个股普跌，目标个股经过多日下跌后，当日保持这种横向震荡，则后市起涨的概率更大。

现价线、均价线的横向波动不可远离昨日收盘线，否则后市变化大多难以判断。

四是缺口攻击。当日价格大幅高开或低开后，分时图上都会显现一个无交易的空白空间，这个空白空间就是缺口。

幅度较小的缺口，在分时图上大多会被价格的波动回补。幅度较大的缺口回补与否，能够显示盘中资金的趋向性选择。当然，这种选择可能仅仅是短期的，甚至并不具有决定交易的意义，但可以从中捕捉到主导资金行为的蛛丝马迹。

实战中，缺口回补后，价格突破昨日收盘线压制向上涨升，是价格进入短期强势的标志，但是需要注意这种短期强势的持续性如何。价格从弱势转为强势并不难，主导资金通过对倒完全可以制造出价格短期强势的假象，但让价格真正强势或者说维持强势，则需要各方资金形成一定程度的默契。

其次，分时图形态分析包括三种情况。

一是震荡盘升（跌）。震荡盘升（跌）的形态是最常见的分时走势，是指现价线和均价线双线顺势，一路震荡上涨或下跌。

二是盘中横盘。盘中出现横盘较为复杂难判，例如很多个股会在早盘急升之后转入横盘震荡，直至横盘报收或盘中再度拉高抑或是转入回落。

个股早盘急升，如果成交量异常放大，则要小心主力的减仓动作。横盘阶段成交量会逐渐萎缩，当现价线再次拉高，成交放量却不能超过早盘量能时，需要注意这可能是主力虚晃一枪的假拉升。

如图 1–39 所示，A 区域开盘后价格急速上涨，但之后不久就呈横向波

图 1–39

动的走势，至B区域现价线再次放量上冲，午盘现价线最终还是转入下行。B区域的成交量虽然也有大单，但缺乏持续性，且总成交量远低于A区域，显示对于目前的价格上涨，主导资金积极参与的热情远不及趁机减仓。

三是低点回升。个股下跌后，回升的方式较多，比如前文讲过的震荡盘升，还有急速回升，另有低点横向震荡后的回升。

如图1–40所示，该股低开后一直横向波动，午盘后A区域现价线穿越均价线，之后价格突破昨日收盘线，并在B区域回抽确认得到均价线和昨日收盘线的支撑后快速拉升。

这个案例也是横盘波动的一种形式，A区域为转折的关键点，现价线穿越均价线之后反转跌势为升势。但同样是现价线穿越均价线，C区域并不成功，反而成为一个小幅下跌的开始，为什么？

低点回升形态中，均价线、昨日收盘线是现价线转折的两个压制位。

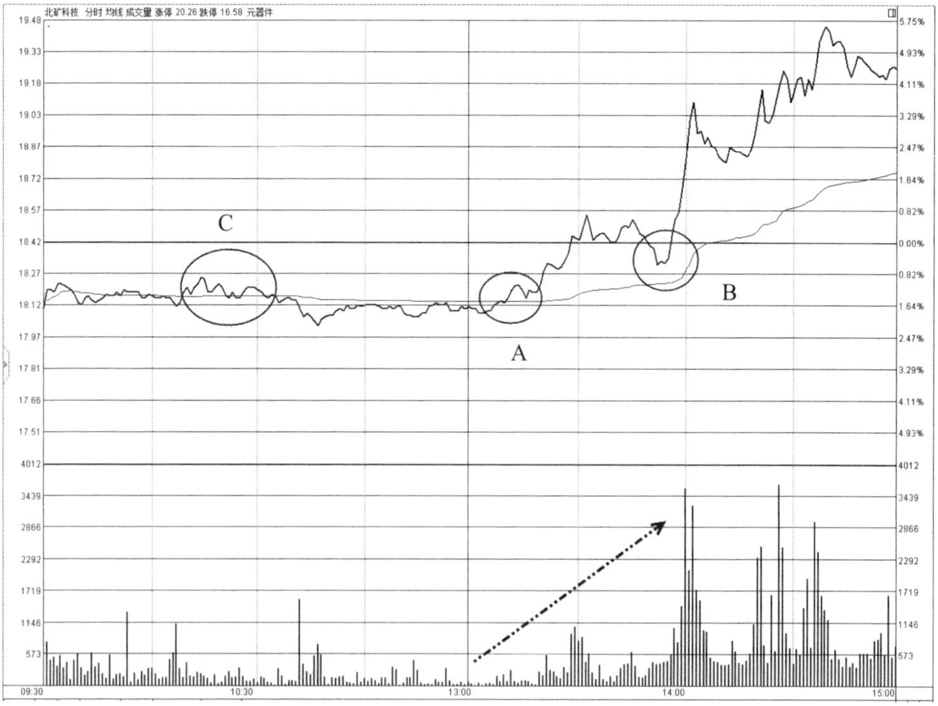


图1–40

均价线是价格转折要面对的第一道关口。这道关口都突破不了，说明价格弱势未改，转跌为升又从何谈起？

但是，现价线穿越均价线并不能证明价格必然转强，尤其是相对缓慢的震荡下跌中，因两条线相距不远，价格微幅震荡就有可能出现穿越，C区域即为这种情况。

区别二者的不同在于成交量是否持续放大，以及均价线能否给现价线提供必要的支撑。例如A区域之后量能持续放大，以及价格回落中不再跌破均价线，即是转升的表现。

## 五、技术指标

对于技术指标的认识，通常存在两种极端：一种认为技术指标毫无作用，另一种则将技术指标神化。这两种认识都存在偏颇之处。

公允地讲，技术指标只是一件工具，就像钳子或者螺丝刀，在适合的条件、适合的对象上能够发挥作用。比如，用螺丝刀绣花，无论多么用心和刻苦，都难见成效。同样的技术指标，在一部分人手里是获利的工具，在另一部分人手里或许就是自戕的凶器。

在交易市场上，某些技术指标能够显示出行情的细微变化，却不能准确地提示应该买入或者应该卖出，因为那是交易者要做的工作，并不是技术指标的职责。

布林线指标发明人约翰・布林格曾说："没有一套技术分析系统能自始至终地发挥作用。为什么呢？道理很简单，任何分析体系都有它的时效性和地域性。现在有效的分析系统，过一段时间就可能失效，这个市场中很有效的分析系统，放在另一个市场中也许就不适用了。"

就是因为技术指标适用性的问题，导致一些人在交易中套用技术指标继而遭受亏损，于是从此认为技术指标对交易并无任何帮助。

曾有个调查：你相信技术分析吗？大部分人模棱两可，个中原因无外乎技术分析的准确性这方面。

实战中，一些交易者可能遇到这种情况：技术分析（技术指标）得出后市股价将下行的结论，实际上行情仍旧如火如荼地上涨，部分踏空行情的交易者因此对技术分析（技术指标）产生了怀疑，甚至不再相信技术分析。

技术分析之所以存在诸多应用方面的问题，原因在于以下几个方面。

其一，应用者漠视了技术分析（技术指标）适用性和局限性的问题，同时也缘于单一技术分析天生存在缺陷。没有技术环境分析，尤其是在极端市场条件下，缺失心理倾向—情绪宣泄分析因素，那么得出的结论可能与实际走势有天壤之别。

其二，对于技术分析，至少笔者经历过从痴迷到弃之如敝屣再到推倒重来的过程。初入股市，对技术分析充满好奇，如牛饮般不加选择地吸纳所有知识，然而知识的积累并未给实战带来实质性的变化，甚至会因技术误判造成重大损失。

2001 年的大熊市教育了很多人，也包括笔者！时光荏苒，时过境迁，从哲学的角度重新认识技术分析，忽然发现“世上没有不管用的工具，只有不会使用的人”。技术分析就是一件工具，交易者至少该明白它该用在什么地方。拿一把菜刀去拧螺丝，还说菜刀不好使，这是菜刀的错，还是你的错？！

无论技术指标是谁发明的，交易者都必须把它变成“自己”的，因为交易者在应用这个指标，而不是发明人。无论发明人为某项技术分析方法设定了什么样的规则，交易者都必须用自己的方法重新诠释，即便结果与发明人提出的分析规则相悖。请记住一点，实战中能够盈利的规则就是最好的规则。

技术指标不是万能的，也不是放之四海而皆准的真理。对股票基本面的并购重组、突发事件，技术指标更是没法预测，甚至意外事件会使技术指标钝化而失去判断意义。

如果交易者神化技术指标的作用，死抱技术分析理论和数据来按图索骥，追求所谓的神奇作用，往往会落入主力的陷阱。

在理解和掌握技术指标时，既不能神化也不宜全盘否定，把技术指标定位于一种交易参考工具，是一种相对合适的态度。只有认识到这一点，才能真正走出技术指标使用的误区。

世界上没有任何一种技术分析手段可以简单套用而不需要思考和理解就能在交易市场上赚得盆满钵满。交易市场是人与人之间用智慧博弈的角斗场，赢家永远是勤于思考、善于辩证看待问题的人。

## 六、市场心理倾向

技术环境分析中，市场心理倾向是不可或缺的组成部分。无论是股票市场还是期货、现货市场，都是由人在制定交易策略和完成操作，而人的心理总是随着环境的改变而变化的。

大多数市场参与者对目前行情形成的大致相同的认识即为市场心理倾向。市场心理倾向可以是上涨的洪流，也可以是下跌的洪流。倾向形成时，对单一方向的助推力极其惊人，任何资金都无法在其情绪宣泄期与之抗衡。

市场心理倾向是逐步发展、逐步扩散的，随着越来越多的反倾向者放弃原有主张，融入市场主流倾向，最终汇聚的洪流达到了极端一致化，市场就开始进入情绪宣泄阶段，即涨必涨过头、跌必跌过头。

投资大师约翰·邓普顿有句名言：“牛市在悲观中诞生，在怀疑中成长，在乐观中成熟，在兴奋中死亡。”这恰恰是市场心理倾向的三个阶段。

### 1. 萌发阶段

处于萌发阶段的市场心理倾向是混乱的，或者说并没有形成市场主流认知倾向，市场上存在各种对未来行情的预测或期待，反映到 K 线图上则多呈现横盘震荡、小角度上涨或小角度下跌形态，趋势并不明确。

人的心理总是随着环境的变化而改变，当外部技术环境发生明显变化时，市场认知倾向就会随之做出反应，但这种反应往往具有不可持续性。

价格暴涨暴跌、忽上忽下的技术环境会使大多数市场参与者日益谨慎，继而减少操作，选择观望以等待局势进一步明朗。

虽然大盘趋势并不明朗，但有心人会发现总有那么一部分股票和大盘运行方向相逆。正如乱中忽然冲出一哨人马，虽然数量不多，但旗帜鲜明，与众不同。

这部分特立独行的股票在对抗大盘趋向上极其顽强，总是能够摆脱大盘的影响，大盘涨，则其跌；大盘跌，则其涨。几番抗衡之后，这部分股票已卓立不群，自身趋向悄然成型。

随着越来越多的资金开始关注并介入这部分股票，大盘趋向也会随之发生变化，二者之间由对抗渐趋一致。这时的市场心理虽未显露出明确一致的倾向，但已暗流涌动。

就像第一个吃螃蟹的人，尝到美味后大快朵颐，旁观者虽未行动，但已经垂涎欲滴，蠢蠢欲动。

逆向而为是交易者此时较佳的策略选择。对于逆向行为，应有一个正确和清晰的认识。逆向不是指盲目与大势或行情趋势方向相逆，而是与某一阶段的市场心理倾向相逆。比如，市场心理倾向处于萌发阶段时，在缺乏市场主流认知倾向的混乱状态下，关注部分趋向或趋势明确的股票群体的表现，并力求在大盘趋向和这些股票之间辨别出行情未来的发展轨迹。

**2. 成熟阶段**

在这个阶段，K 线图上行情整体趋向或趋势一目了然，上涨或者下跌趋向并无太大争议，市场心理倾向已经明确并被越来越多的人认可，但对行情未来走势的预期仍旧存在较大分歧。

市场心理倾向在成熟阶段对于反倾向者有一个逐渐吸纳、缓慢聚拢的过程，并非势如破竹，一马平川，得到所有人的认可。当行情遭遇大级别的调整时，市场心理倾向仍会有一定幅度的波动和反复，交易者此时的策略应是顺势而为。

必须明确一点，市场心理倾向并非总是处于错误之中，只有当心理倾向走向极端或处在混乱之中时，才是选择逆向而为的时机。

交易策略在不同的市场阶段有不同的选择。

大师约翰·邓普顿关于逆向投资的名言说："最悲观的时刻正是买进的最佳时机，最乐观的时刻正是卖出的最佳时机。"

关于这句名言，必须厘清一点，所谓最悲观的时刻或最乐观的时刻，并非仅就交易者的个人情绪而言，而是指市场主流心理倾向。个人情绪与市场主流心理倾向并不一定每时每刻都一致。

实战中不乏以己度人者，以为自己恐惧时别人也会恐惧，自己兴奋时别人也会兴奋，于是生搬硬套逆向理论，无视技术分析中的其他分析因素和结论，仅以个人情绪为中心揣摩预测行情运行的趋向，殊不知已经进入逆向交易的误区，交易成绩可想而知。

逆向理论既不要求与大势相抗衡，也不是仅以逆反个人情绪为中心。市场中常有人说，在行情最悲观时要藐视恐惧。逆向理论的精髓在于藐视恐惧，只有在大众都处于恐惧中时才有作用。藐视恐惧必须按部就班才有底气！

**3. 情绪宣泄阶段**

情绪宣泄阶段的市场心理倾向是疯狂的，也是高度统一的。

这个阶段市场群体对行情当前阶段的运行趋向和未来行情预期高度统一，市场各方争议越少，行情运行受到的阻力越小，单一方向上呈快速运行的态势。反映到 K 线图上，K 线往往表现为连续的阴线或阳线，成交极其密集，价格不断创出历史新高（低）或阶段性新高（低）。

情绪宣泄阶段是市场心理倾向走向极端的表现，"物极必反"可谓事物运行规律的历史总结。

极端情况下，危险和机遇并存，回避并不是最佳选择。在情绪宣泄阶段，股价容易出现超涨、超买或超跌、超卖的情况，这两种情况会给交易者短线做多或做空的机会。

此处有必要讲一下超涨、超买和超跌、超卖的概念，有助于读者理解如何在技术分析中认定和使用情绪宣泄。

超涨是指股价短期内过度上涨，这种上涨超出大多数人的预期，人们对于股票价格的上涨心存疑虑。超买是股价的上涨被大多数人认可，并且认为股价仍将保持继续上涨的势头。这是二者之间最大的区别。

从这个角度来说，超涨的股票有可能继续维持上涨势头，即便遇到调整，仍旧存在“挖坑”后继续升势的可能性。但是超买的股票大多会遭遇“头部”，即便不是股价的最高点位，也大多离此不远。

对短线交易者而言，超涨的股票是中线追踪、短线回避的目标，而超买的股票应当坚决予以回避。

超跌是指短时间内股票价格超出人们预期地持续下跌，这种下跌往往是由恐慌情绪或其他意外事件引发，短期内价格跌幅与跌速都极为惊人。超卖是指对某只股票长时间过度卖出，大多数人认为股价的下跌趋势仍将持续，并且短时间内不会有起色。

和超涨、超买一样，超跌、超卖也具有等级区别。超跌更多地是代表股价短期极限点位临近，而超卖意味着交易者心理承受极限到来。

超跌是市场产生中短期反弹的主要动力，超卖才是反转行情的催化剂。换句话说，只有市场失望情绪达到顶点时，才有可能产生重要行情的低点或转折点。在情绪宣泄阶段，依据单一技术分析形式（不含市场心理倾向分析等）必然得出错误的结论，都会被狂暴的行情碾压，这也是一再强调技术环境分析重要性的原因。

缺失分析因素的技术分析结论必然四处碰壁，缺失市场心理倾向的技术分析是先天的畸形儿。

例如，某交易者判断价格将在年线上止跌企稳并展开反弹，理由是经过技术分析，年线具有较强的支撑力，但在实际行情运行中价格轻松跌破年线并继续下跌，年线并未体现出技术分析中应有的支撑。

这种情况发生时，交易者往往惊慌失措，认为自己的技术分析是错误的，并放大对下跌的恐惧，认为行情将由此万劫不复，于是瞬间推翻之前所有的理性分析结论，加入恐慌情绪宣泄的大军。然而不久之后，价格便止跌回升并重新回到年线之上，年线还是体现出了较强的支撑力。

年线既然具有较强的支撑力，那么之前为什么还会被跌破?

技术分析有效还是无效的问题，让交易者疑虑重重，并在接下来的交易中不知所从。

其实这位交易者遇到的并不是技术分析有效还是无效的问题，而是技术分析因素缺失带来的问题——漠视了技术环境、市场心理倾向分析。

尤其是在情绪宣泄阶段，价格的上涨或是下跌，往往都会轻易穿过技术压制位或技术支撑位。但随着情绪宣泄过程逐渐平复、消亡，这些技术压制位或技术支撑位的作用仍会显现，价格必然随之回归正常态势。

# 第二篇　主力行为中级分析

看不懂、没把握时，坚决不进场。毕竟持币时自己说了算，持股时则是市场说了算。当你对市场没有把握时，还是算了吧！

——《K 线图核心技术》

# 第四章　常见的主力行为与手法

悲观和乐观总会过头，恰如其分不是博弈的精髓！

——《K 线图核心技术》

## 一、对倒

前文讲过“对倒”的概念，即自买自卖的虚假交易行为。

主力采用对倒可以营造成交活跃的假象，用以吸引市场资金跟风追涨或者杀跌，以达到减仓出货或者低价吸筹的目的。可以说大多数主导资金在短炒个股时，对倒这种手法都发挥了相当大的作用。

对倒可分为单账户对倒和多账户对倒。单账户对倒行为容易被监管部门发现，现在已经很少使用。主力通常采用多账户交易（账户组），这些账户不仅包括自然人，还包括信托账户、公司账户等。这些同属一个主力资金账户之间的对倒隐蔽性更高。就像前文提到的，某主导资金操作个股时，利用 300 多个账户、十几个操盘手同时进行交易，筹码在自己掌握的账户间不断流动。

对倒既有可能是一种短期行为，也有可能是某资金在一轮行情中始终坚持的行为。

主力对倒是希望股价短时间内激烈波动（上涨或下跌），所以通常会以成交大单的形式出现。成交大单一般是指千手以上的成交单。盘面上突然出现成交大单会改变或引导股价的运行方向。确认成交大单的性质，可以帮助预判股价可能出现的变化，及早做出恰当的应对。

并不是所有大单都是主力资金行为，也可能是其他资金的行为。比如，某实力资金操盘手为尽快完成买入任务，机械性地大单扫盘，某实力资金对目标个股的试盘行为，盘中多个主导资金的博弈行为，等等，都会导致大单成交。如果是上述几种情况，随着大单的消失，股价大多会回落。

当然，实战中即使出现主力大单，也并不必然都是对倒，还有可能是真实的扫单拉升。

如图 2–1 所示，午后开盘，该股股价直接被大单封上涨停板。在 A 点，从成交明细上可以看出主要有 4 笔数千手以上的成交大单。几笔大单就将股价封上涨停板，分时图的量柱接近 3 万手。这种情况是主力真实的扫盘，主力扫单坚决，股价升势凌厉，没有拖泥带水的多余折返。

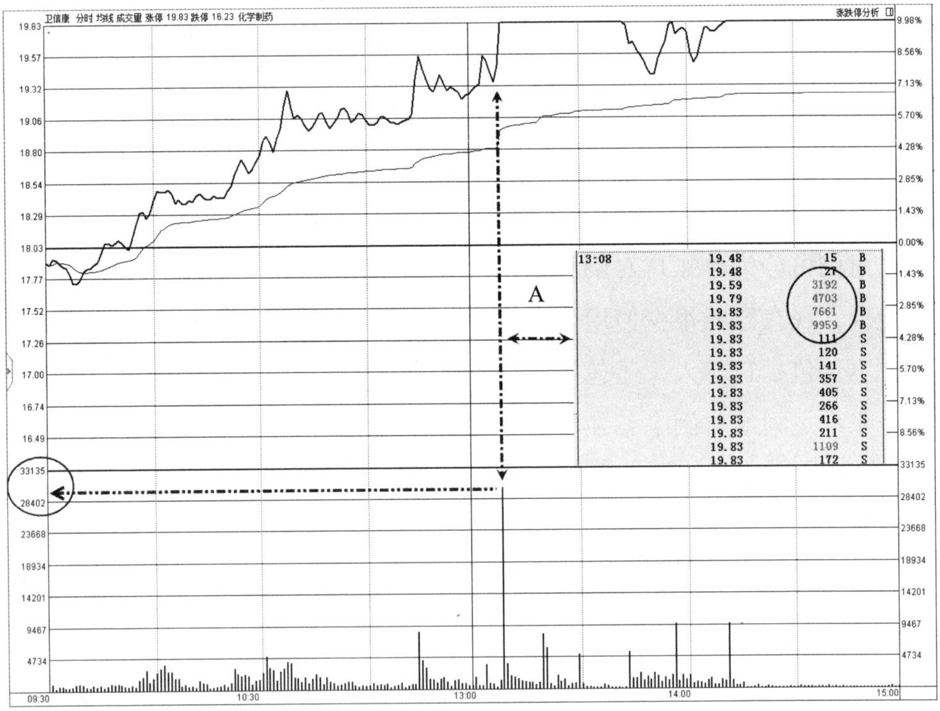


图 2–1

技术环境方面，经过急速上升或长时间涨升的个股，如果突然出现成交大单，股价却没有相应地大涨，那么主力对倒减仓、出货的可能性较大。

主力大单如果是对倒，那么即使现价线瞬间被笔直拉起，也会很快出现折返，走势上拖泥带水；股价之后的变化或者说升幅并不明显，即使有所上涨，也会在之后或次日向下折返。

如图 2–2 所示，现价线笔直拉起，虽然分时图量柱达到 3 万多手，但升幅并不大且很快就出现折返。尽管午后开盘该股股价出现一定幅度的上涨，但震荡回落的走势还是反映出后市存在较大的隐忧。该案例中即为主力大单对倒的行为。这种盘局下的对倒行为目的很明确，就是为了刺激和诱使跟风资金追高进场，以满足主力减仓的需求。

图 2–2

对倒既可满足主力资金减仓出货的需求，也可用于诱发杀跌盘，为主力低位吸筹服务。鉴别这类对倒，主要是盘中分时图和 K 线图相互印证。

如图 2–3 所示，当日该股低开低走，大部分交易时间内的成交量处于常量状态，偶有零散变量。至 A 区域，也就是收盘前一小时，股价突然大幅跳水，成交量也呈密集成交的态势。尾盘半小时股价反弹，虽然形态上看并不强劲，但在不经意间已将跳水的跌幅收复过半。

A 区域显现密集成交，千手以上的成交大单占据相当大的比例。假设有其他资金在 A 区域突然抛货，如此规模的抛盘必然是一个值得重视的对手。常规情况下，该股主导资金不会轻易出手，在摸清对手情况之前，盲目参与护盘并不明智。

如果说 A 区域不是该股主导资金的行为，那么尾盘的反弹就难以想象，难道是其他资金抛货后再买回？讲不通道理的思路必然存在问题，这时就需要回过头来看看有没有其他思路可以把道理讲通。

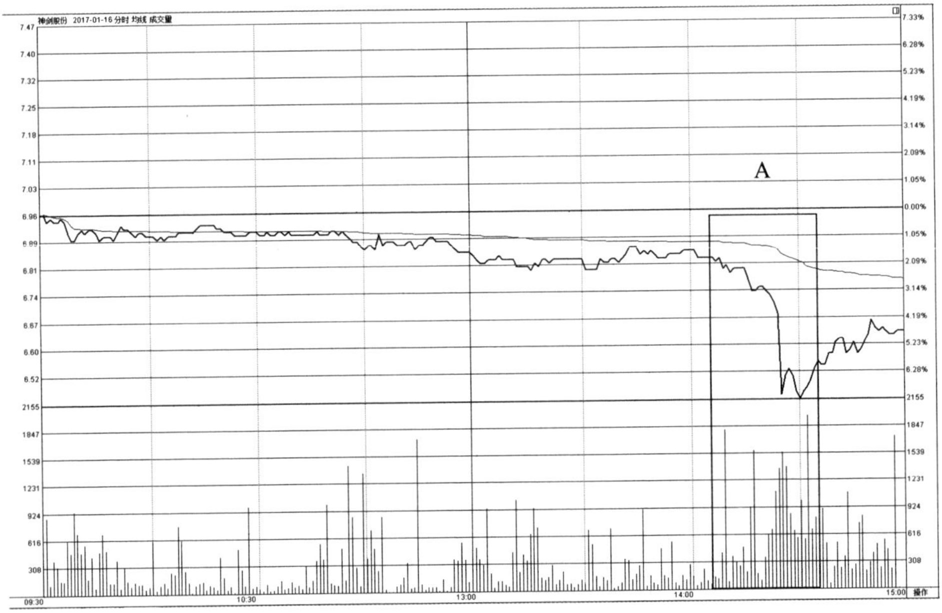


图 2–3

如果 A 区域股价大幅下行是该股主导资金的行为，那么尾盘反弹可以看作主力回补或者吸筹后一个很隐蔽的股价反应。主力回补意味着后市可能继续下跌，主力吸筹则意味着股价可能就此出现折返。

分时图的走势表现有时候仅是孤证，难以在逻辑上确认主力资金的真实意图，结合 K 线图分析是一个不错的选择。如图 2-4 所示，箭头标示的这根 K 线即为图 2-3 分时走势当日形成的 K 线，从 K 线图中可以看到，此时股价正处于一段下跌走势中。这根 K 线创下跌势中的新低，必然对持仓者形成不小的持仓压力，心态不稳定的交易者可能会跟风杀跌。显而易见的是，这根创下跌势新低的 K 线出现之前，成交量已经长时间处于常量状态，可以推想每日成交的密集度并不高。

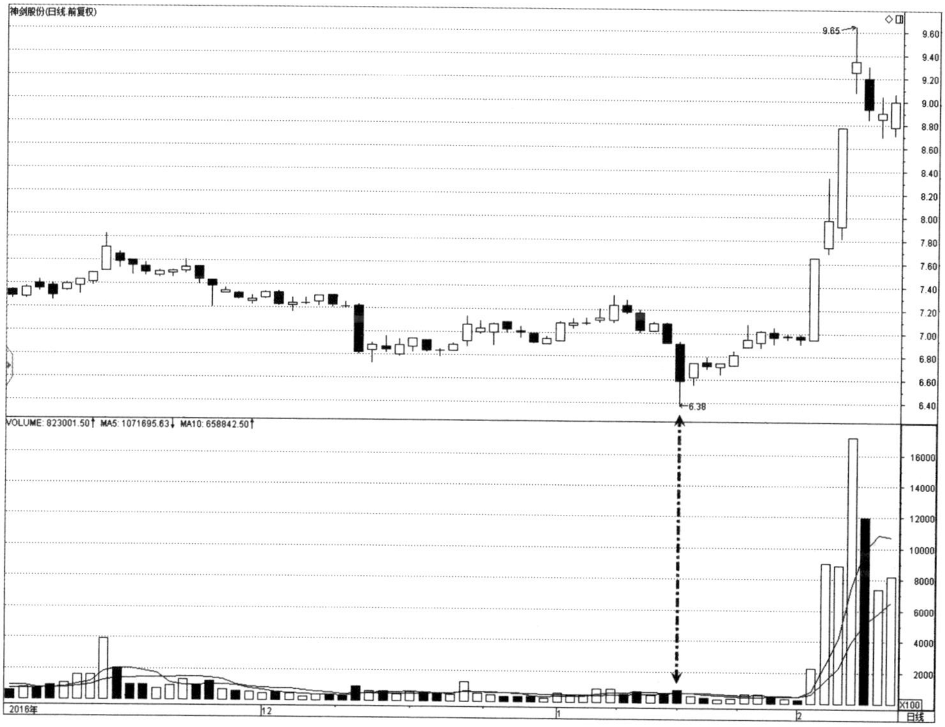


图 2-4

再看图 2-3，此时分析 A 区域股价跳水时的密集成交，可能就不会再认为是其他资金的抛盘（有这种可能性，但概率极小）。A 区域之所以出现股价跳水，极有可能是主导资金以成交大单进行对倒，故意砸盘，诱使盘中饱受煎熬的持仓者突破心理防线，放弃持仓，加入抛售的行列。

跌势中，短线交易的精髓就是战胜莫名的恐慌性下跌。不要以为主力知道的比你多，也不要相信突然出现大卖单就意味着持续性下跌开启。抛开恐慌，理性分析，也许就是专业交易者与业余交易者的最大区别。

## 二、隐性买卖盘

实战中，如果交易者发现分时成交明细中出现一些成交大单，而买一或卖一上的挂单没有明显的变化，那么说明可能有隐性买卖盘存在。

这些不想被市场注意到、依照价格优先原则成交的买卖单，通常被称为隐性买卖盘。

在行情火爆的时候，很多以散户为主的市场资金主动追买，其买入价往往高挂数个价位，大多立即就会成交，所以不会显示在买盘挂单的行列。同样，在行情暴跌时也会出现相似的情景。市场资金主动追高或杀跌的挂单交易，并不属于这里提及的隐性买卖盘的范畴。

隐性买卖盘的定义是，未出现在盘口数档的买卖挂单中，仅仅在分时成交明细中可以看到的主力成交数据。也就是说，隐性买卖盘是指不想被市场觉察到的一些主力交易行为的总称。

隐性买卖盘形式多变。对于并不是集中出现的隐性买卖盘，或者主导资金化整为零的隐性买卖盘，实战中较难辨别。有时候经常盯盘、有经验的交易者能从价格微弱的、违反常规的变化中感觉出来。

如图 2–5 所示，该股早盘呈震荡回落走势，午市收盘时逼近昨日收盘线，一切迹象都显示股价即将向下突破。但当日午后该股并未持续下跌，最后半小时在昨日收盘线上下震荡。从该股最后半小时的走势中，有经验的交易者能够感觉到股价受到一股潜在力量的支撑，但盘口挂单上并没有明显的变化。当日分时成交明细中，这个时间段也没有大单出现，这就是因为主导资金不想过早暴露行踪和操盘意图，化整为零，以小单形式悄悄维护股价导致的现象。

该股次日的走势如图 2–6 所示。类似案例中提及的这种形式的隐性买卖盘，实战分析中具有较大的难度，交易者需要积累看盘经验，才能发现其中的异动。

图 2–5

还有一种隐性买卖盘中较为常见，也是比较容易发现的形式，即突发性密集大单。

主导资金出于运作的需要，往往会利用突发性大单造成股价飙涨或急跌的场面，诱惑或恐吓交易者跟风，借机达到自己减仓或震仓的目的。这种隐性买卖盘不会在买卖盘挂单中出现，而是利用价格优先的原则直接攻击股价。

如图 2–7 所示，该股早盘低开后，股价受到突发性大单攻击，瞬间大幅上升。这种突发性大单很吸引眼球，容易受到短线追高者追捧。需要提醒的是，突发性大单往往缺乏持续性。

实战中，一旦股价失去大量买单的攻击后逐波回落，则说明这极有可能是主力资金的一次诱多行为。

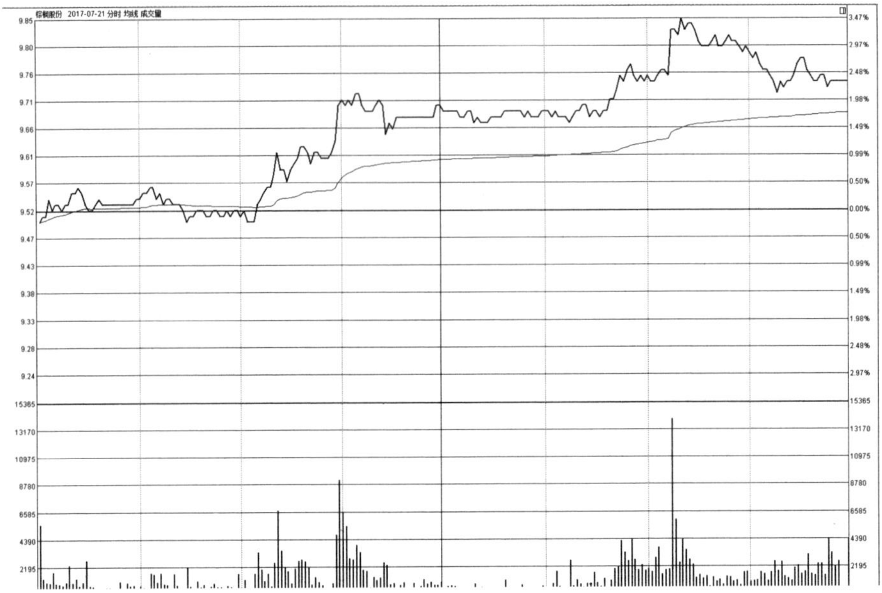
棕榈股份 2017-07-21 分时 均线 成交量
9.85
9.80
9.76
9.71
9.66
9.61
9.57
9.52
9.47
9.43
9.38
9.33
9.28
9.24
15365
13170
10975
8780
6585
4390
2195
3.47%
2.97%
2.48%
1.98%
1.49%
0.99%
0.50%
0.00%

图 2-6

恒通科技 分时 均线 成交量 涨停 32.22 跌停 26.36 其他建材
30.28
30.14
30.00
29.86
29.71
29.57
29.43
29.29
29.15
29.01
28.87
28.72
28.58
28.44
5748
4926
4105
3284
2463
1642
821
3.38%
2.90%
2.41%
1.93%
1.45%
0.97%
0.48%
0.00%
A
09:30
10:30
13:00
14:00
15:00

图 2-7

在盘口判断分析中，甄别隐性买卖盘，对交易者的操作有极其重要的参考作用。比如，有的主力想通过对倒来拉高股价，制造量价配合良好的假象，就可能采用隐性买卖盘的操盘方式。

当主力拉高股价后需要出货时，为避免引发市场交易者的恐慌，可能会利用成交回报的时间差，将大的卖出单和小的买入单撮合成一笔大的买入单显示在分时成交明细里。这样不但不会引起交易者的恐慌，还会制造大单买入的假象，欺骗性极强，一些交易软件也会将这些交易数据统一并计入买方数据。由此可以看出，对于一些交易软件或网站提供的主力买入与卖出的统计数据，交易者不可过于迷信。

对于隐性买卖盘，最简单的甄别方法是：当分时成交明细里出现连续性的成交大单时，观察股价变化的方向以及是否具有持续性。如果连续出现大买单，股价却原地踏步或开始下跌，可以判断这是主导资金利用隐性买卖盘借机减仓。

如图 2–8 所示，该股午后开盘略经震荡后大幅拉升，尾盘时至 A 区域

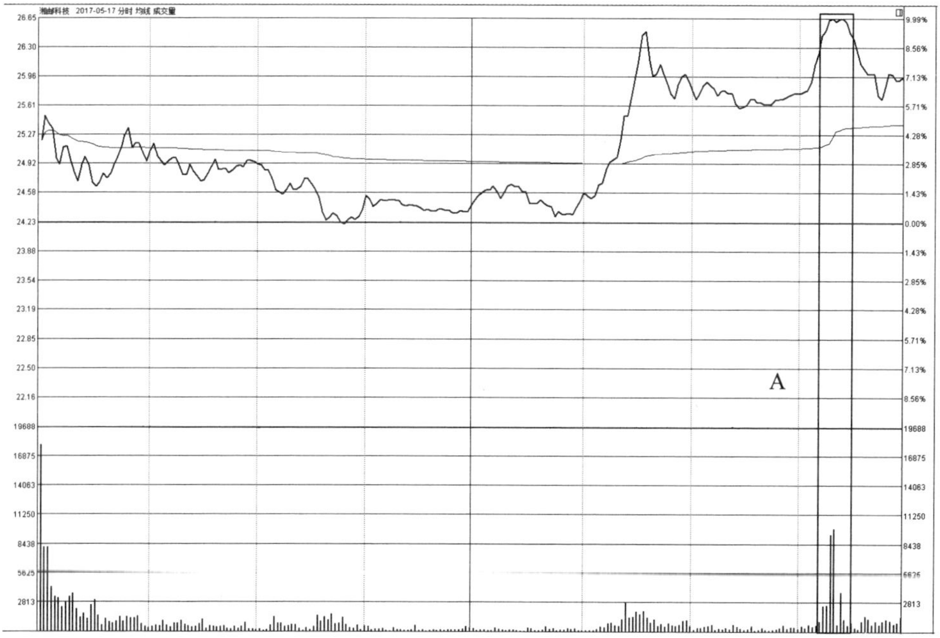


图 2–8

再次冲高，成交大单极为密集，股价却未能稳定在高点，而是向下回落。A区域的成交大单很明显是主导资金的阶段性减仓所致。从后期走势上看，该股当日的这个高点也成为短期反弹的高点。

## 三、频繁挂单、撤单

盘口上买卖盘的挂单和撤单是主力的常规性“战场”。主力通过挂单和撤单可以有效地“调整”市场资金对股价的预期，以便顺利完成减仓或吸筹等任务。

撤单是指在某个价位上挂出买单或卖单，但在成交前主动撤销该买卖指令。实战中，常常可以看到卖一或买一等价位上出现大单，但这些大单不会纹丝不动地挂在那里，除去被市场成交的部分，这些大单时常会被主动撤掉，然后再度挂上，或者在临近几个价位上来回变动，但总的手数相差不大。这种现象大多是主导资金所为，并非市场的随机行为。

那么主力为何不断地挂单和撤单呢?

根据价格优先、时间优先的成交原则，买一或卖一的挂单将根据报价的时间顺序先后成交。如果主力把自己排在前面的单子撤掉，那么先成交的无疑是市场单。如果反复撤掉的是买一、买二的大单，说明主力并不想真的买入，挂大买单的目的是吸引更多的买盘挂单或主动性买入。

不管主力是不是想大规模减仓或出货，至少可以知道主力已经不想增加仓位了！缺少主力主动性买入意味着股价不会连续大幅上涨，散户即使不卖出，也不宜再增大仓位。

如果反复撤掉的是卖一、卖二的大单，说明主力并不想真的卖出，挂大卖单的目的是威逼失去信心的持仓者尽快离场。

实战交易中，撤单的情况比比皆是，大家重点需要解决的问题是：通过分析主力撤单的情况和原因以判断主力所处的操盘阶段。知己知彼，才能做到有的放矢。

处于建仓吸筹阶段的主力资金，要想在底部尽量多地吸纳筹码，必须在盘面上营造恐怖气氛，用来吓退想买入或持仓的人。在股价已经跌无可跌的情况下，卖盘上仍然经常挂出大笔卖单，似乎有很多筹码在排队等待出货，可以吓阻散户在低位抢筹。

如图 2–9 所示，卖盘每一档挂单都在几万股，而买盘挂单明显小得多。这些大卖单会给盯盘的短线交易者造成巨大的压迫感，一旦股价有个风吹草动，很多人就会不计成本地抛出手中的筹码。

| | | |
|---|---|---|
| 卖五 | 17.20 | 419 |
| 卖四 | 17.19 | 125 |
| 卖三 | 17.18 | 197 |
| 卖二 | 17.17 | 138 |
| 卖一 | 17.16 | 323 |
| 买一 | 17.15 | 83 |
| 买二 | 17.13 | 31 |
| 买三 | 17.12 | 6 |
| 买四 | 17.11 | 52 |
| 买五 | 17.10 | 109 |

图 2–9

观察卖盘上挂出的大卖单，就会发现这些大卖单时常会被主动全部或部分撤掉。主力撤卖单的目的是让那些排在后面的市场散单尽快成交，同时防止其他机构趁机劫掠筹码。

处于清仓出货阶段的主力资金想要在高位成功出货，必须在盘面烘托出一切都好的氛围，诱导市场资金追高买入。在股价涨幅巨大的情况下，买盘上依然挂出大量买单，似乎大批资金准备蜂拥入场。

观察买盘上的那些大买单，也会发现它们在时刻不停地变动：主力先撤掉一部分买单，让市场买单先成交，然后再度挂上买单，等市场买单跟风买入，然后再度撤单。有时为防止市场上大抛单趁机卖出，主力也会适时撤掉一些大买单。

例如，某主力当天有一个阶段性的减仓计划。盘中交易时间，主力在买一上挂单 2 000 手，市场买单挂上 500 手，这样买一上挂单是 2 500 手。主力随后撤掉 2 000 手买单，随之再挂出 2 000 手，买一还是保持着 2 500 手，买单数并无变化，但那500手市场买单已经排在等待成交队列的前面，一旦有抛单出现，市场买单必然首先成交。

频繁运用类似挂单再撤单的手法，主力可以轻松减掉需要抛售的仓位，还能通过买盘挂单有大买单的假象稳定市场情绪，避免引发恐慌盘大批出逃。

挂单和撤单是主力（尤其是主导资金）在操作股价过程中不可或缺的工具和手段，加上前文讲的对倒，可以说它们是短炒为主的主导资金的“生死技”。缺了这几样手法，主导资金再有实力也影响甚微。

某主导资金曾因频繁挂单和撤单受到监管部门的查处，其账户组撤买与重新申买操作的时间间隔平均不足10分钟。2015年9月10日至14日，其账户组撤单量分别占账户组申买量的89.45%、53.40%和17.99%。

2015年9月10日9：41 ~ 9：50，该主导资金挂单买入7笔，10：02 ~ 10：03全部撤单。10：07 ~ 10：08，再次挂单买入6笔，10：45 ~ 11：27全部撤单。10：22 ~ 10：34，又在买二至买十档挂单22笔，下午13：33前全部撤单。

9月11日9：32，该主导资金先将集合竞价阶段未成交的买单撤单4笔，9：33 ~ 10：22，挂单买入9笔，10：21撤单4笔。10：29 ~ 13：43，又在不同价位挂买单19笔，下午14：26前将其中18笔撤单。14：27 ~ 14：28，再次申报买入4笔。

9月14日9：30 ~ 9：40，该主导资金申报买入13笔，撤单3笔。

监管部门认为：当事人大量、频繁虚假申报的行为，导致股票委托量数据失真，误导了其他投资者的投资决策，扰乱了证券市场秩序，影响了该股的价格和交易量，认定其行为构成操纵市场。

最吸引市场眼球的无疑是涨停板。主导资金短炒个股时，往往通过推高股价至涨停，然后在涨停价位上挂出巨单买入以维持涨停。次日通过连续大买单、高价挂单以及撤单等手段操纵开盘价，随后反向卖出，获利出逃。

例如，某主导资金于 2014 年 11 月 26 日 9：57 ～ 10：15 挂单买入某股票 15 笔共计 44 万股，成交 35 万股。10：18 ～ 10：41 又连续挂单买入 43 笔共计 205 万股，挂单价格从每股 13.63 元不断抬高至 14.22 元的涨停价，占同期市场挂单量的 63.84%，排名第一。最终成交 77 万股，占同期市场买入成交量的 53% 以上。

如图 2–10 所示，该股票价格快速由每股 13.63 元上涨至每股 14.22 元的涨停价，涨幅达 4.33%。之后该主导资金以涨停价格申报买入 15 笔共计 689 万股，占同期市场涨停价格申买量的 87.57%，排名第一，最终成交 111 万股。当日收盘，该主导资金在涨停价位上挂单为 570 多万股，占市场涨停价格有效申买量的 95% 以上。

27 日 9：15 ～ 9：19 的集合竞价阶段，该主导资金以当日涨停板价格每股 15.64 元挂单 7 笔共计 450 多万股，占该时段申买量的 97%，占该时段涨停价格申买量的 99%。9：19 上述买入挂单全部撤单。（每个交易日的

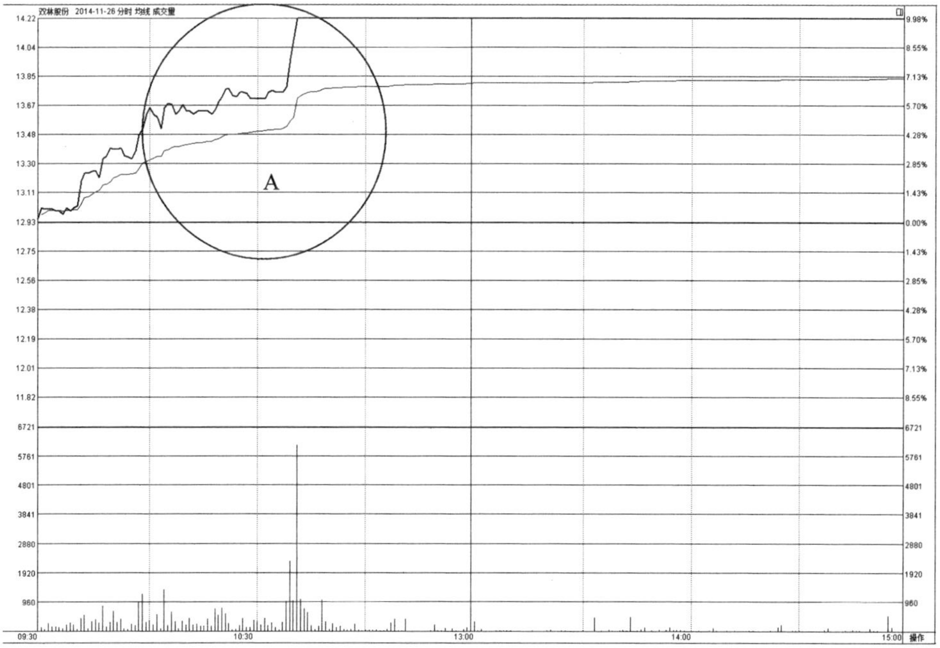


图 2–10

9：20 ~ 9：25 只接收申报，不能撤销申报。）9：21：10 ~ 9：24，该主导资金以每股 15.20 ~ 15.60 元的价格申报买入 4 笔共计 7 万多股，集合竞价结束时全部成交，申报买入及成交量均排名第一。该股当日开盘价为每股 15.10 元，较前一交易日收盘价每股 14.22 元上涨 6.19%。

在当日的交易时间里，该主导资金将上一交易日买入的股票全部卖出，该日分时走势见图 2–11。随着该主导资金不断出货，股价大部分交易时间内呈现单边下跌走势。下一交易日，该主导资金又将集合竞价阶段买入的 7 万多股全部卖出。该主导资金 3 天操作形成的 K 线如图 2–12 所示。

这个案例就是主导资金利用资金优势短炒个股、快进快出的典型。其操作的关键点在于第二个交易日的开盘价，做好这个开盘价，也就有了短炒的盈利空间。该主导资金在第二个交易日通过虚挂大买单、撤单等手法成功推高开盘价，在这个过程中其仅仅真正买入 7 万多股，却为自己持仓的几百万股创造了获利出逃的机会和条件。

图 2–11

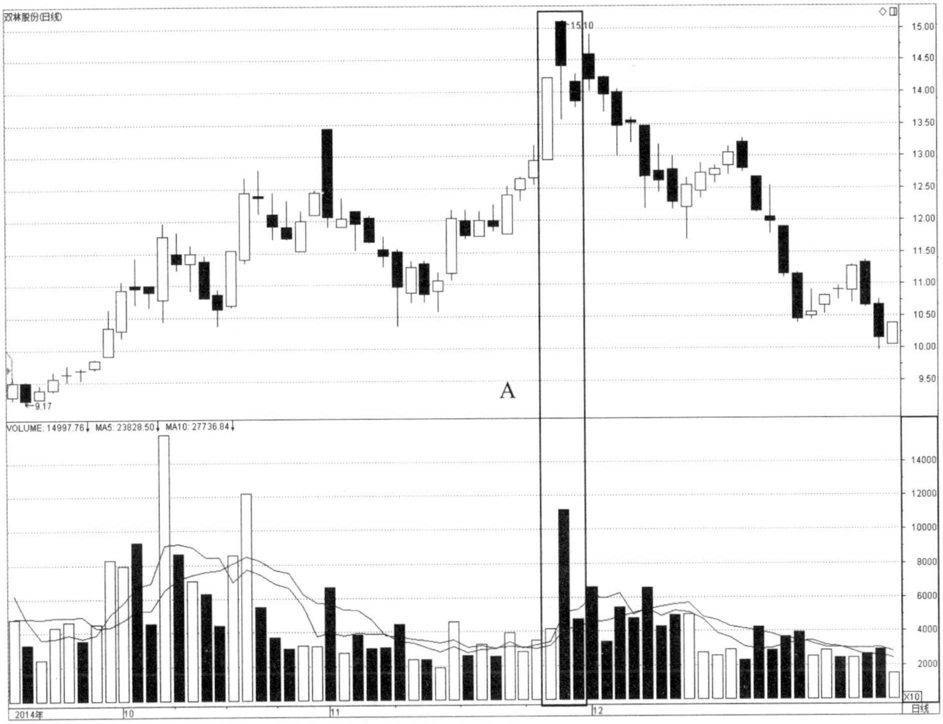


图 2–12

## 四、夹单与夹板

夹单是指买卖盘的几档挂单上存在比较大的买单和卖单，只有卖一或买一上挂单较小，较小的挂单似乎被上下方的大单夹住，见图 2–13。

| | | |
|---|---|---|
| 卖五 | 8.88 | 905 |
| 卖四 | 8.87 | 340 |
| 卖三 | 8.86 | 969 |
| 卖二 | 8.85 | 1899 |
| 卖一 | 8.84 | 1236 |
| 买一 | 8.83 | 22 |
| 买二 | 8.82 | 1148 |
| 买三 | 8.81 | 2768 |
| 买四 | 8.80 | 1954 |
| 买五 | 8.79 | 764 |

图 2–13

盘口上，卖盘上的大单称为上压单，买盘大单则被称为下托单。同时具有上压单和下托单的，即为夹单形态（或夹板）形态。

夹单可以肯定不是市场随机形成的，而是主力资金的行为。在不同的阶段，主力资金运作股价有不同的手法。建仓吸筹阶段，主力深水潜伏，唯恐露出蛛丝马迹，一般不会用夹单这种引人注目的操盘手法。排除了主力建仓吸筹的可能，可以判断主力处于洗盘、拉升或出货等阶段。

出现夹单意味着卖盘大单对股价形成压制，买盘大单对股价形成支撑。股价上有压力，下有支撑，但波动范围狭小，分时走势上股价呈现呆滞的态势。

主力资金肯定不会真的不动。通过追踪观察盘中有没有主力撤单又挂单的现象，这种现象发生在买盘还是卖盘，然后依据异常撤单的方向，就可以初步预估主力资金短期的操盘意图。

如果没有发现主力资金存在明显的异常撤单现象，那么就要注意观察盘中有没有突发性的密集大单出现。突发性密集大单会瞬间打掉上压单或者下托单，夹单消失。出现这种情况，说明主力开始主动打破盘面上的平衡，股价选择运行方向的时候到了。

实战中还有一种挂单形式称为“夹板”，是指买一和卖一同时出现大单，形成对峙的局面。这是一种多空相持的形态，多数情况下是主导资金诱引交易者参与，以达到诱多或诱空的目的。

如图 2-14 所示，买一和卖一上分别挂出 3 万多手和 1 万多手的大单，双方形成对峙局面。这种情况下，股价必然会被限制在相邻价位上，难以产生大幅波动。一般来说，主力利用夹板可以有效稳定涨幅或跌幅，不使其出现意外波动。

出现夹板，暴露出了主力操作的痕迹，这种形态的挂单和夹单一样，不可能是市场随机形成的。如图 2-14 所示，卖一上 1 万多手的大卖单如果不是主力所为，那么完全可以从容地在买一的 3 万多手大买单上成交。很难想象，一个急于出货的卖家会在意低卖 1 分钱。

| | | | |
|---|---|---|---|
| 卖五 | 22.70 | 28 | |
| 卖四 | 22.68 | 7 | |
| 卖三 | 22.65 | 18 | |
| 卖二 | 22.62 | 10 | |
| 卖一 | 22.60 | 13839 | -5 |
| 买一 | 22.59 | 35252 | |
| 买二 | 22.58 | 878 | |
| 买三 | 22.57 | 2615 | |
| 买四 | 22.56 | 12 | |
| 买五 | 22.55 | 5 | |

图 2-14

## 五、骗线与诱多、诱空

股票市场的博弈性决定了市场参与者之间存在对立的关系，占据资金优势的主力会运用形形色色的手段以求达到自己的目的。

主力资金操作手法的核心就是利用自己资金上的优势，诱导、迷惑交易者，使之做出错误的判断。这类主力行为一般称为诱多和诱空，或是多头陷阱和空头陷阱，即诱使交易者跟风买入或者跟风卖出。

主力资金设置的陷阱无所不在，常见的有假填权、假突破、尾盘拉高、跳水以及题材、概念炒作等。

市场对题材、概念的炒作往往都是主导资金酝酿发起的。交易者如果参与炒作的话，务必明白题材、概念本身就是主力制造的多头陷阱，切不可误中主力宣传的圈套，认为题材就是一切，题材能使上市公司的经营业绩马上发生翻天覆地的变化。历史上没有哪个题材或概念是历久弥新、屹立不倒的，主力利用某一题材获得利益之后，出货时绝对不会有任何牵挂。

主力资金为诱多或诱空故意制造虚假的 K 线、分时走势、技术指标等，则被称为“骗线”。例如，KDJ 指标钝化后，应该获利了结，但在实战中，不少主力是在 KDJ 处于钝化状态时开始大幅拉升股价的。市场主力利用这些技术指标骗线的目的，是诱使交易者做出错误的判断和操作。

### 1.K 线图上的“陷阱”

（1）诱多

诱多也称多头陷阱，是指主力意在卖出，却故意制造强势上涨的假象，引诱市场资金追高买进。主力往往利用股价重要关口的假突破、经典的上涨 K 线组合、提示上涨的技术指标等渲染多方即将发起强势上攻的假象，用以迷惑市场资金，制造多头氛围。

如图 2-15 所示，该股从股价高位回落，至 A 日突然报收一根放量大阳线。这根大阳线扭转了市场对于该股后市的悲观看法，让市场资金重新燃起追高做多的热情。但是随后的交易日该股并没有出现持续性上涨，而是重新进入下跌趋势，使得追高资金只能选择止损或被套。这就是一个典型的多头陷阱。

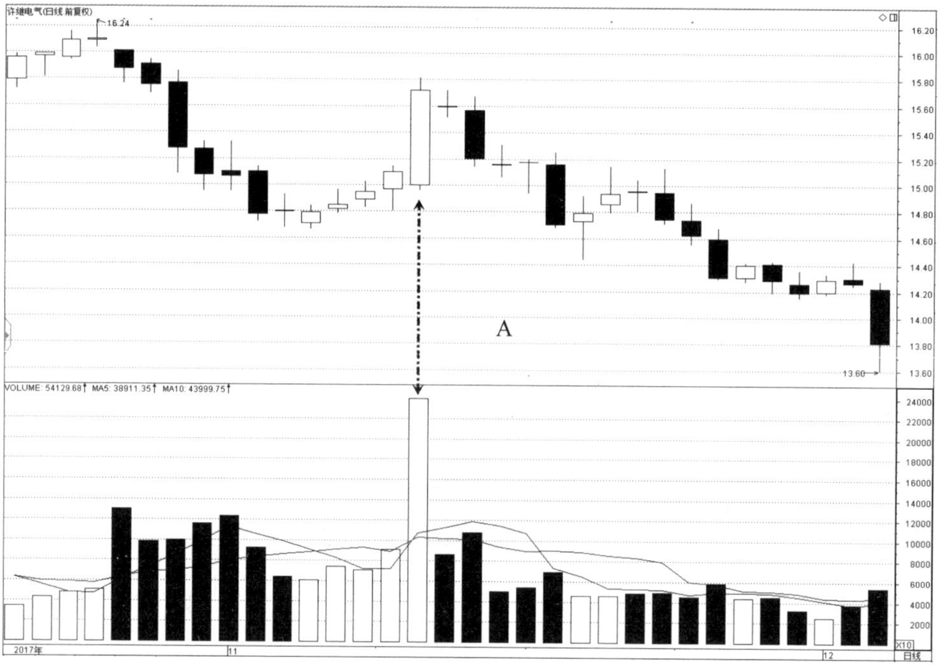


图 2-15

在股价连续涨升过程中，主力资金也会利用市场资金的心理惯性制造骗线。比如，某股连续大阳线上涨，股价的调整都在盘中完成，市场资金如果想参与其间，就只能在盘中股价调整时介入。

如图 2-16 所示，该股股价连续涨升，A 日盘中涨幅一度突破 5%，股价却冲高回落，最后报收长上影线。A 日的分时走势如图 2-17 所示，当日股价冲高的过程很短暂，并且很快转为回落。惯性追高买入的交易者很容易被套其中。

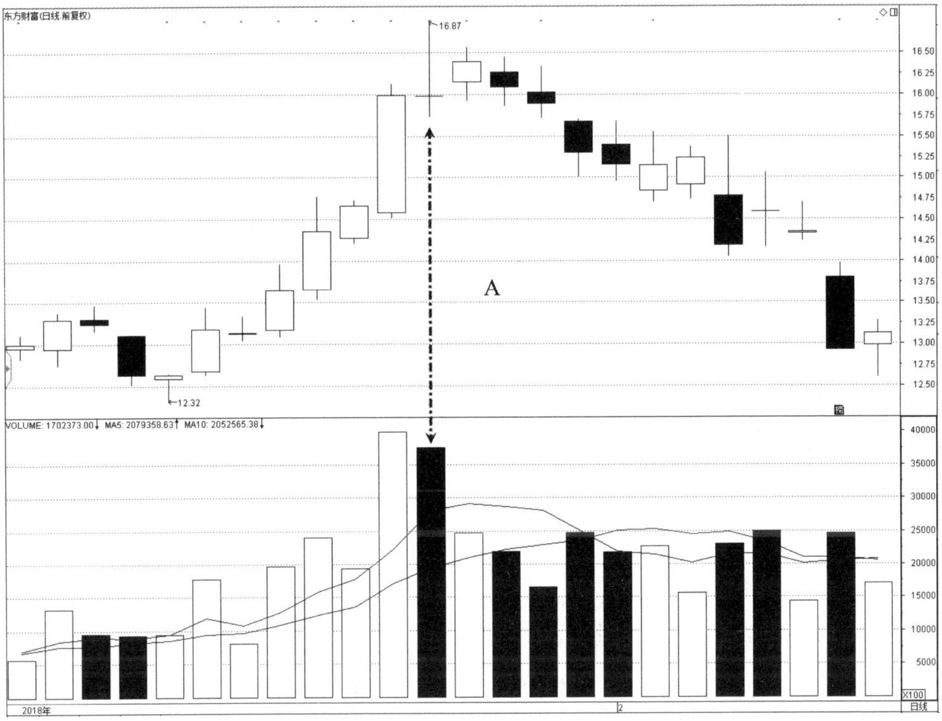


图 2-16

（2）诱空

诱空又称空头陷阱，是指主力意在买入或洗盘，却故意制造恐慌氛围，迫使持仓者低价抛售筹码。

如图 2-18 所示，该股开盘后一直下跌，并且跌速逐渐加快。之后虽然股价有所反弹，但是无力收复上方失地，而是处于横向震荡的状态，显示市场非常弱势。

对于这种盘面，持仓者会承受很大的压力，担心股价是否会由此发生转折，或者上市公司基本面是否有什么突发问题，等等。一些心态不稳定

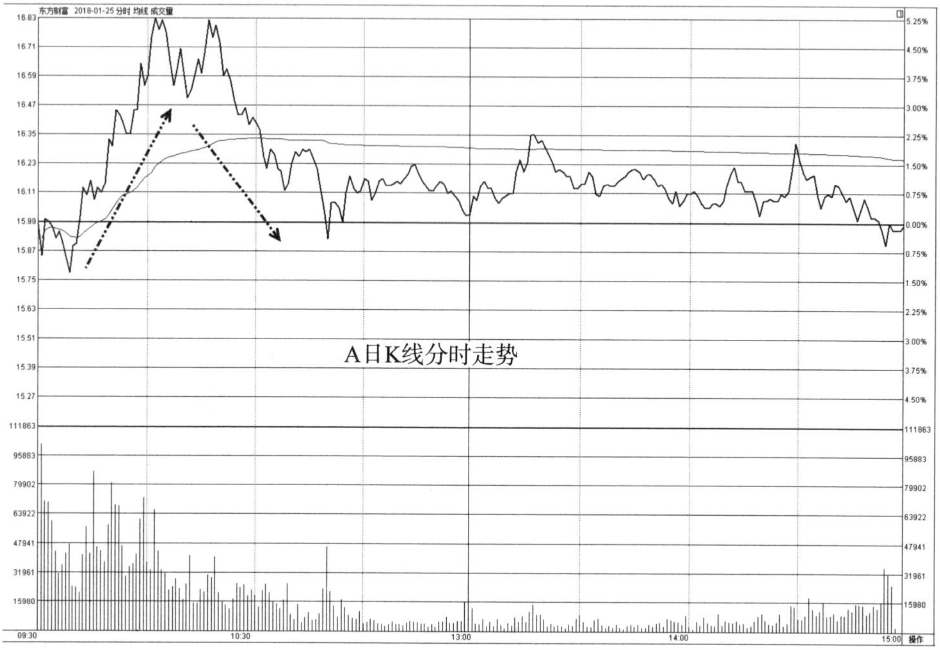


图 2-17

的持仓者可能会选择卖出，以回避可能存在的利空或连续下跌。

该股的 K 线图如图 2-19 所示，A 日 K 线为图 2-18 中分时走势形成的 K 线。从图中可见，A 日该股股价处于一段上涨后的震荡盘整阶段。

股价震荡盘整是持仓的短线交易者最难熬的日子，股价一直在成本线上下波动，短期内的运行趋向极不明确。A 日股价突然“跳水”，无疑会造成一定程度的恐慌，一些短线交易者害怕亏损扩大，就会选择割肉出局。

当日分时图显示，股价“跳水”后出现反弹并横向震荡，但在之后的“弱势”表现下，市场资金很少有勇气选择再度进场。图 2-19 中 A 日之后，股价略经震荡便重新形成上涨趋势。

A 日的长下影 K 线是一个标准的主力诱空行为，这是主力资金在升势途中制造的一个相对简单的洗盘性质的诱空。当股价经过较长时间的上涨，积累较多的获利盘后，主力资金洗盘就不会如此简单，震荡洗盘往往会耗费较长时间，下跌幅度也相对较大。

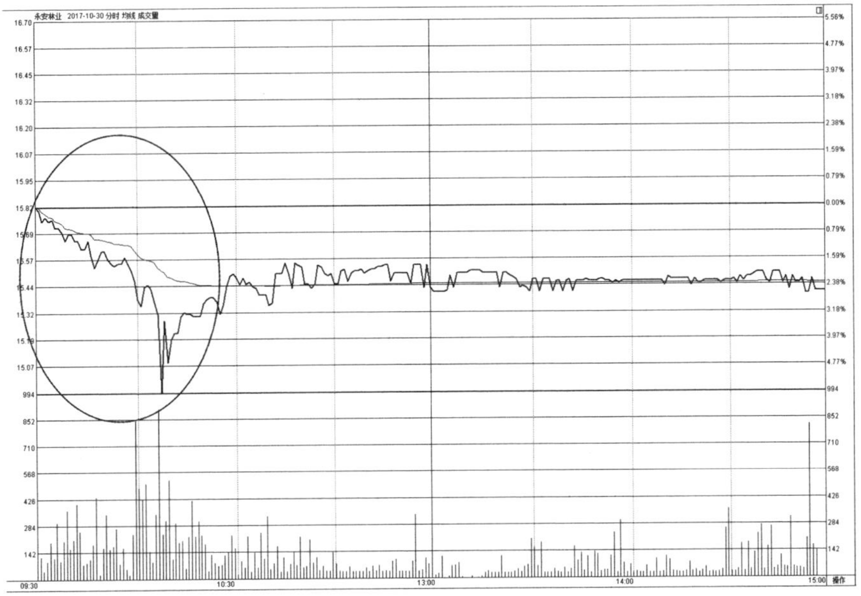
永安林业 2017-10-30 分时 均线 成交量
09:30
10:30
13:00
14:00
15:00

图 2-18

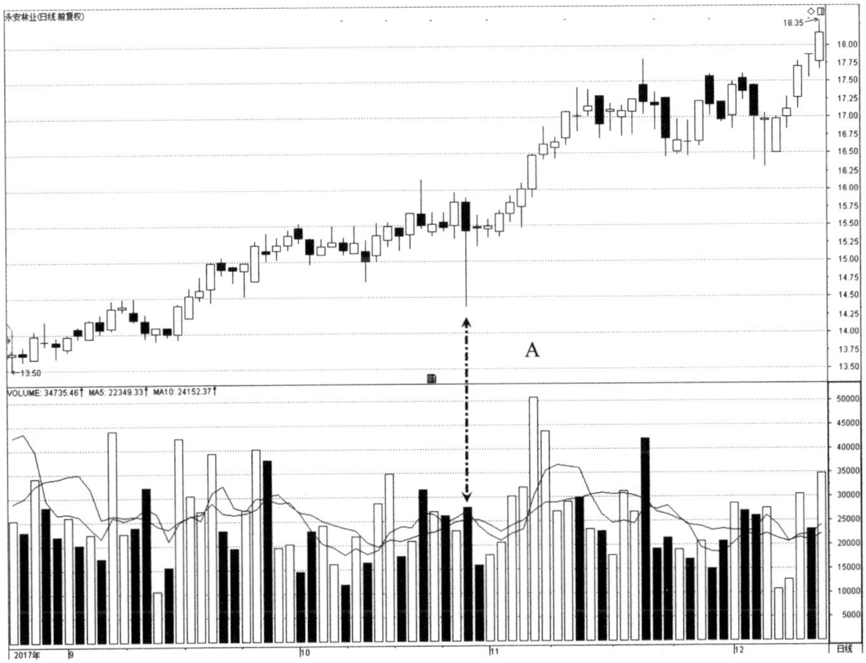
永安林业(日线 前复权)
18.35
13.50
A
VOLUME: 34735.46↑ MA5: 22349.33↑ MA10: 24152.37↑
2017年
9
10
11
12
日线

图 2-19

在跌势末期，主力资金为吸足筹码采取的诱空行为，大多采用大阴线甚至是跌停板的方式。只有形成足够强烈的恐怖氛围，才能获得较理想的诱空效果。

**2. 分时图上的“陷阱”**

分时走势由三条线构成，即昨日收盘线、均价线和现价线。

现价线的波动会形成当日高点和低点，这些高点和低点在当日现价线的后续运行中具有压力或支撑作用。当股价再次到达这些高点和低点时，往往都会受到一定程度的影响。例如，下跌时，在前低附近价位可能会得到支撑；上涨时，在前高附近价位可能受到压制。

股价突破当日高点和低点，说明上涨或者下跌得到进一步确认，股价可能将分时图中的日间趋向延伸到更高级别。

这是对股价突破前期高点和低点的常规认识，在技术理论上并无差错。实战中，主力会借用这些众所周知或传播甚广的理论来设置迷局，以达到诱多或诱空的目的。

（1）突破当日高点

借用股价上涨突破当日高点来进行诱多操作，这是主导资金的常规手法。

如图 2-20 所示，A 区域现价线波动中形成一个高点，之后股价一直处于回落走势中。至尾盘阶段，B 区域股价突然以 60 度角放量飙升，突破 A 区域高点并继续上涨。虽然收盘时略有回落，但股价仍在 A 区域高点之上。

这种股价放量急升、突破当日高点的走势无疑振奋人心，而且引人关注，对喜好跟风追高的人来说，具有非常大的吸引力。

在《盘口分时图核心技术》一书中，提到了一些注意事项，其中包括“弱势不追尾盘急升股”，这是从技术环境方面回避主力资金诱多陷阱的一条规则。其技术含义是：在弱势前提下，尾盘阶段急拉诱多的概率远大于真实的、具有持续性的拉升。

那么图 2-20 中尾盘急拉处于何种技术环境呢？

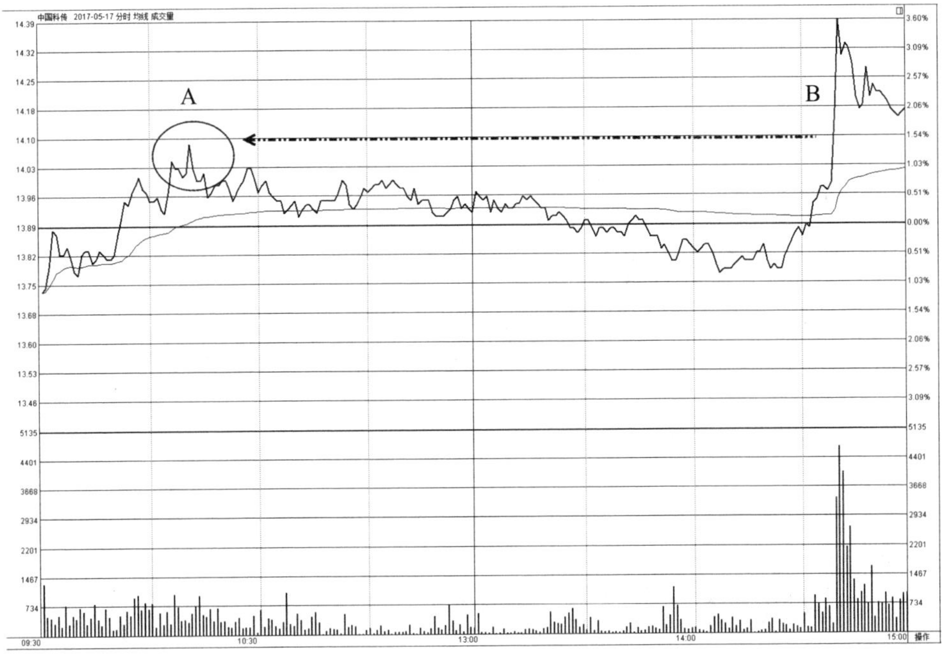


图 2-20

如图 2-21 所示，A 日 K 线为图 2-20 中分时走势形成的 K 线，从图中看，无论是均线系统（空头排列），还是 K 线、趋向、量能都没有倾向于多头的技术指向，整体明显呈下跌态势，K 线运行趋向也仍旧处于下行均线的压制下。

可能有人会说，A 日的量能有所增加。但从趋向来看，A 日仍旧处于明显的量能消散状态。别说 A 日量能增加幅度不大，即使出现量能激增，也只是一个变量形态，不可能是一个聚量形态。

可以看出，图 2-21 中 A 日明显处于弱势的技术环境中。也就是说，图 2-20 中尾盘急拉所处的技术环境是弱势！明确了这一点，对于尾盘急拉突破当日高点的走势，可以辨别出主力资金急拉诱多的意图。

股价上涨突破当日高点也有多种形式。如图 2-22 所示，该股早盘低开后股价急速拉升，在 A 区域形成第一个高点，回落后再次急拉，在 B 区域突破了 A 区域的高点。这种突破当日高点的走势极具诱惑性，会使交易者

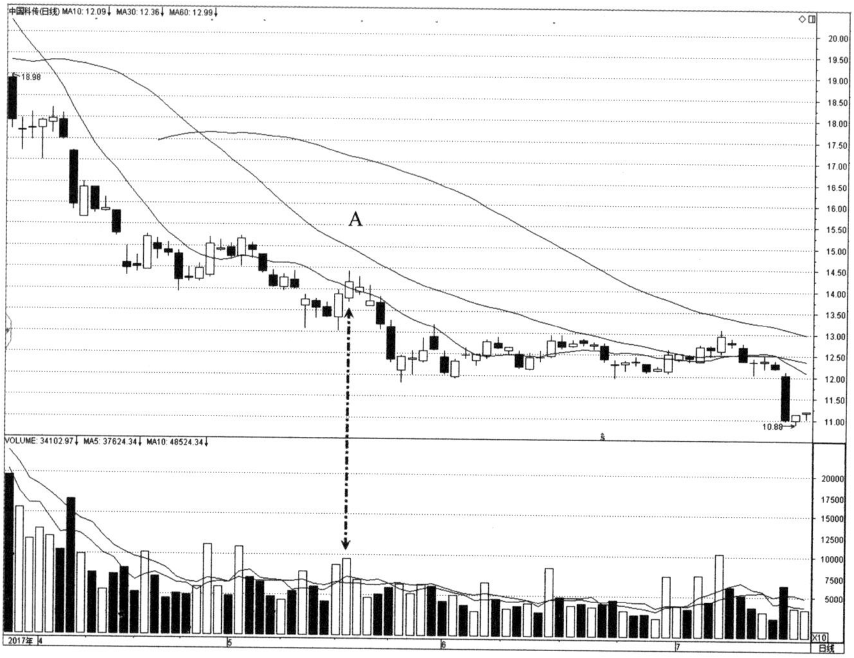
中国科传(日线) MA10: 12.09↓ MA30: 12.36↓ MA60: 12.99↓
18.98
A
10.88
20.00
19.50
19.00
18.50
18.00
17.50
17.00
16.50
16.00
15.50
15.00
14.50
14.00
13.50
13.00
12.50
12.00
11.50
11.00
VOLUME: 34102.97↓ MA5: 37624.34↓ MA10: 48524.34↓
20000
17500
15000
12500
10000
7500
5000
2017年 4
5
6
7
X10
日线

图 2-21

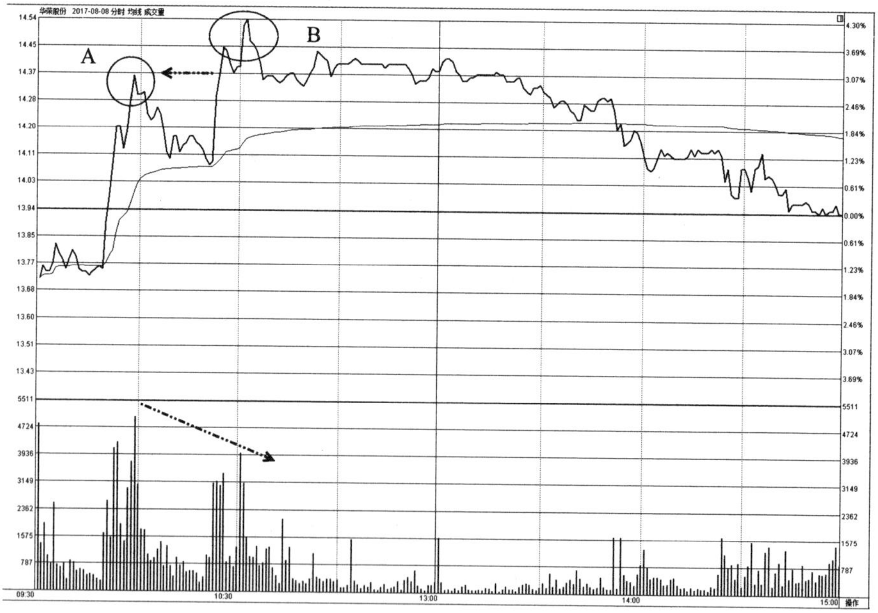
华荣股份 2017-08-08 分时 均线 成交量
A
B
14.54
14.45
14.37
14.28
14.20
14.11
14.03
13.94
13.85
13.77
13.68
13.60
13.51
13.43
4.30%
3.69%
3.07%
2.46%
1.84%
1.23%
0.61%
0.00%
0.61%
1.23%
1.84%
2.46%
3.07%
3.69%
5511
4724
3936
3149
2362
1575
787
09:30
10:30
13:00
14:00
15:00
操作

图 2-22

产生股价启动强势上涨的感觉，忍不住跟风追高。

但从中可以发现，B 区域突破当日高点的走势表现并不理想。成交量上，B 区域突破的量能整体小于 A 区域。可能有人认为量小说明压力小，突破很轻松，所以没有太大的量能。

如果长期做这样的分析，说明你是一个以主观愿望进行交易的乐观主义者。下面循着乐观主义的思路分析下去，看看逻辑上能否讲得通。

如果 B 区域真的是一个轻松突破的走势，那么在股价上必然会体现出来。实战中轻松突破之后，个股股价通常会直逼涨停板，或者具有相应的涨幅，否则就谈不上“轻松”突破。

图 2–22 中可以看到，从 A 区域到 B 区域的升幅只有 1% 多一点儿，之后股价就开始回落。1% 多一点儿的涨幅看上去突破得并不“轻松”，而且这 1% 的涨幅很快就被股价的回落“淹没”了。

“轻松”突破的量能却得不出“轻松”突破的结果，那么只能认定 B 区域的缩量并不是“轻松”突破。

那么是什么拖住了 B 区域股价大涨的后腿？是虚假突破当日高点和主力资金的减仓行为。没有其他理由能更好地解释有准备、有铺垫的这个过程，当日盘中和尾盘股价也并未大跌，显示出极好的控制力。

当然，主力资金某一日减仓并不等同于清仓出货，这一点也是实战分析中需要注意的。

理解这种诱多，可以提醒交易者哪些股票的上涨走势是不能追的。掌握了这一点，至少可以避免短线被套。

（2）突破当日低点

做股票交易的时间长了，大多数人都说过这样一句话：“这只股票要是不卖，我就赚大了！”

对持仓者来说，稳定地持有质地优良的股票并不像想象中那么容易，股价的波动和震荡会时刻刺激你，让你频繁做决定，做出交易行动。排除熊市极端下跌阶段，其实大部分交易时间内，控制和减少操作频率是获利的法宝。

主导资金却不会这么认为，如果大多数交易者保持理性冷静的状态，主导资金混口饭吃都难。浑水摸鱼、指东打西才是主力的行事作风，所以主力会利用高点诱多，当然也会利用当日低点诱空，让交易者在低点“缴枪”。

如图 2–23 所示，该股开盘不久就出现 A 区域的第一个低点，之后股价折返震荡。跌破这个低点时，下跌角度达 60 度且量能放大，足见当时抛盘的汹涌。

突破当日低点时，主导资金先以对倒的方式大单砸盘，现价线下跌角度陡峭，引发部分持仓者产生恐慌。当股价以自由落体下跌时，“崩盘”这个词会在持仓者的脑海里呼啸回荡，最终恐惧吞噬所有持仓不动的理由，而卖出将会得到安全的心理暗示，于是很多持仓者选择加入抛售的队伍。

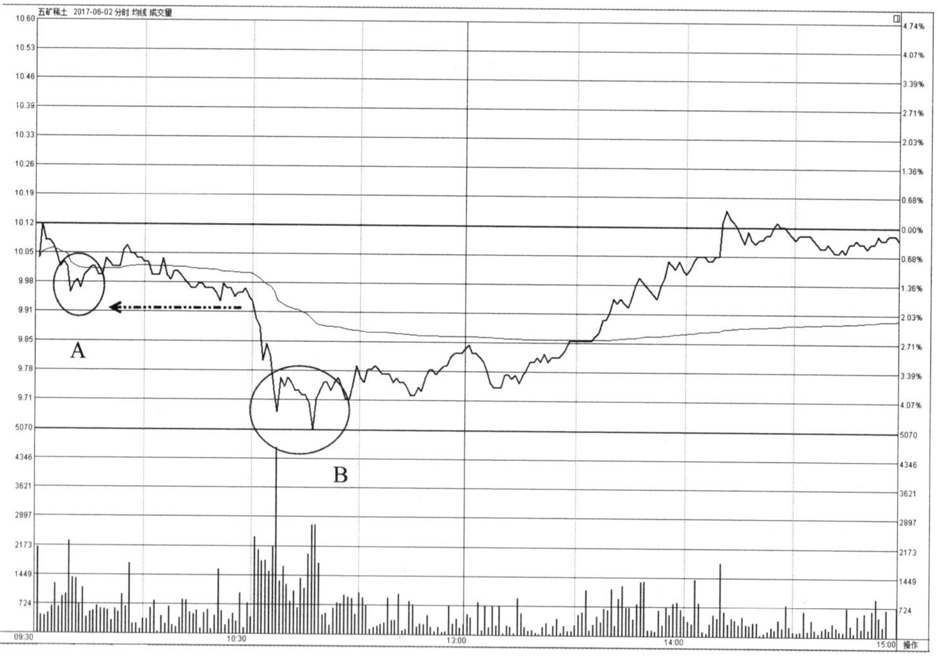


图 2–23

B 区域的低点之后再出低点，股价新低很快又被刷新，量能在这里表现得也最为密集，显示出杀跌之惨烈。然而，B 区域之后，本该走向绝地的股价反而折返向上，收复当日大部分的跌幅。在股价回升走势中，主力诱空的目的已经非常明确。

多数经过长时间下跌的个股，某日盘中出现大幅放量急跌，大概率会出现阶段性的低点。该案例中，个股当日创出一个新的低点后，三个月的时间里股价几乎翻番。

（3）整数关口

整数关口是指股价运行到整数值时，上涨往往会遇到压力，下跌得到支撑。

整数关口的压力和支撑来自市场心理关口以及主力控盘的需要。整数关口的压力或支撑大多仅存在于市场心理层面，并不是说在这一点位真的存在支撑或压力。

很多时候，主力资金会利用整数关口的心理作用，暗示交易者采取买进或者卖出的行为。主力资金利用整数关口进行诱多或诱空，在市场中已经不再是秘密。

如图 2–24 所示，A 区域现价线跌落至每股 10 元的整数关口附近时，出现震荡盘整走势，随后得到支撑向上回升。

案例只是该股在 10 元整数关口上某日分时走势中的走势情况，如果看 K 线图，在 10 元整数关口位置，股价来回震荡持续了很长时间。主力资金利用其中的震荡反复诱多或诱空，来达到吸筹或减仓的目的。

A 区域之前，现价线跌破收盘线、均价线支撑持续下行，至 A 区域震荡盘整。这个过程中并无明显激增的成交大单密集出现，说明主力并不想对倒砸盘，逼迫卖单大规模现身，而是更愿意通过现价线的下行和横向震荡清理部分躁动的筹码。

主力资金并未大力对倒砸盘，使得诱空洗盘并不彻底，部分咬牙坚守到最后一分钟的持仓者还是等来了 A 区域之后的拉升。

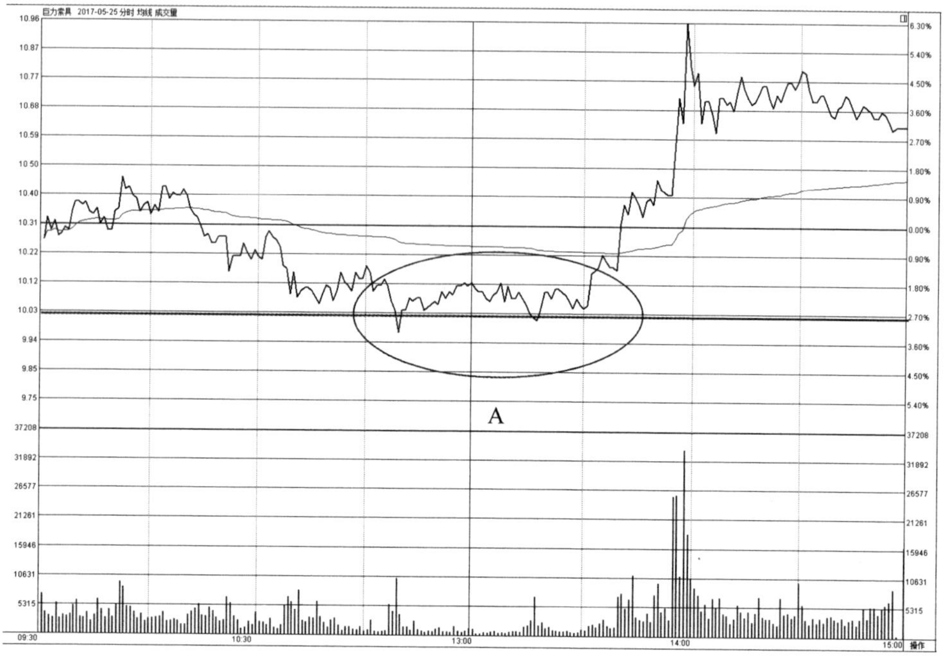


图 2-24

为什么主力不来一个更彻底的诱空洗盘？在每股 10 元的整数关口止跌，似乎有点到为止的意思。

个股所处的技术环境不同，是主力选择不同诱空强度的主要原因。

由于某种原因，案例中个股主力资金并不愿意在目前阶段来一场轰轰烈烈的阵地战，所以没有将大部分跟风者逼迫出局，否则有悖于边打边撤的策略。在之后的股价运行中，该股主力资金时而诱空，时而诱多，尽力降低持股成本，这也是实战中经常会遇到的主力操作类型之一。

## 六、制造恐惧和希望——折返和折磨

关于主力资金的操作手法，除了上面讲到的部分“阴谋”外，有时主力也会使用“阳谋”。

具有一定技术水平的交易者经过分析判断，能够发现主力筑底、挖坑等行为，但是即便知道主力在干什么，最终还是会在股价来回反复的波动中迷失方向。不少交易者过早卖出持仓股票后，看着之后飙升的股价往往会扼腕叹息：再忍那么一会儿不就赚了吗！该受的罪受了，该享的福却没享到！

利用股价折返制造恐惧洗出跟风筹码，或者利用折返中的反弹吸引追涨者进场，都属于主力资金“阳谋”的内容。

折返是价格常规的波动形式，是多空盘中角力的正常表现。

无论哪种角度的上涨和下跌，只要不是封住涨停板、跌停板，那么就存在折返。涨势中的折返也可称为回落调整或回档，跌势中的折返也称为反弹。

如图 2–25 所示，分时走势跌势中的折返就是股价下跌途中出现的级别不等的反弹。这种类型的折返在跌势中出现时最能消耗做多动能，将参与抢反弹做多的市场资金尽数套牢。但是，主力制造折返的目的不同，其消耗市场做多动能的意义也不一样。

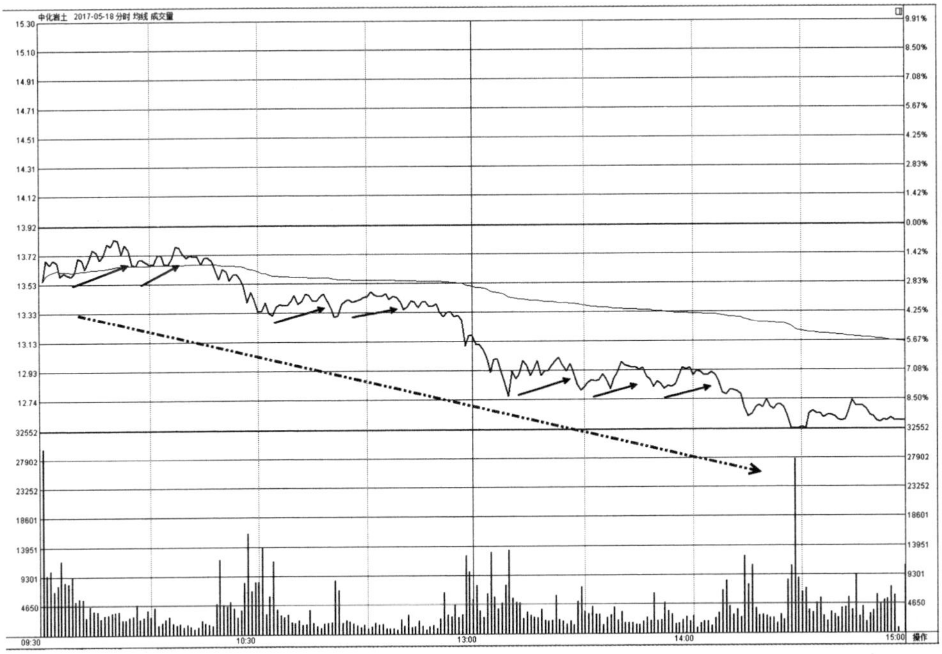


图 2–25

交易者应对股价折返的方法，首先是分析折返和股价强度的关系，其次是不可跟随股价运行方向产生相应的情绪与心理波动。

比如，涨势中折返时间短，幅度小，说明做多力量处于优势地位，这种优势地位延续到之后交易日的概率较大，同时意味着存在的压力相对较小，之后股价极有可能进入快速拉升阶段。涨势中折返的时间长，说明股价目前的涨升强度不足。折返幅度大，说明股价遭受的打压相对较重。当然，这种走势也可能是主力资金有意为之。

频繁出现的折返是各方资金逃逸与回归的过程。有人认为目前股价还会继续下跌，也有人认为可以入场抢反弹，表明市场资金并未达成共识。

无论涨势还是跌势中，股价反复折返都会令大部分持仓者度日如年。在股价的震荡中，一些持仓者的心态会逐渐发生变化，由最初的信心十足，逐渐过渡到失去耐心，被烦躁情绪缠绕。随着折返的时间延长，折返次数增加，这种情绪会进一步演化为恐惧。

之后，股价折返中每一次小的“跳水”，都仿佛敲在自己的神经上。几次三番后，持仓者已被累积的恐惧情绪笼罩，忘记之前所有的买入理由，只记得股价将要开启下跌。

如图 2-26 所示，A 区域该股股价处于盘整震荡阶段，在这个过程中，股价多次发生折返。现在看这张静态的 K 线图，感觉不到有什么特别之处，似乎股价就是出现一些小幅度的回落。但如果你是持仓者，尤其是短线交易者或者仓位比较重，那么这些折返会让你如坐针毡，因为股价每一次小“跳水”，都会让你觉得是真正下跌的开始。

即使部分持仓者熬过了个股的这种折返阶段，也难逃另一种“折磨”：指数或者其他个股纷纷飙升，持仓的个股却一直在做这种似乎原地不动的“磨蹭”，时间久了，交易者会有一种持仓踏空行情的失落感。

当交易者被恐惧或者失落等不良情绪困扰，随后采取的交易行动就很难有理想的结果。这就是主力资金常用的“阳谋”，即折返和心理上的折磨。

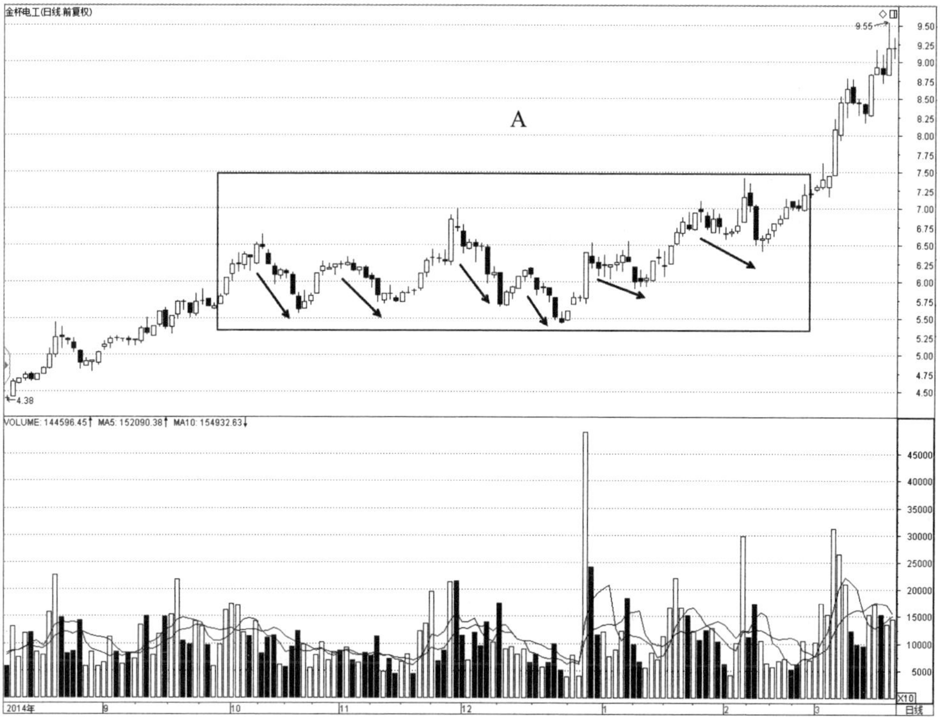


图 2-26

主力资金不但会利用恐惧或者失落情绪，有时还会给交易者提供“希望”，让心如死灰的交易者“复活”，只不过主力提供的“希望”往往如烟花般一艳而绝。

在长期熊市行情中，一段时间的下跌过后，某些个股股价会出现跌不动的情况。出现这种情况，大多是因为持仓者严重被套，产生了绝望情绪，不愿意再进行操作了。

解决这个问题其实很简单，心病要用心来医！既然股价下跌让持仓者绝望，那么就用“希望”来医治。实战中，某些个股跌到“跌不动”了，就会突如其来收出一根大阳线，或者突然大幅高开，同时伴以“赏心悦目”的成交量，如图 2-27 所示。

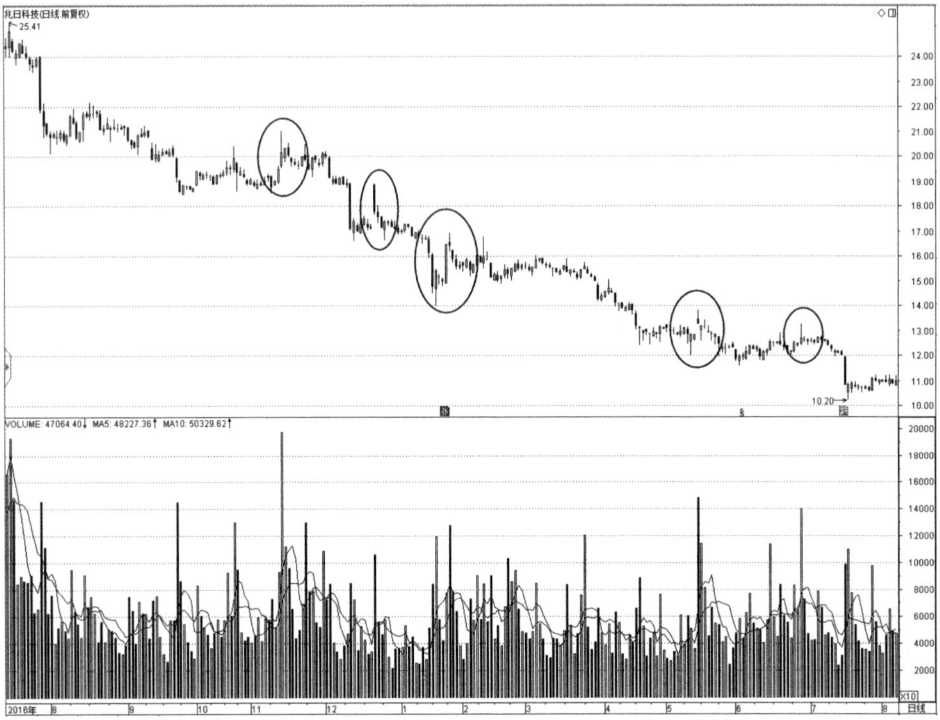


图 2-27

如果一根大阳线能够解决“绝望”的问题，那么主力资金绝不会用两根；如果一个高开就激活持仓者加码买进，那么高开之后就会突然往下跳。解决“绝望”，可以用“希望”，而希望破灭无疑是制造恐慌和绝望的绝佳原料。于是实战中经常可以看到，某些原本“跌不动”的个股，又一次“焕发青春”，加入了持续下跌的队伍中。

技术派交易者首先要做到的也是最基础的一点，是心理不能受行情控制，不因涨而买入，不因跌而卖出。

专业交易者会将突发情绪程序化，有固定的应对方式。当恐惧和希望这些情绪在交易中能被利用，而不是影响自己的交易决策时，那么你的好日子就来了。

## 七、无间道

股票市场上，一些主力并非仅凭资金优势单打独斗，而是和目标上市公司之间有千丝万缕的联系，甚至与上市公司沆瀣一气，利用上市公司发布虚假公告、营造利好或利空消息混淆视听，愚弄交易者，以达到双方共同攫取暴利的目的。

2016 年 8 ~ 12 月，某股票股价连续大涨，涨幅超过 100%，如图 2–28 所示，这种反常现象触发了深交所大数据监测系统的警报。监管人员调查发现，有 200 多个个人账户频繁交易这只股票，而且这些账户的获利惊人，甚至超过 6 亿元。

在随后的调查中，监管人员发现某操盘手参与炒作的痕迹，并从其银

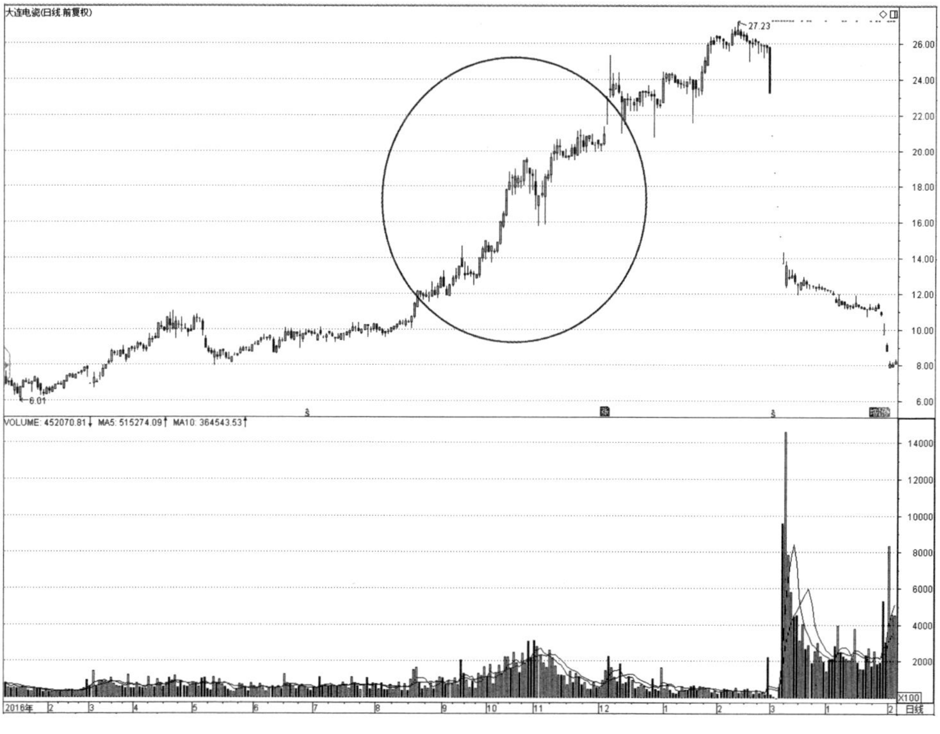


图 2–28

行账户的资金往来上发现与配资方的关联。表面上看，这是一起主导资金疯狂操纵股价暴涨的案例，然而接下来的调查让监管人员大吃一惊：深交所系统监测到一个 10 亿元的机构账户频繁交易该股票，这比那 200 多个个人账户搅起的风浪可大多了。

通过注册信息，监管人员发现这个机构账户背后投资方与某集团的办公地点一致，而且机构负责人竟然是被炒作的上市公司实际控制人的儿子。

上市公司实际控制人的儿子的出现让监管人员意识到，案件远比早先呈现的局面复杂得多，股价异常上涨可能远非普通的主导资金炒作所致。

随着调查的深入，监管人员发现，这个案件的隐蔽性非常强，涉嫌的账户不是最初确认的 200 多个，而是多达 600 个，并且这些账户分散在 78 家券商营业部，占到了全国券商总数的 2/3，遍布 20 多个省市。为了规避交易所的监控，今天用过的一批账户之后不再使用，而是换一批继续操盘。

通常来说，这么周密的计划和安排很难被监管系统发现。该秘密之所以会“浮出水面”，一方面是“法网恢恢，疏而不漏”，另一方面是其内部出现了问题。

上市公司实际控制人的儿子以配资形式购买自家公司股票，邀请操盘手进行操盘，双方约定如何分成，然后开始交易。他们利用资金优势，以及对该股票信息披露的控制权，借释放利好之机攫取暴利。有上市公司的背景在，又有周密的计划安排，可以说这是一桩稳赚不赔的交易。但在操盘过程中，操盘手并没有按照事先约定的比例配资，而是私自提高杠杆率，并用配资资金买卖其他股票。后来上市公司股价大幅波动，操盘手操作的另外一只股票连续出现两个跌停，导致配资账户被出资方强制平仓，使得控盘方不得不用某集团公司账户的资金维护股价。正是由于这笔资金异常出现并被深交所系统监测到，才使得案件真相大白。

还有一些上市公司大股东明知道公司业绩大幅度下滑，自己手里持有的股票将面临暴跌，却故意发布虚假公告，借机抛售股票。

如图 2–29 所示，该上市公司在 A 区域发布公告，称第三季度盈利 800

余万元并预计全年盈利，到了 B 阶段却突然修正业绩公告，称预计全年亏损 4.8 亿 ~ 6.3 亿元。短短 2 个月，业绩相差数亿元。其间，该上市公司实际控制人利用预盈的利好消息，以大宗交易的方式大量抛售持有的股票。

有时作为散户交易者不得不感叹，主力的无间道玩得实在高明，甚至分不清哪是主力，哪是上市公司，抑或是二者本就你中有我，我中有你！

作为散户交易者，由于各方面都无法匹敌对手，要想在这个市场中生存，仅仅抱怨不公平是没有任何作用的，只能认清自己的弱势地位（这一点很重要），努力找到适合自己的生存方式。

比如，当利好消息出现时，首先要想到利好消息的可信性。散户不可能是最先知道利好消息的，甚至有可能是最后一个知道。看到利好消息时，大多数人做出的反应很可能已经在主力的算计中，或者说已经体现在股价的涨跌中，这时候跟随股价的方向操作，无异于与虎谋皮。

图 2–29

# 第五章　试盘阶段主力行为特点

耐心是制胜的关键，信心是成功的保障，频繁换股是二者都不具备的表现。

——《K 线图核心技术》

## 一、试盘的目的

实力资金进驻目标个股之前，除了要调研上市公司的基本面，还要测试个股的技术面。主力资金在拉升股价和出货前，有时也需要进行试探性的买入或卖出，以测试市场的支撑与压制力度。总而言之，这种具有测试性质的买入或卖出被称为试盘。

无论是准备进驻个股的实力资金，还是已经进驻个股的主力资金，试盘都不是真正的买入或卖出，其操作重点在于测试市场，但二者之间的侧重点有所不同。

实力资金试盘的主要目的在于测试目标个股中有多少活跃的存量资金及其性质。具体来说，实力资金要摸清目标个股中是否已有主力资金存在。

可能有人会说，个股有没有主力资金，看盘不就知道了，有必要试盘吗？大资金入场远非散户想象的那么简单，如果目标个股中已有资金在运作，那么这个资金的实力如何，是短线操作的主导资金还是着眼于中长期投资的主力资金，这些仅凭盯盘来分析判断需要较长的时间和过程，短时间内不可能分析清楚。同时，大资金入场时的审慎性绝非散户资金可比，未经真实的对抗测试，难以全面衡量对方的虚实。

想在一定时间内摸清个股中存量资金的性质，最直接、最节省时间的做法就是伪装成对手盘，在关键的技术点位进行多次攻击，对方的反应将直接提供答案。

实力资金多次试盘后，基本能够确认目标个股中有无主力资金。如果其中以散户为主，还可以分析出有多少散户处于活跃状态。如果其中有主力资金，那么就要综合评判目标个股的价值，有无必要进行合作性的联庄、换庄，抑或是采取主动攻击的方式争夺筹码，或者放弃该股，重新选择目标股。

主力资金在运作个股行情的各个阶段，有时也需要试盘，原因大致有三点：一是资金方面的考虑，二是确认支撑或压制，三是确认筹码的活跃度。

比如升势中，股价接近历史走势形成的密集成交区时，为避免过多消耗己方资金，主力会不断采取试盘的方式测试密集成交区存在的压力，然后再选择不同的应对手段。

再比如，通过试盘可以测试出某一价格区域的活跃筹码数量，然后决定是拉高股价再吸筹，还是打压股价吸筹。活跃筹码数量过少会影响主力的建仓速度，当某一价格区域难以收集到足够的筹码时，股价必然会上涨或下跌。

试盘期间的成交量通常会以极为突兀的变量形态出现，其 K 线图也往往极不规则，难以分析判断后续操作的逻辑性。唯有这种突然性，才能发挥试盘的效果，同时在盘面上留下游资突袭的特征，不易引起原有资金或者市场资金的关注。

如图 2-30 所示，技术环境方面，该股处于长期下跌趋势中，成交量一直比较低迷。A 区域成交量出现变量形态，股价也出现一段快速反弹的走势，但是随后便再次回归跌势。

A 区域的技术图形非常符合短期操作的主导资金风格，可能很多盯盘

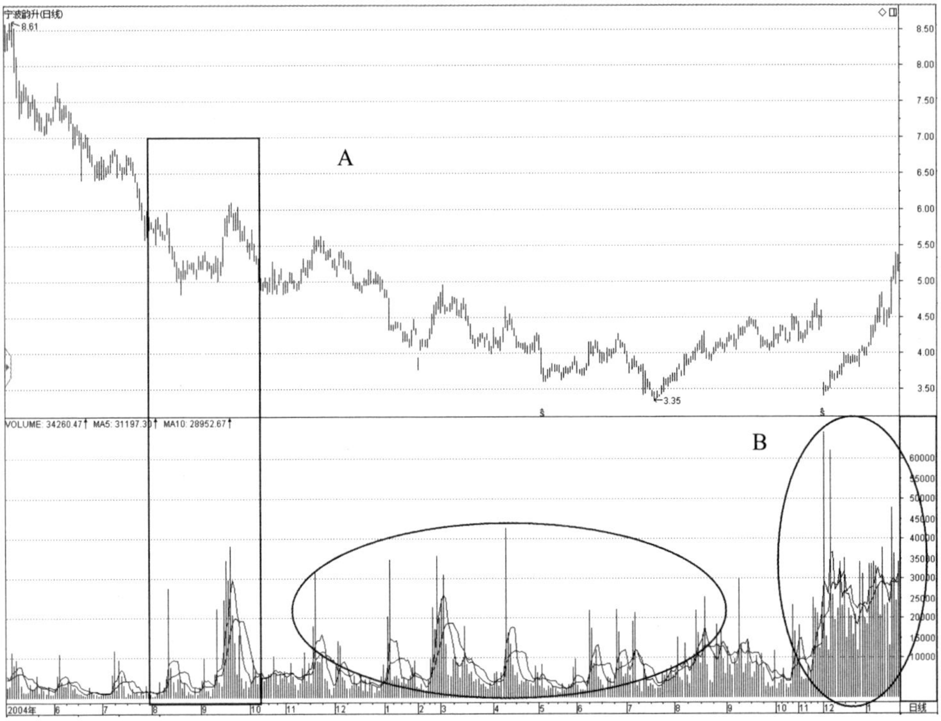


图 2–30

者也会将这种操作视为短线套利的主导资金所为。但是在随后的股价运行中，可以发现成交量相比A区域之前有了极大的变化，即多次频繁出现变量，而且量能整体远大于之前。这种情况至少可以说明，该股的交易活跃度自A区域后大幅增加，但是股价仍在不断折返中下跌。

A区域是该股量能变化的源头。这一点上的变量如果是主导资金的短线套利行为所致，那么之后无论股价还是成交量都会复归于当初的态势。A区域之后，股价回归跌势，成交量却一反常规，显示极其活跃的势头，这个特征足以让熟悉成交量理论的交易者发现其中隐藏的秘密。

A区域突然出现的变量是一个试盘行为，之后实力资金结束试盘，利用股价下跌趋势开始建仓。因建仓资金介入，股价有所抬升，之后主力便会通过对倒再次打压股价，使其下跌，反复利用股价的折返吸纳筹码。B

区域属于该股除权后出现的密集成交情况，这种不再遮遮掩掩的放量状态说明主力资金的建仓行为已经接近尾声。

通常来说，实力资金都是基于中长期操作规划做出试盘动作，而对大部分短炒的主导资金来说，其试盘和建仓、拉升等已经融为一体，甚或某些主导资金不存在试盘行为。

## 二、测试压制强度

实战中经常会出现这种情况：涨势中，有些个股股价接近上方的中长期均线或是前期密集成交区时，明明一根长阳线形成了突破，可是当日盘中或者之后的交易日，股价却出现受阻回落的态势。

从技术环境分析的角度来说，如果个股股价经过长期大幅上涨（长期大幅上涨的个股，上方很少会有中长期均线以及密集成交区存在），出现上述长阳线受阻回落走势，可能是主力资金的诱多行为，否则极有可能只是主力资金的试盘行为。

这种情况下出现的主力资金试盘行为，其意图在于测试上方存在的压制强度。如果上方压制强度较小，主力也并没有洗盘等技术上的需求，那么股价很快就会重新转为上攻。反之，股价的回落幅度甚至可以达到中期调整的程度。

如图 2-31 所示，股价处于涨势中，在 A 区域出现了一根长阳线，似乎形成对前期密集成交区的突破，但是随后股价并没有延续升势，而是向下回落。经过回落，股价才真正突破前期密集成交区。

实战中，类似 A 区域的长阳线就是一次试盘行为，目的在于测试前期密集成交区的压制强度。如果主力发现这个密集成交区存在大量套牢盘，那么很少有主力采取强行向上突破的方式，除非受制于时间等因素不得已而为之。

多数情况下，上方的压制强度决定了股价回落调整的时间和幅度。如果上方压力较大，主力会通过不断的股价折返或者横向震荡盘整，以及制

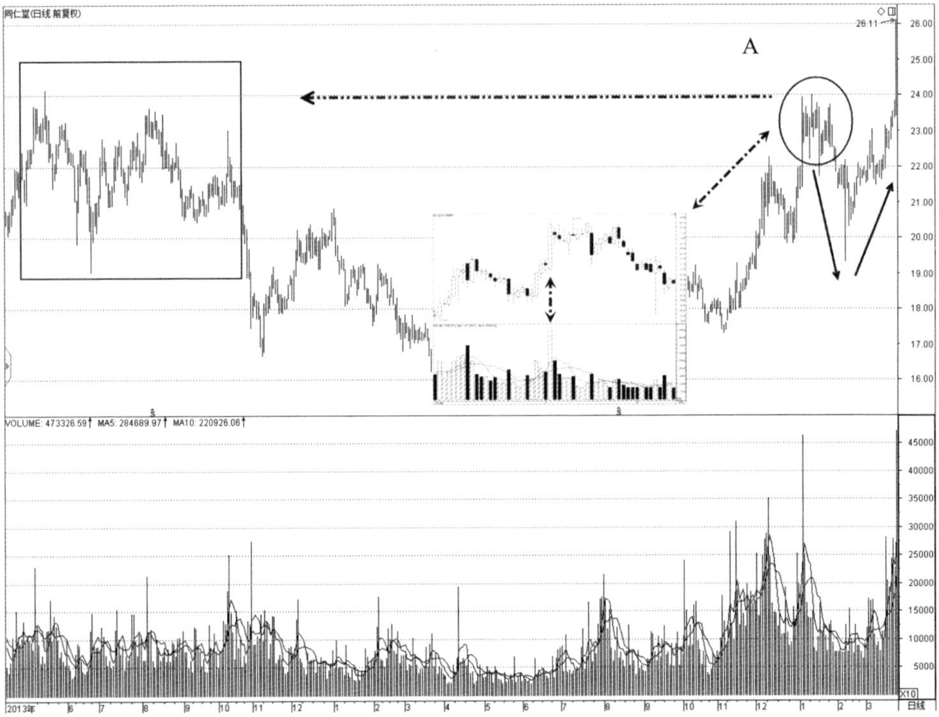


图 2-31

造恐慌性下跌，使部分套牢盘松动，在该区域实现大量换手，以减轻上方的压力。

对被套资金来说，相比前期下跌期间的亏损，目前股价已经接近自己的成本，亏损额大幅减少。但是眼看就要解套甚至是盈利，股价却又一次下跌，不久前深套巨亏的痛苦回忆会再次浮现，因此很多被套资金会选择在这里止损。随着套牢盘不断松动和减少，其存在的压制强度当然也就不断降低。

主力通过这种试盘行为，至少可以达到五个目的：一是测试压制强度，二是补充低位筹码，三是在折返中降低持仓成本，四是消化上方压力，五是借机洗盘，清理低位跟风的获利盘。

## 三、测试支撑强度

主力在低位吸筹建仓和拉高出货期间，都会有测试性质的故意打压股价行为，只不过因技术环境不同，打压股价的目的存在较大的区别。

前文讲过，主力在低位吸筹建仓期间，通过试盘可以测试某一价格区域的活跃筹码数量，以决定是拉高股价再行吸筹，还是打压股价继续吸筹。

如图 2–32 所示，该股股价出现多次向下折返。当主力资金多次测试后，感觉目前的低位已经难以压轧出多少筹码时，便会逐渐抬升建仓区域。主力资金多次打压测试的价位低点，也会成为个股未来极为强劲的支撑带。

个股经过长期大幅上涨后，主力资金在集中出货之前，也会进行多次试盘，以测试目前阶段市场有多少承接盘和恐慌盘，也就是测试当前股价的支撑强度，以便为之后的出货打好提前量。

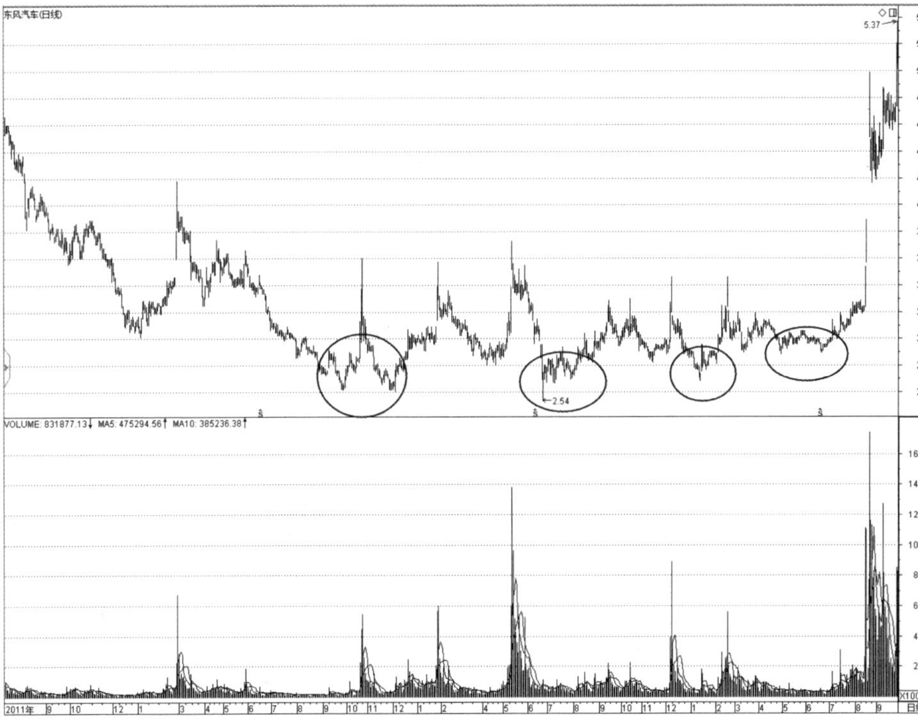


图 2–32

如图 2-33 所示，股价回落测试支撑，之后虽然回归上涨，但这里出现的试盘行为，意味着股价距离最后的出货阶段不会太遥远。

这个阶段的试盘行为，既可以让主力测试出当前是否符合出货的技术条件，也可以让市场资金形成习惯和思维定式，即股价回落后还会涨回来。同时，部分跟风资金见到股价下跌出逃后，发现股价转为上涨，还会再次跟进。这样就垫高了跟风资金的持仓成本，可以在一定程度上避免跟风资金因为获利丰厚而提前出逃，为主力出货添乱。

经过试盘，如果主力资金感觉目前价位支撑非常强劲，那么之后就会稳扎稳打进入拉高出货阶段。如果支撑强度一般，那么主力资金会通过对倒等手法尽量制造股价强势的市场氛围，或者利用折返相对缓慢地出货，甚至是打低价位出货。

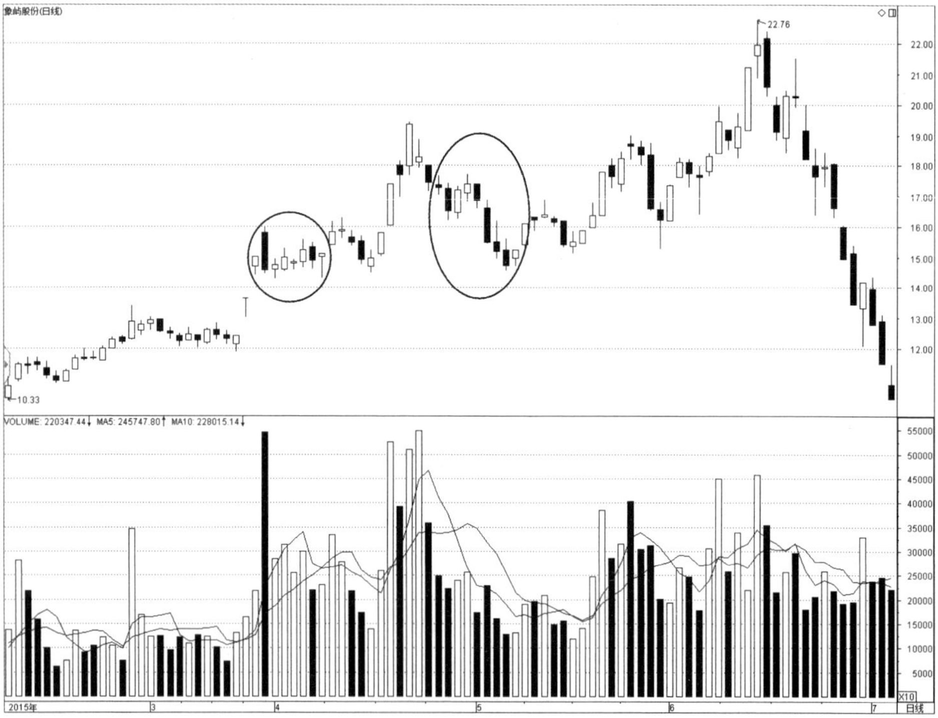

图 2-33

## 四、利用大盘环境试盘

不论是实力资金选择目标股，还是主力资金测试盘中压力与支撑，在展开试盘行动时，主力都会巧借大盘不同的环境进行操作。大盘指数强弱环境不同，市场资金的参与意愿也会存在极大的差别。根据大盘强弱环境的不同有选择性地试盘，往往能起到事半功倍的效果。

比如，大盘指数处于弱势调整或者持续下跌期间，入场试盘的资金既可以尝试性买入，以测试跟风资金的多寡，是否有资金大单趁机出逃，也可以用事先购入的筹码砸盘，以测试恐慌盘的集中度，是否有资金盘中护盘。在大盘指数处于强势上涨期间，入场试盘的资金通过尝试性买入，可以测试是否存在大单激烈争夺筹码的情况，同时可以分析盘中流入资金的性质。通过逆向砸盘，则可以分析市场承接力度，同时判断盘中资金的性质。

某股 4 个交易日的 K 线如图 2–34 所示，大盘指数同一时间的 K 线如图 2–35 所示，对比两张 K 线图这个特定时间段的差异可以发现三点。

其一，最初的两个交易日大盘指数下跌，该股却逆向涨升。

其二，第三个交易日，大盘指数大幅低开后有所收回，该股虽然也低开后收回，但跌幅小于大盘。

其三，第四个交易日，大盘指数探底回升报收中大阳线，同时收复前一交易日的失地。该股却再次低开且低开幅度较大，虽然最终有所收回，报收长下影线，但当日仍有较大跌幅。

通过 4 个交易日的对比，再结合技术环境分析，可以认为该股具有资金试盘的特征。

首先，最初两个交易日，大盘下跌时的逆向涨升可以测试盘中敢于跟风的资金，以及大盘大幅下跌引发的恐慌性出逃资金数量。同时，在大部分个股跟随大盘下跌时，该股却逆市飘红，可以测试市场资金对该股的关注度。

其次，第三个交易日该股基本和大盘同步，只是幅度上略有差异，通

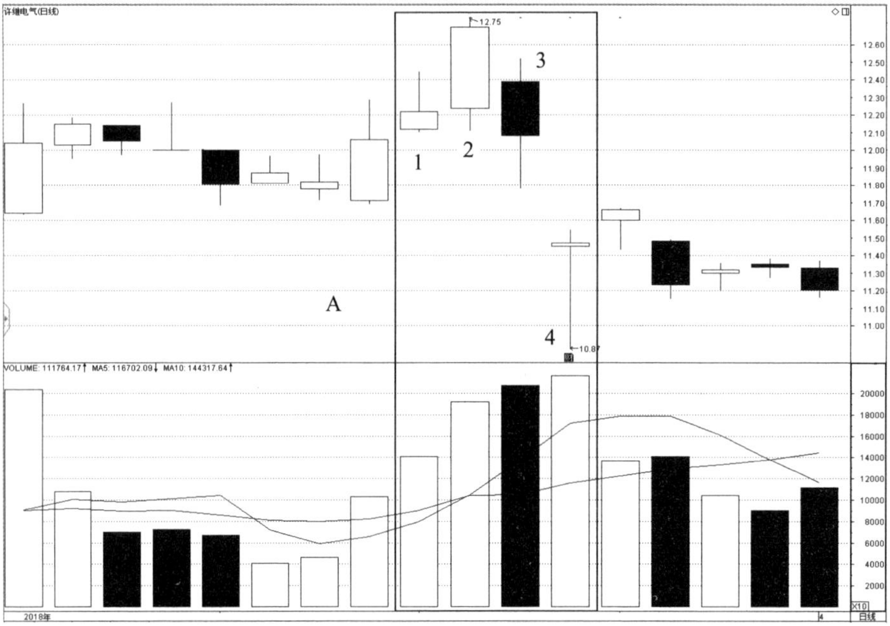
许继电气(日线)
12.75
1
2
3
4
A
10.87
VOLUME: 111764.17↑ MA5: 116702.09↓ MA10: 144317.64↑
2018年
日线

图 2–34

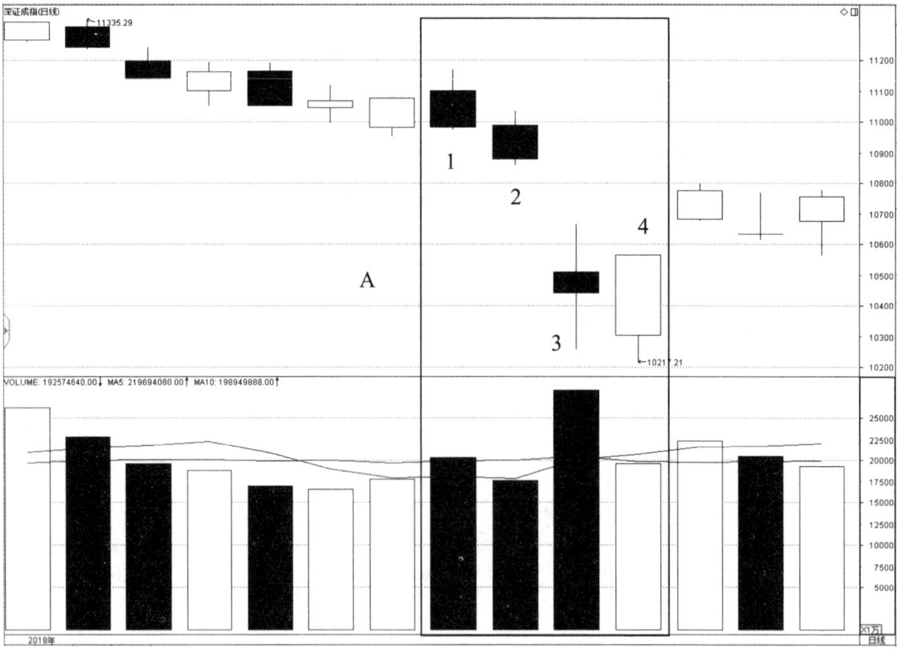
深证成指(日线)
11335.29
1
2
3
4
A
10217.21
VOLUME: 192574640.00↓ MA5: 219694080.00↑ MA10: 198949888.00↑
2018年
日线

图 2–35

过顺势打压和盘中逆向拉抬，可以测试盘中资金的抵抗强度。

最后，第四个交易日，在大盘回升反弹时，该股前几日逆市飘红的强势好像突然消失。通过这个交易日的分时走势，可以对比分析当时大盘和个股在走势上的差异。

大盘指数当日分时走势如图 2–36 所示，当日大盘大幅低开后探底，但很快就开始回升并收复昨日收盘线，回升幅度超过 2%。对指数来说，这个回升幅度可以算是非常强劲的。之后指数在昨日收盘线上下震荡。尾盘最后一个小时，指数再次出现拉升，上涨超过 1%。

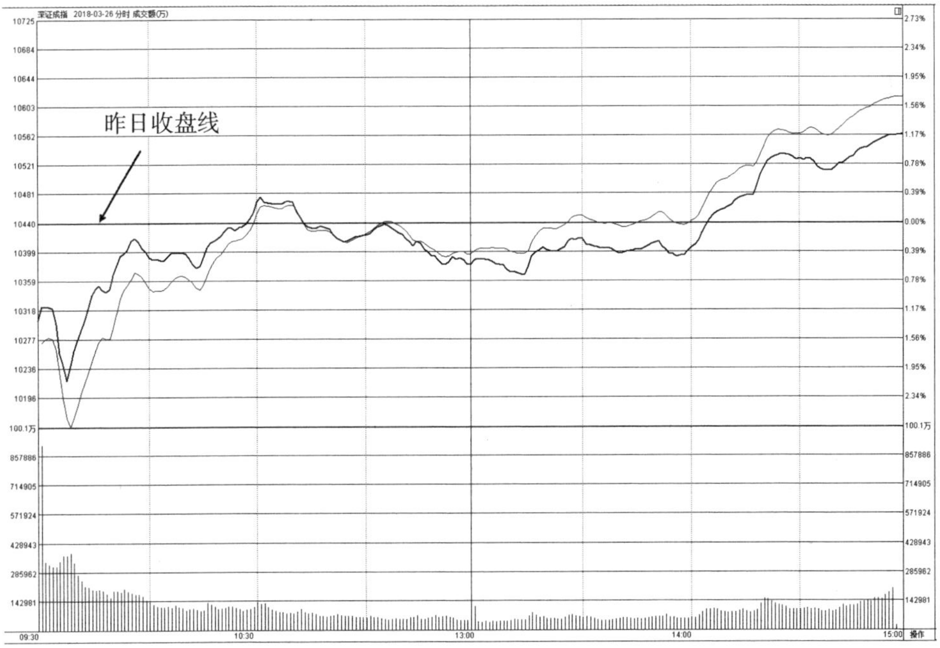


图 2–36

该股当日的分时走势如图 2–37 所示，该股同样低开探底，一度跌至跌停板价位，这个阶段走势和大盘指数基本同步。之后大盘指数强劲回升时，该股的回升力度却颇为羸弱，并且一直持续至收盘。

主力利用个股与大盘指数之间的强烈对比，可以有效逼迫盘中资金做出反应。这种手法不仅存在于逆市上涨阶段，也存在于逆市下跌或落后于大盘指数的个股上。压迫个股股价的反弹欲望，就等于迫使存量资金（筹码）选择出局或者被动拉升。多次测试后，当没有资金可以拉动股价时，存量资金的性质也就基本明晰了。

同时，试盘还可以借机测试盘中活跃资金的数量，以及该股在市场上的影响力。在大盘暴跌的同时大单打压，也可以测试当前阶段股价的支撑强度和市场资金的关注度。

在这个案例中，试盘资金利用大盘指数短期内的震荡下跌以及回升反弹，有效测试了该股在大盘涨与跌两个环境中的资金表现，用较短的时间摸清了个股存量与增量资金的性质，以及盘中跟风、抄底资金与恐慌盘的数量。

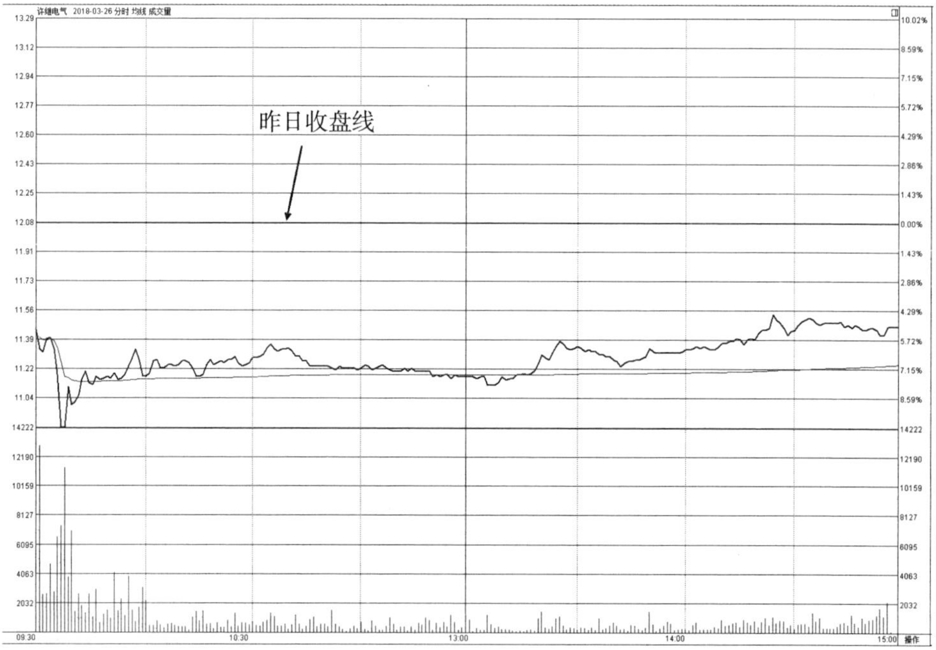


图 2–37

# 第六章 建仓期主力行为特点

市场大跌是测试个股股价支撑力度的好时候，不要放弃这个难得的选股时机。

——《K线图核心技术》

## 一、建仓与筑底

经过了试盘阶段，如果实力资金对于目标股的综合评判比较满意，那么接下来就将进入吸筹建仓期。

大部分实力资金选择吸筹建仓的时机都是在大市整体处于下跌或者熊市的中后期，因为在这种市场环境中很多优质个股的估值等各方面优势会渐渐体现出来，同时也因为处于跌势环境中多数市场资金不敢轻易涉险入场，从而可以避免抢筹等因素的干扰，建仓过程比较顺利且快速。

当大部分实力资金开始在跌势中建仓，也就说明熊市行情已接近尾声，即将迎来一轮轰轰烈烈的牛市，这也是牛市形成必需的资金基础。如果只有部分实力资金愿意在跌势中建仓，其他实力资金仍旧看淡后市，大资金之间存在不小的分歧，那么之后大势行情保持震荡或延续跌势的可能性更大。

当然，也存在实力资金在涨势中建仓的情况，即行情一有苗头，热钱不请自来。这些后知后觉的资金，其建仓方式与跌势中建仓的资金有较大的区别，因为没有充足的时间让他们从容选择和布局。

随着实力资金入场建仓，处于跌势中的个股会逐渐止住下跌的脚步。这是因为经历了长期的跌势，盘中被套的持仓者在目前价位已经不愿意割肉离场，所以建仓资金很难再吸纳到足够的筹码。

既然打压股价已经难以起到逼迫筹码出逃的效果，那么只能拉抬股价到某一区域，比如密集成交区，之后再度向下对倒砸盘，制造恐慌情绪逼迫持仓者出逃。几次反复后，随着建仓资金吸纳筹码的持续，股价多次折返过程中也就慢慢形成了相对标准的底部图形或形态，这个图形或形态形成的过程一般被称为筑底，箱形、圆弧底等是比较常见的筑底形态。

筑底过程的长短主要取决于建仓资金吸纳筹码的多寡。

一些在下跌过程中基本完成吸筹任务的资金，后期不会在价位低点过多地纠缠，而是很快就进入大幅度的震荡洗盘过程。

如果建仓资金在下跌过程中并没有完成相应的仓位储备，那么之后就会进行较长时间的价格折返，直至完成相应的建仓计划。

## 二、L 型折返震荡建仓

L 型折返震荡建仓是指在股价运行的两种形态中建仓，一是在股价原有的下跌过程中建仓，二是在股价低位折返震荡过程中建仓。

### 1.L 型折返震荡建仓的两种形式

典型的 L 型折返震荡建仓如图 2–38 所示，该股在下跌阶段跌速较快、持续时间较短，建仓资金收集筹码的任务不可能在下跌阶段全部完成。

为什么这么说呢?

如果是涌入大批量建仓资金，那么股价的快速下跌必然被遏制。案例中的下跌阶段并未出现这种现象，所以这个快速下跌可能有建仓资金故意砸盘的功劳，其意图就是尽快打低股价，低位吸筹。当然，不可否认，建仓资金在这个下跌过程中也会有不同程度的筹码收集动作，但是整体数量相对有限。

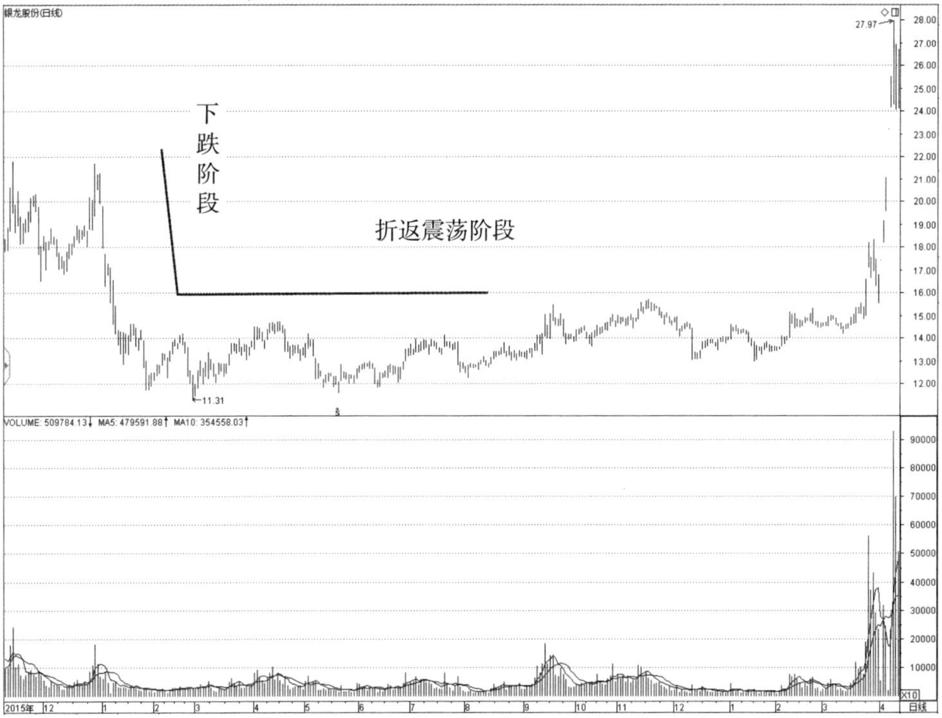


图 2-38

该股下跌阶段结束后，股价进入折返震荡阶段。这个过程持续一年多，这里才是建仓资金完成大部分筹码收集任务的阶段。

L 型折返震荡建仓不限于图 2-38 一种形式，还有一些个股下跌周期较长，在跌势中会出现多次级别不等的反弹行情，这种大级别的股价折返有利于资金建仓。

如图 2-39 所示，该股的下跌过程持续近两年，整个跌势中多次出现级别不等的反弹。建仓资金利用跌势中后期的股价折返，可以从容地完成建仓任务。股价跌势结束后的横向震荡过程较为短暂，很快就进入第一阶段的拉升行情。这意味着建仓资金筹码收集任务在跌势阶段已经基本完成，所以不会在价格低位区域过多地停留。

L 型折返震荡建仓是比较常见的主力建仓形式，这种形式的建仓，其主要特点是：跌势时间长且中后期有变量等成交量明显异动现象的，则价格低点震荡时间相对较短；反之，则震荡过程较长且震荡折返幅度较大。

图 2-39

### 2. 低点折返震荡的模式

建仓资金在低点折返震荡的模式，最多见的是箱形和圆弧底形态。

箱形如图 2-40 所示，实战案例中的箱形可参见图 2-38 中的折返震荡阶段。圆弧底形态如图 2-41 所示，多数圆弧底形态的构筑时间较长，但一旦成功向上突破，往往升幅较为可观。无论是箱形还是圆弧底形态，都是建仓资金刻意控制股价反复折返震荡的过程。在价格低位产生折返震荡，可以诱骗到大量廉价筹码，加快筹码的收集步伐，使筹码早日集中。

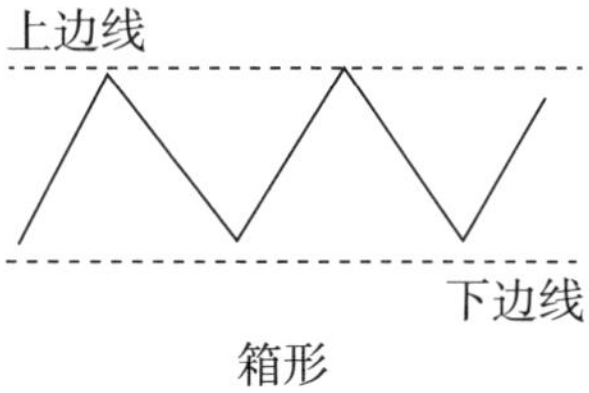


图 2-40

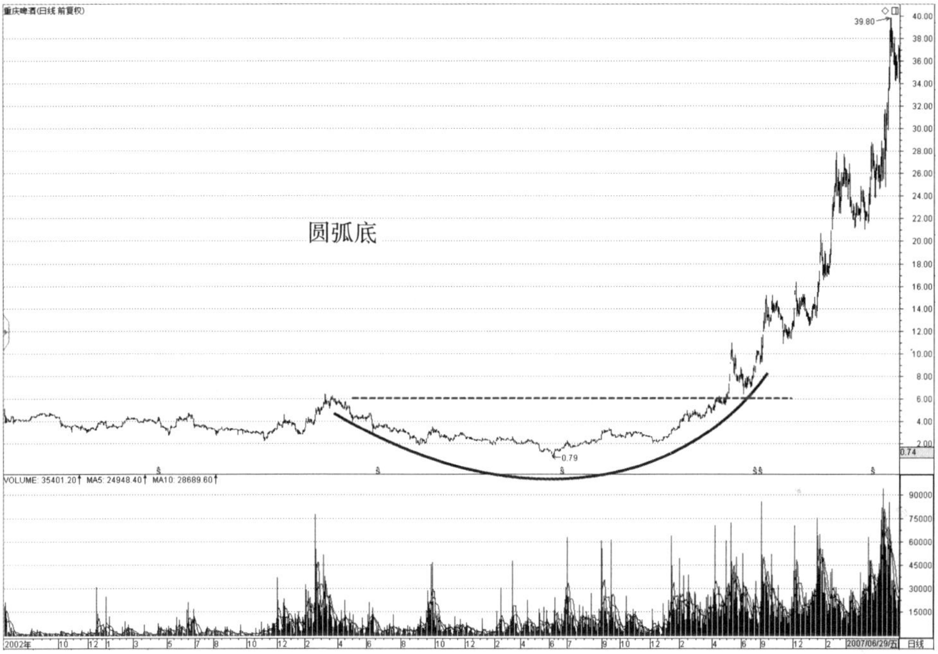


图 2-41

### 3.L 型折返震荡建仓的盘口显示

（1）跌势阶段吸筹建仓

大盘处于跌势时，市场人气低迷，悲观情绪蔓延。建仓资金既可以通过开盘竞价做低个股开盘价，诱使持仓者开盘后集中抛售，也可以利用市场本身大势向淡、人气低迷、买盘挂单相对稀疏的特点，在交易中以大单对倒砸盘或以连续中小单卖出，给持仓者以大资金出逃的印象，继而引发部分持仓者跟风抛售。

建仓资金大多会在买盘上分批挂出如市场买单一样的中小买单接盘，待成交后再挂出买单，周而复始。或根据需要采用频繁撤单、大单对倒砸盘等手法，促使买单价格逐步下移。

经过多日连续下跌后，太低的价格、过大的亏损会使持仓者逐渐产生惜售心理，这样必然影响吸筹的效果，这时反弹就会适时出现。在反弹中，建仓资金则用大单或连续的中小单扫空低位筹码，同时顺势快速拉升股价到相对高点，让跟风资金追高买入。

等到短线跟风资金完成追买后，反弹也就到了尾声，随后股价再度下跌。建仓资金稍有砸盘，便会有跟风被套的资金看淡抛售，这时建仓资金则会接下抛盘。

在整个下跌过程中，循环采用这种方法操作，建仓资金会受益匪浅。如下跌过程过于短促，虽然下跌幅度较大，但出于成本等方面的考虑，建仓资金也会乐于等待股价再下一台阶。

在这种情况下，吸筹数量会略减。但如果建仓时间紧迫，建仓资金也会采取逆市吸筹的方式，这样就会出现某股在大势暴跌的情况下反而逆市飘红。采取这种方式建仓会过早暴露主力意图，引来各方资金的关注，通常在后续的操作中，主力需要采用凶悍的方式洗盘。

（2）折返震荡吸筹建仓

在股价折返震荡期间，建仓资金在低位以中小买单吸筹，随着连续买入，股价会逐渐企稳反弹，同时引起市场资金的关注。当建仓资金发现市场开始有资金跟风追买时，便会通过挂大卖单压制股价继续上涨，同时利用对倒往下大单砸盘，以吓走跟风盘并促使追买资金及早离场。

在这个过程中，建仓资金会分批埋上小买单，承接抛售筹码。当抛单逐渐稀疏时，再开始往上做，如此周而复始，即可完成建仓任务。

也有建仓资金极具耐心，缓慢构筑圆弧底，其间股价整体向上的倾角极小，股价波幅也较小。短线交易资金进场后，很难做出差价。看着市场上其他股票风起云涌，自己手中的个股却如一潭死水，不管是短线交易者还是原来的持仓者，绝大多数都会耐不住寂寞，在底部抛出廉价筹码，这样正中建仓资金的下怀。

有时主力只是比散户多一点点耐心，但就是这点儿耐心使主力获得了更多的回报。

## 三、拉升建仓

实力资金建仓不仅有 L 型折返震荡建仓，也有拉升股价建仓的形式。市场存在建仓资金打压股价或在低位建仓的惯性思维，但一些建仓资金却采用逆向思维，在拉升股价的过程中出其不意地完成建仓。当然，部分采取拉升方式建仓的资金，是因为时间紧迫，不得已而为之。

采取拉升建仓策略，一般具备四个方面的条件：一是目标个股绝对价位较低；二是判断大势处于熊市末期或牛市初期；三是建仓及操作资金充裕；四是和目标上市公司有良好的关系，对后期的重大利好或题材以及大比例分红送肥肉等方案有知情权。

拉升建仓也可以分两种形式，其一是拉升速度较快，通常被称为尖底或 V 形底；其二是拉升速度相对缓慢，建仓过程中形成一条具有极强隐蔽性的上升通道。

### 1. 尖底

采用拉升方式建仓的，大部分是短炒为主的主导资金。主力资金如采用这种方式，在之后的行情运行中，个股会经常出现大级别的折返震荡，且回调幅度相对较大，回调时间相对较长。尖底如图 2–42 所示。

以短炒为主的主导资金制造的尖底形态，在最初的拉升阶段多采用连续的阳线来维持升势。在这个过程中，股价的震荡调整多出现在当日分时走势中。也就是说，交易者想要低吸的话，只能找盘中的相对低点，很难等到一个较明显的调整波段低点。

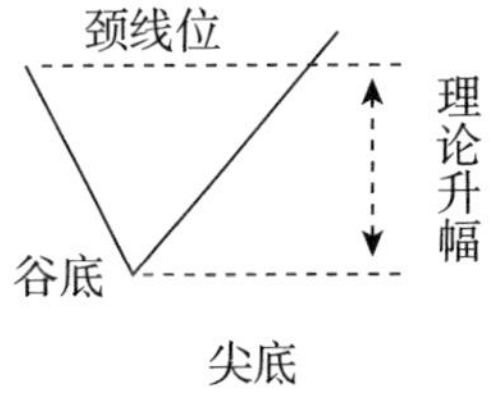


图 2–42

如图 2–43 所示，该股连续下跌后，回升过程中由一系列阳线或星线形成尖底，在这个过程中未出现如 B 区域那样明显的调整低点。这种情况并不意味着股价不做调整震荡，而是在当日分时走势中完成回调。

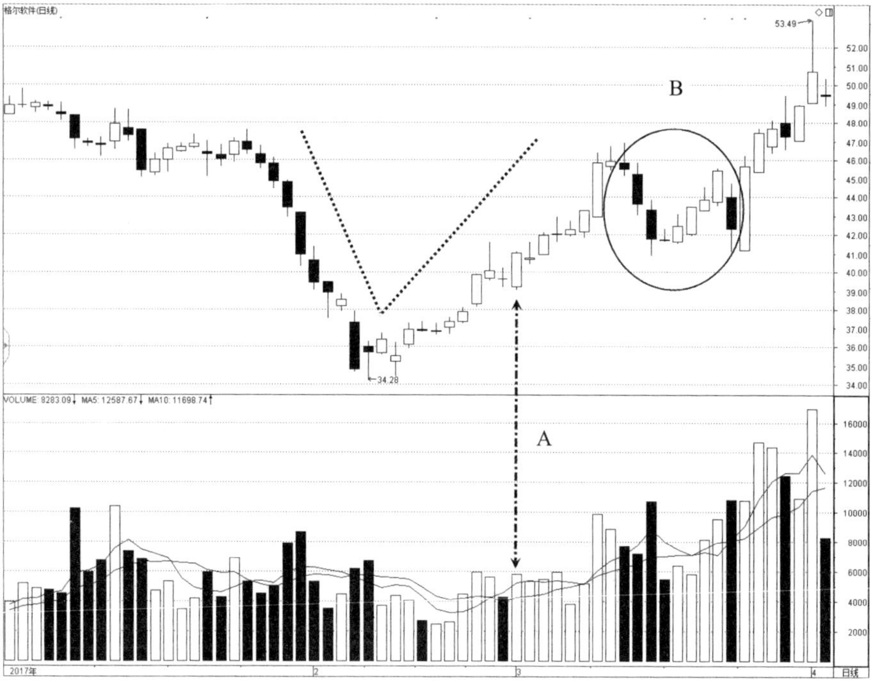


图 2–43

图 2–44 所示的分时走势，即为图 2–43 中 A 日的中阳线走势，当日股价虽报收阳线，但盘中的折返震荡较为频繁。

主导资金以这种尖底拉升建仓，在最初拉升阶段，市场资金心存疑虑，不敢大举介入。在之后类似于图 2–43 中 B 区域的明显低点及之后拉升中，主导资金则希望市场资金介入，因为这里基本接近其阶段性减仓的高点。

区别于短炒为主的主导资金，有些主力资金也会选择尖底拉升建仓。不过，如果有很宽裕的建仓时间或者适宜的时机，一般主力资金不会这么做，毕竟这会增加建仓成本，并且很容易被市场技术派发现，增加运作难度。

如图 2–45 所示，A 阶段该股出现尖底拉升，之后股价并未形成持续上

格尔软件 2018-03-01 分时 均线 成交量
A日分时走势

图 2-44

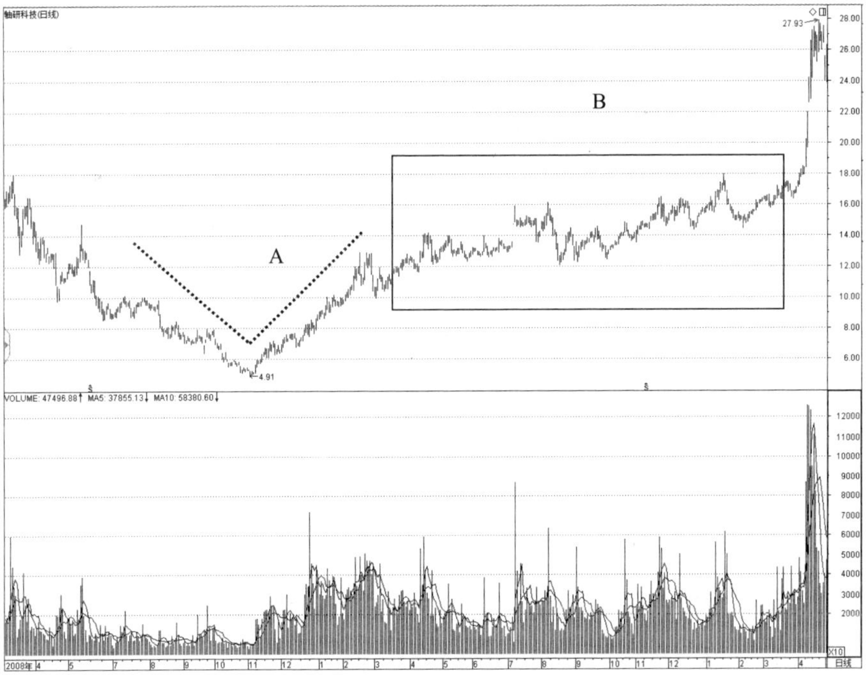
鼎研科技(日线)
A
B
4.91
27.93
VOLUME: 47496.88 MA5: 37855.13 MA10: 58380.60

图 2-45

涨趋势，而是在 B 区域展开了一轮长时间的横向折返震荡（箱形）。在尖底拉升阶段，该股成交量明显放大并具备聚量的形态特征，说明确实存在主力建仓行为。对准备中长期运作的主力来说，在这里收集筹码，即使数量上基本能够达到建仓要求，成本上也难有优势。

尖底拉升必然吸引市场资金的关注，大批市场资金或者主导资金闻风而动的话，其持股成本将和主力成本相差无几，这会极大地增加主力操作的难度。

建仓资金或者说主力要想化解这种尴尬的局面，唯有采取长时间折返震荡的策略。这样做一方面可以打击跟风资金的持股信心，另一方面通过不断的股价折返运动可以逐步降低整体建仓成本。

图 2-45 中 B 区域的折返震荡过程能够降低多少成本？这个折返震荡过程的高点大约在每股 18 元，低点在每股 12 元，时长近一年，这是一个相对适中的震荡空间。通过这个空间，主力资金完全可以将其成本降到每股 10 元以下，运作好的话，甚至会低于尖底拉升的初始低点。

**2. 隐蔽性上升通道**

快速拉升建仓具有明显的优势和弊端：优势是建仓时间短，弊端是容易被市场资金发现和跟踪，给建仓和后期的控盘增加难度。还有一种拉升建仓形式，其拉升过程缓慢，具有较强的隐蔽性，这就是所谓的隐蔽性上升通道。

如图 2-46 所示，该股在 A 区域启动一波急速下跌，至 B 区域见底回升。B 区域开始的回升过程相对缓慢，其中每一次股价折返都可能使交易者产生反弹结束的错觉，但是该股每一次都能在折返后再次转入升势，由此形成一条时长达一年多的上升通道。

这条上升通道运行得极为曲折和缓慢，从 A 区域急跌至 B 区域仅仅几十个交易日，而从 B 区域至 C 区域股价突破 A 区域的高点却用了一年多的时间。

正是这种缓慢的运行节奏和反复的折返与震荡掩盖了主力资金的建仓痕迹。在 C 区域股价突破 A 区域暴跌前创造的高点后，该股进入拉升阶段，之前将该股视为“瘟股”卖出的交易者将后悔不迭。

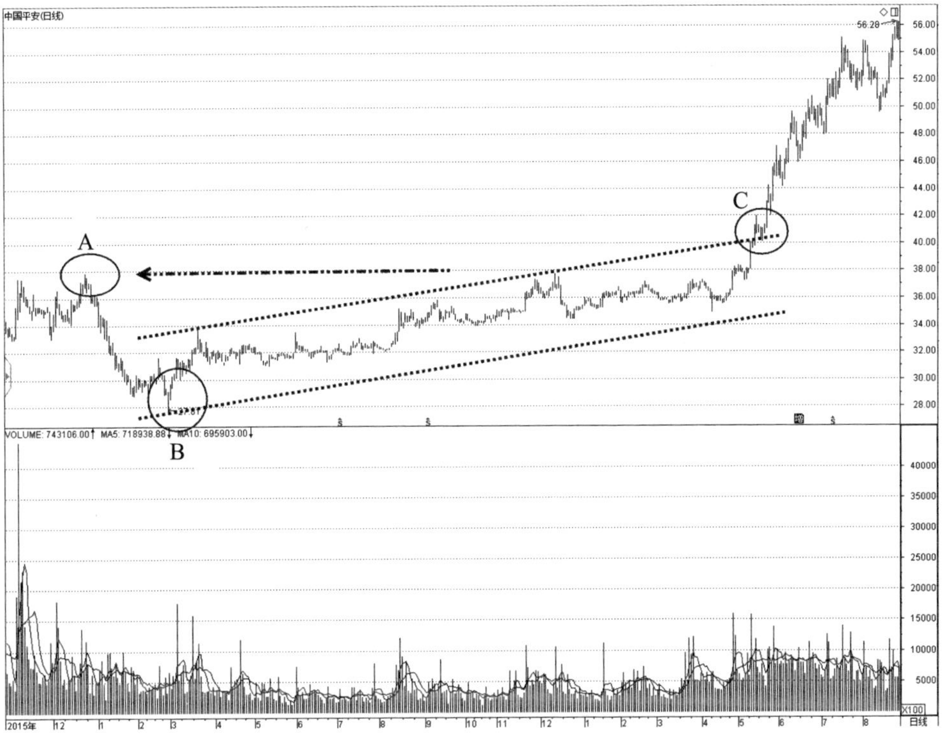


图 2–46

不为市场关注的隐蔽性上升通道，在形成初期以及后期的构筑阶段，其盘口上有两种极端挂单形式：一是买卖盘的上下挂单非常稀疏，二是买卖盘的上下挂单都是对峙性质的几十万股大单，这类个股一般为蓝筹权重股。二者的相同点是，大多数交易时间内，成交表现相对呆滞。

当卖盘上出现较大挂单时，会被分批或隐性买盘吃进，这样一般不会引起市场资金的关注。如果某一时段卖盘挂单较为集中，主力又急于吃掉这些“肥肉”，那么在吃掉卖盘大单后，稍晚几秒即以小卖单直接在买一成交，这样可以使价格不发生变动。如果打准时间差，还有可能被成交回报系统计算为大单主动性卖出。这样的盘口操作既不引起价格明显上涨，又能吸到廉价筹码。

随着时间的推进，建仓资金在较低的价格区域内已经很难再吸到廉价筹码，只能逐步小幅度推升股价，到达一个新的价格区域，然后继续吸筹。如此操作，不知不觉间，会在K线图上构筑一个缓慢爬升的上升通道。

在构筑隐蔽性上升通道期间，即使遇到大盘指数大涨，该股盘口也基本保持稳定，因为建仓资金此时会按兵不动，不主动吃进以免拉升股价，做出与市场资金争夺筹码的傻事。相反，建仓资金会在各档买盘分批挂出中小买单，静等失去耐心的卖单“自投罗网”。

如果遇到大盘指数大跌，建仓资金也不会主动护盘，而是会让股价自由回落。在关键位置，建仓资金可能还会以对倒手法砸一下盘，以激发持仓者的出逃之心，接下来就可以静等大大小小的抛单涌出，建仓资金正好借机“大快朵颐”。

建仓资金也常利用尾盘操作，这个时间段交易者相对疲乏，注意力下降，多数认为当日不会再出现新的变化，建仓资金则会故意砸盘，将股价打低。次日，建仓资金控制股价在低点附近反复折返，或在分时走势上制造小幅跳水，诱使恐慌筹码出逃，以进一步吸纳低价筹码。

## 四、被套主力回补

前文讲过主力被套的概念，“即使是实力雄厚的主力资金，也有可能在某些特殊时期或阶段无法抵御价格下跌，甚至跌落到自己的成本线以下，这部分主力资金也被称为被套主力”。比如股灾期间，很多个股的主力资金就会加入“被套大军”。如果出货期间发生问题，未能完成利润兑现计划，或者资金链断裂，主力资金也可能“败走麦城”，成为被套主力。

在建仓或者之后的运作过程中，价格在可控范围内跌至成本线以下，这种“被套”只是主力资金控盘过程中的正常现象，或者说是控盘计划的一个步骤，并不能认为是主力被套。

主力资金意外被套，其结局也多有不同，有些可能被迫进行换庄或联庄，有些可能被配资方强行平仓，有些则要通过自救挽回损失。此处要讲的是通过自救挽回损失的被套主力。

能够通过自救挽回损失并盈利的主力资金，各有不同的操作方式。

一些资金实力相对薄弱的主力，可以通过回补然后折返震荡来不断地降低成本，以回避大势继续下跌或者股价连续崩塌带来的风险。这种操作方式其实和散户交易者的自救方式类似，但是主力有资金优势，其在掌控股价运行方面的能力远非散户资金可比。

还有一些主力会启动急速反弹，以在短时间内尽快拉低成本并兑现利润，这种类型的主力多利用对倒的手法完成控盘和出逃计划。如图 2–47 所示，A 阶段该股受到大势暴跌的影响，股价出现了一轮暴跌。B 阶段该股股价在大势反弹的环境中展开了急速反弹行情，其反弹高点非常接近暴跌前的股价高点。这个过程中量能明显大于暴跌前，综合技术环境分析，有明显的对倒拉升迹象。

大盘指数 K 线图如图 2–48 所示，A 区域为同期大盘指数暴跌与反弹的

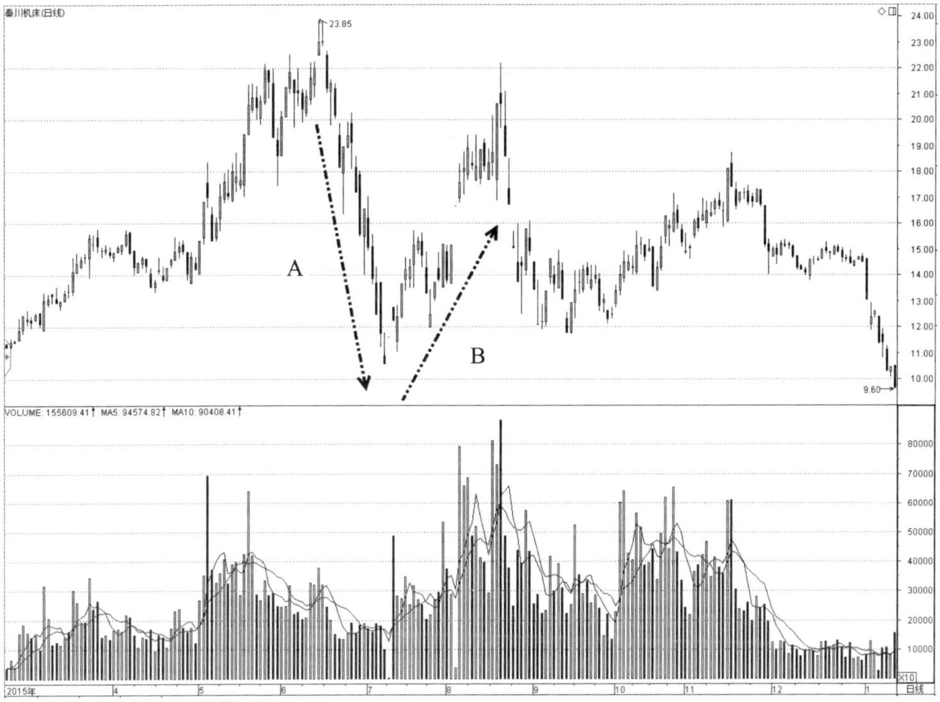


图 2–47

走势情况。将这两张图进行对比，可以看出图 2–47 中个股暴跌后的反弹强度较大。这个案例中，主力资金不甘于被套，也不愿采取较稳妥但缓慢（即通过折返降低成本）的方式，而是采取短线急速反弹以借机兑现利润的方式出逃。

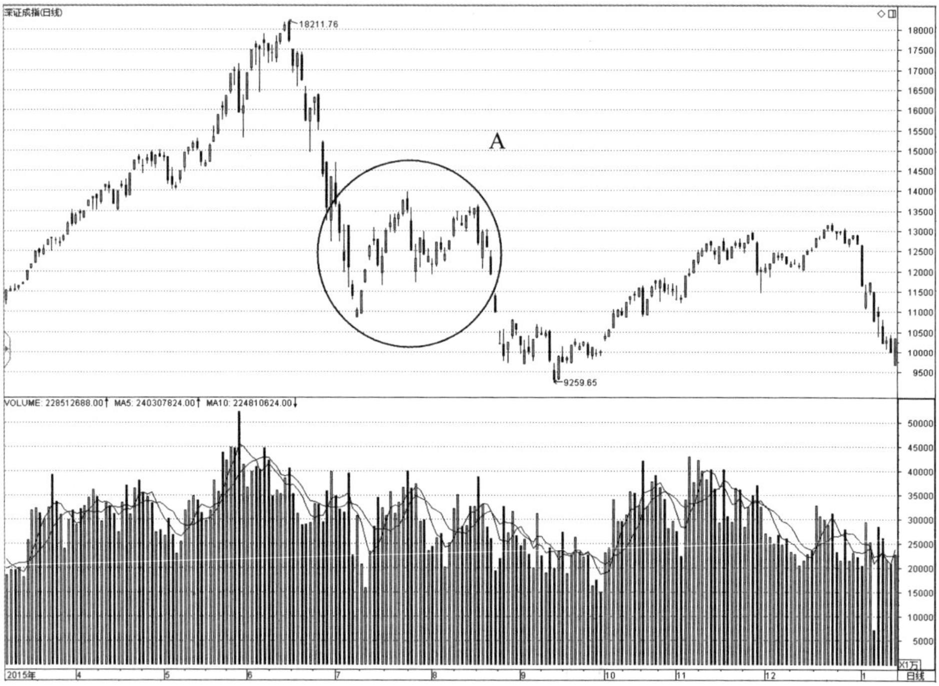


图 2–48

资金较为雄厚的主力，就像是航行中的航母，可能导致中小船只倾覆的风暴，对航母来说称不上致命的危险。虽然股价一时下跌会让人心惊肉跳，但对资金实力雄厚的主力来说，股价震荡只是控盘运作的正常现象，暴跌后的股价低点也许正为主力提供了难得的回补机会。

如图 2–49 所示，该股同样受大势暴跌影响，在 A 阶段走出大幅暴跌的走势。但之后该股在震荡折返中逐渐形成一条上升通道，并突破暴跌前的股价高点，稳定运行于原上涨趋势中。

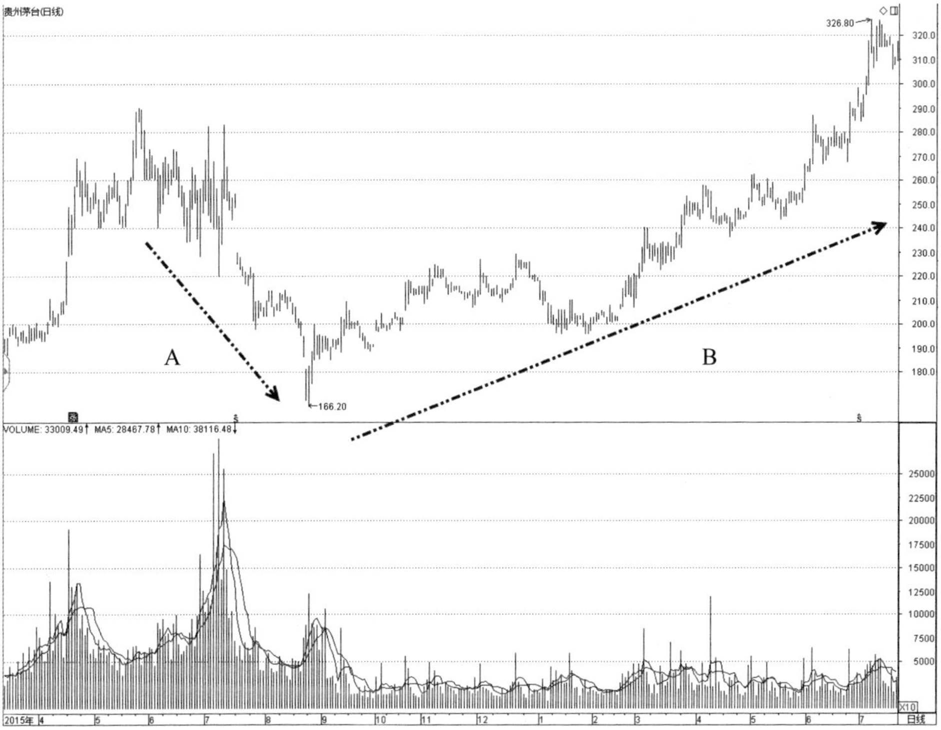


图 2-49

## 五、心理转折与暗示

主力资金吸筹建仓过程中的操盘手法可谓层出不穷，难以言尽。前文讲过的对倒、诱多、诱空等手法，随着技术环境的改变，会产生和其原有含义相反的诸多变化。

例如，某股在分时走势上出现放量拉升后回落的走势，在某些技术环境中，这是主力的诱多行为，但在建仓阶段，一些建仓资金也会借用类似的手法，使分时走势上显现冲高回落的走势，甚至在之后的几个交易日连续回落。追买者判断冲高回落为主力诱多行为后，就会产生懊悔、忧虑等心理波动。在这种情况下，部分交易者可能做出错误的交易决策。

实战中类似的情况还有很多，例如平时成交相对稀疏、冷清的个股，突然在卖盘上涌出少见的大卖单，对交易者的心理产生不利影响，甚至引发恐慌性抛盘。但跟踪观察，就会发现市场中很快会冒出许多连续的中小买单，将大卖单快速扫掉。

这种盘口走势，至少可以解读为主力资金开始采取行动了。但是大卖单被迅速扫掉后，股价仅仅小幅度冲高便开始持续回落。追买者被套不说，持仓者的心理也会受到很大影响：从最初的平静持仓，到大卖单被扫掉时满怀希望，再到对主力诱多走势产生悲观思想。主力资金的种种操盘动作，无疑会加重持仓者对后市的担忧，使悲观情绪不断加剧和蔓延。

建仓资金想要的就是这种效果。在接下来的几个交易日，只要保持股价回落趋向，很多心理承受力差的交易者就会因心理崩溃而选择卖出。

以表面上的诱多行为实施诱空，反复为之，必乱其心。

实战中类似的诡诈行为其实是主力刺激交易者产生忧虑或恐惧的心理暗示行为。短期甚至是在当日分时走势中引导交易者一次或多次产生心理转折，使其预期落空并在心理上转化为对后市极端悲观。交易者如果在主力故布的疑阵中迷失，那么接下来采取的交易行动就会正中主力下怀。

如图 2–50 所示，该股一波跌势后，A 日反弹高点一度回补了部分向下跳空缺口。A 日 K 线的分时走势如图 2–51 所示，当日早盘前一小时，该股放量拉升走势良好，但之后折返向下并一直维持至收盘。

在这个案例中，A 日开盘后使交易者产生回补缺口、强势上涨的预期，但随着股价的折返向下，这种预期一点点被削弱，下跌引发的恐慌等不良情绪开始蔓延、放大。

即使 A 日走势未能使持仓者产生心理转变，也会对其产生强烈的心理暗示，即股价可能转跌。A 日之后，该股股价连续 4 个交易日处于小幅回落的态势，K 线都带有上影线或下影线，显示盘中分时走势并不平坦。这是主力反复多次制造的市场走势，目的是引导交易者产生相应的心理转变。经过类似的强化训练后，心态不稳定的持仓者多数会自动交出筹码。

主力施加的心理转折与暗示行为并不限于建仓期间，在洗盘和出货期间，主力同样会采用。

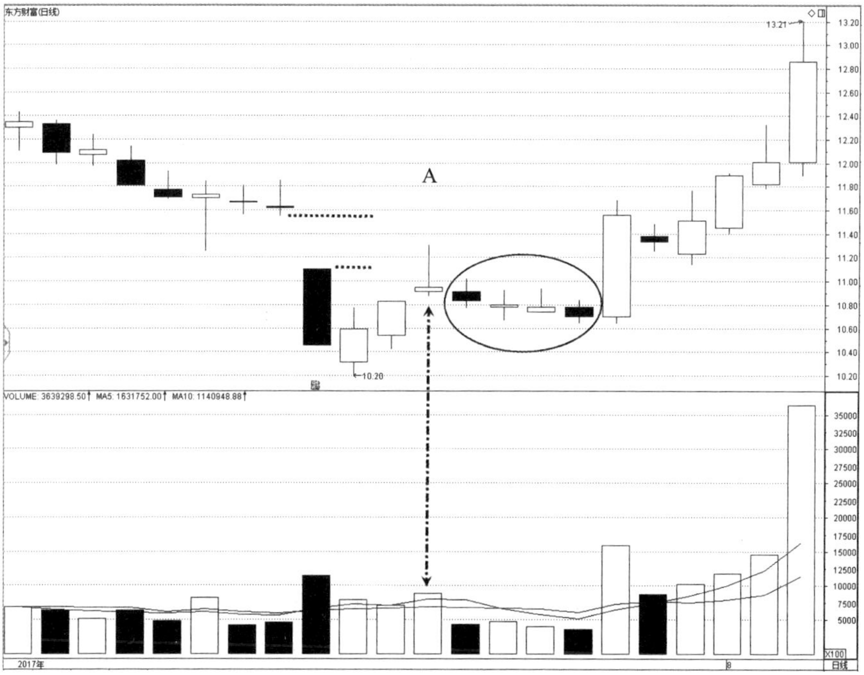
东方财富(日线)
13.21
A
10.20
VOLUME: 3639298.50 MA5: 1631752.00 MA10: 1140948.88
2017年
X100
日线

图 2-50

东方财富 2017-07-20 分时 均线 成交量
09:30
10:30
13:00
14:00
15:00

图 2-51

## 六、培养市场的惯性思维

建仓资金长时间在某一价格区域吸筹，总会留下一些规律性的运作特征。比如，当股价涨至某一高点时，就会出现相应的下跌；跌至某一价格低点时，就会发生反弹。这些规律性特征有时也会被主力用来制造或加重恐慌气氛。

主力会在一段时间内保持或强化这些规律性，以培养市场资金跟随规律进行操作的惯性思维。当市场上足够多的资金形成这种惯性思维时，也就到了打破惯性的时候。

人总是会对突发事件或者打破常规的事件异常关注，如果这个突发状况于自身有害，那么恐慌情绪就会随之出现或加重。

如图 2–52 所示，该股运行于长期下跌趋势中，A 区域构筑了一个折返震荡的箱形。随着这个形态的延展，股价在高点和低点间波动的规律会成为市场资金的习惯性认识，大家也会依次进行短线操作。

当市场资金习惯于在股价接近前低时捕捉反弹，在接近前高时卖出，B 区域突然打乱这种惯性和节奏，连续两根大阴线笔直下跌，将营造了 10 个月的箱形低点击穿。从 B 区域两根阴线的成交量可以看出，当天有不少持仓者选择了抛售离场，可能在他们看来该股将要开启新一轮跌势。

从主力建仓的角度来说，A 点历时 10 个月的折返震荡，已经基本吸纳这个价格区域有抛售意愿的筹码，这一点从成交量的变化上也可以看出来。在 B 区域打破具规律性的箱形，既可以测试下方的支撑力度，也可以逼迫短线跟风资金集中出逃。

从 B 区域两根大阴线之后的成交量上看，明显已经没有多少人愿意在这个价位抛售，之后主力拉升时也没有人愿意低卖，当然有人愿意在股价回升到一定高度时卖出。

培养市场惯性思维的做法和前文讲解的心理转折和暗示一样，不仅限于建仓期，在洗盘和出货期间，主力同样会采用。

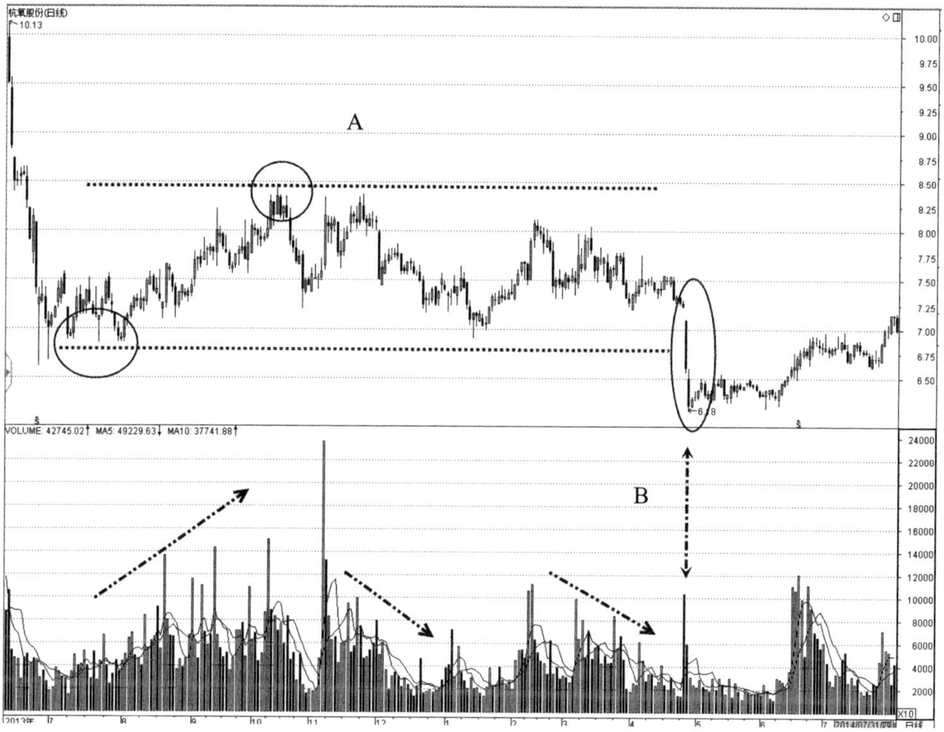


图 2-52

## 七、击溃心理防线的大阴线

主力建仓的过程并非一路坦途，例如长时间使用某种方式吸筹，一是可能引起其他资金的关注，二是吸纳变得越来越困难。这时改变吸筹方式或者说使用技术手法，就是主力的常规选择。

建仓期间，要想尽快吸足筹码，必然要制造恐慌。制造恐慌的方式有很多种，比如通过上市公司发布利空公告，利用网络散布偏空的谣言，或者采用技术手法，如前文讲到的打破惯性思维，还有就是制造大阴线。

出现大阴线能够摧毁交易者的心理防线，使处于犹豫之中的持仓者痛下决心抛售，或者使原本并不明朗的盘局瞬间倒向空头。

如图 2-53 所示，A 日出现的大阴线跌破了 B 区域反弹低点，给予持仓者跌势将会加速的心理暗示。从该日的成交量变化可以看出，主力的“暗示和恐吓”起到了明显作用。

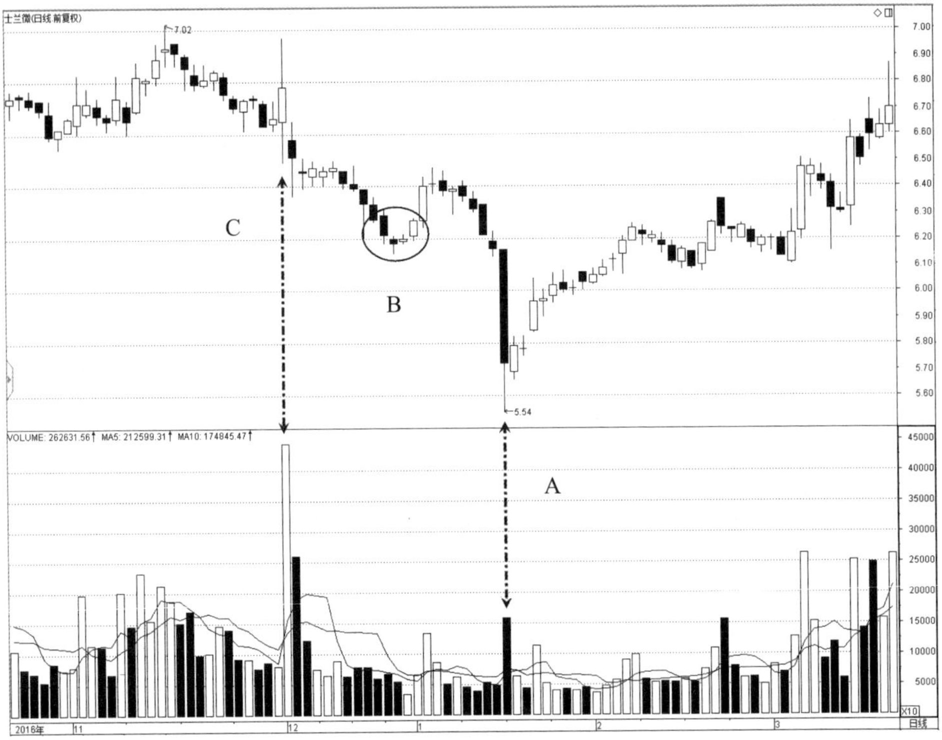


图 2-53

C 日曾出现一个类似反抽的上下影线较长的阳线，这根 K 线所起的作用就是引发交易者心理频繁转变：一个交易日内在失望与希望间来回波动，很容易让交易者在无措中产生不良情绪。

B 区域的小幅连续下跌进一步加深了交易者对后市的悲观看法。B 区域的弱反弹和由此产生的心理转折其实都是为 A 日大阴线的“最后一击”做铺垫。

在弱市中做短线交易，花团锦簇般的反弹往往不会出现最佳买点，而盘局震荡更可放弃。但是一段下跌后突然出现急跌时，反而孕育着大概率的盈利买点，这就是所谓的“不恐慌，无交易”。

弱市毕竟难做，交易者必须沉下心分析主力的操作意图。如果在 C 日和 B 区域过早进场，就会被主力“包饺子”，你是“馅儿”，主力满嘴流油，吃得挺香，你却苦不堪言。

短线交易者应该知道，要等到恐慌盘杀个人仰马翻，血流成河，才能以一骑救兵的姿态蓦然出现，同时坚持轻仓抄底，如此方能与主力共舞。按照这一策略交易，即使主力恨得牙痒痒，也拿你无可奈何。

## 八、打破市场共认的支撑

大盘指数经过一段下跌后，在某一区域长时间折返震荡，这时市场资金普遍会产生指数在该区域存在支撑的共识，即认为指数是不会被跌破某一点位的，并预期大市将由此开启上涨。

如图 2–54 所示，深成指在 A 区域折返震荡，其间在该区域底部出现多个低点，这个阶段市场普遍认为这就是所谓的底部区域。

对于指数的支撑位，市场资金尤其是散户资金会随着指数在这一区域运行时间的持续逐渐达成共识，并会据此付诸行动，开始买入筹码，等待升势的到来。

市场资金的这一共识会给主力资金建仓造成极大的干扰。主力资金只能通过打破所谓的支撑位制造恐慌，使市场资金预期落空，继而产生悲观失望情绪。

如图 2–54 所示，B 区域指数突然下行，将 A 区域形成的所有低点全部击穿。这种走势打破了市场关于底部的共识，恐慌氛围也随之快速蔓延。大盘指数破位引发的恐慌远大于个股，即使持仓者手中个股没有出现破位，也可能受到大盘破位的影响，跟随大众陷于恐慌之中，纷纷选择抛售。

在目前股票市场庞大的规模与容量面前，某个主力资金想改变市场达成的共识几乎是不可能的。但如果大盘技术环境确实处于适宜建仓的区域，那么悄然建仓的实力资金就绝不是少数。这些建仓资金大多感同身受，相

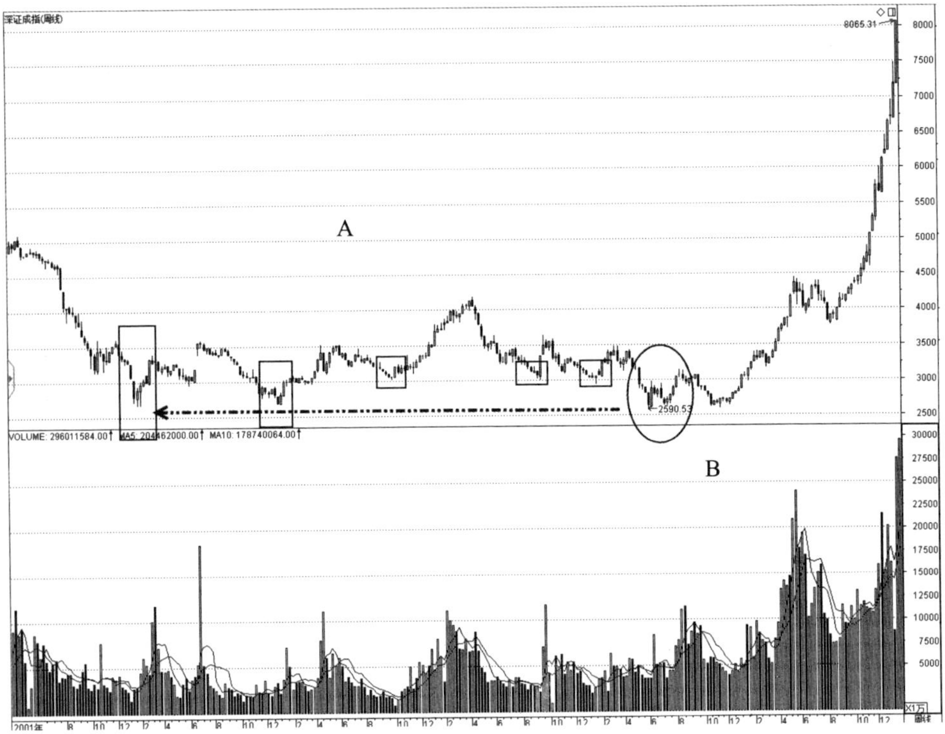


图 2-54

互之间存在一定默契，或者说正在建仓的实力资金也存在一种共识，即打破市场普遍认同的支撑，让市场资金变得混乱和恐慌，因为只有这样才能顺利完成自己的建仓任务。

早期股票市场上，部分主力资金只要控制住一些权重股，就基本上掌控了大盘指数的涨跌。时至今日，多数权重股的市值已非一般的实力资金所能掌控，而且鉴于监管的压力，这条路明显行不通。

目前，市场上的主力资金往往会“借力打力”，即借助一些热门板块或龙头个股的涨跌，引导市场人气走向兴奋或悲观，间接达到调控大盘指数涨跌的目的。在市场底部区域，建仓资金使用的所有手段和技术手法都是为了引发恐慌性抛售，以满足自己吸筹建仓的需要。

## 九、持续中小阴线下跌

持续中小阴线下跌又称为“阴跌”。这种下跌方式会使习惯做短线超跌的交易者无从入手，反不如前面讲到的大阴线，较易捕捉到明确的做多机会。

持续中小阴线下跌也是主力资金在建仓过程中用以规避短线介入资金和消磨持仓者耐心常用的技术手法。如图 2-55 所示，A 区域的整个下跌阶段以及震荡期间以中小阴线为主，同时成交量一直维持常量的状态。

图 2-55

虽然 A 区域累积的跌幅并不算小，但是具体到每个交易日并不大，这就使得短线交易者难以找到超跌反弹的介入时机。虽然其间有一根较大的阴线，但其前后全部是中小阴线，这种节奏的变化较难把握，对谨慎的交易者来说，这根大阴线并不意味着机会。

采用小阴线下跌这种方式建仓，对建仓资金来说益处多多，既能够有效规避短线资金介入的骚扰，也能迫使盘中持仓者离场。

最初开始下跌时，持仓者看到每日跌幅并不大，就会心存侥幸，期望下一个交易日出现大阳线，一举收复失地。但是随着时间的流逝，这种期望会逐渐转化成不断的失望。持续性阴跌一天天累积起来，个人账户上的亏损额会使持仓者心理上难以承受。在心理重压下，有些持仓者因为承受不了，就会从这种煎熬中抽身，卖出股票来释放压力。建仓资金想要的就是这个结果。

有经验的交易者不惧怕股价暴跌，就怕这种连绵不断的“阴跌”。面对一个有绵力而不是突然爆发的对手，你很难找到他的漏洞，更看不到他虚弱的那一面，也难以找到任何交易的机会。

## 十、识别涨跌停板吸筹

当行情形成明显的上升趋势后，会有一些后知后觉的实力资金闻风而来。这部分资金因为时间紧迫，不得不在升势中寻求建仓。也有一些建仓资金前期吸筹不顺利，只能在升势中继续补足仓位。

利用涨停板和跌停板等极端形式吸筹，是部分实力资金在升势中建仓的方式。这种形式的建仓归根结底还是要利用恐慌来做文章。

### 1. 涨停板吸筹

涨停板吸筹有三种形式，一是开盘竞价时直接以涨停板价位申报，二是盘中拉升至涨停板，三是尾盘以大单封死涨停板。

从建仓的效果来说，第二种方式通常是主力资金建仓的首选，因为这种方式能够吸纳到更多的筹码，第三种方式多为主导资金的惯用手法，以博市场眼球、吸引注意力为目的，为次日或短时间内卖出做铺垫。至于第一种方式，主力资金和主导资金都有可能采用。

主力资金利用反复打开涨停板的方式建仓，促使市场资金对该股后市走势产生不确定的预期，加重了持仓者的心理压力，使其害怕失去卖出的机会，部分持仓者就会选择抛售筹码。

如图 2–56 所示，A 阶段股价早盘拉升后横向震荡，这是建仓资金相对缓慢吸筹的过程，也是让不稳定的持仓者尽早出局的时候。B 区域，当日交易一小时后，股价被大单直线拉升至涨停板，但是这次封板并不坚决，而是处于反复开板—封板之中，并且放出巨大的成交量。在这种情况下，部分持仓者会惊慌失措，担心卖不到涨停板的高价上，于是竞相抛售筹码。导致 B 区域出现了一个幅度 3% 左右的跳水。

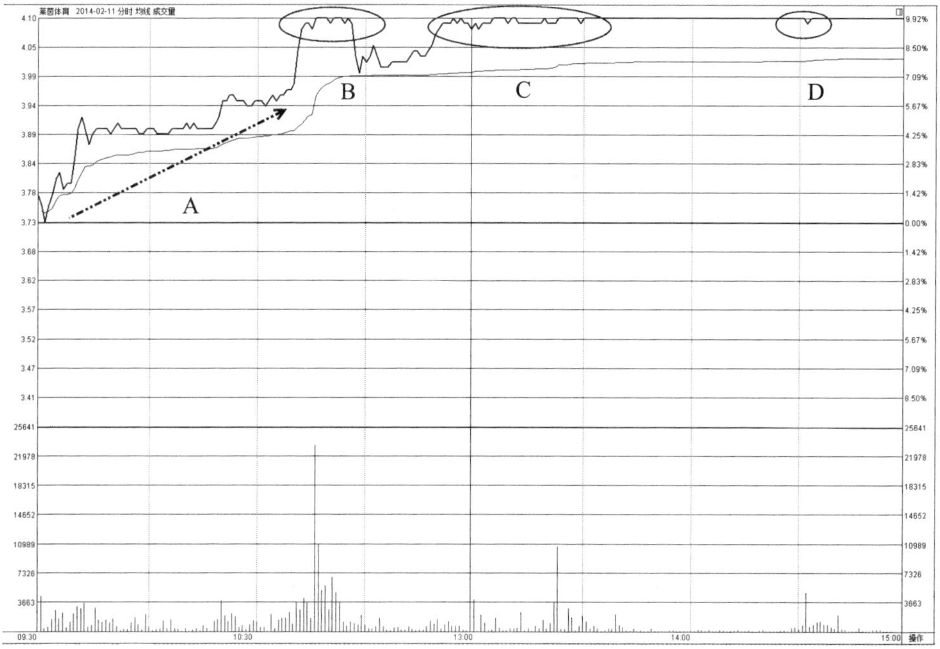


图 2–56

主力建仓资金不会把大量的买单都挂在涨停板上，否则就不会出现反复开板的情况。引起持仓者恐慌性抛售后，主力建仓资金也不会过早地用大单封死涨停板，那样不利于持续吸筹。B 区域出现跳水后，股价处于震荡之中，这时的成交量属于缩量后相对平稳的常量，显示大幅抛售已经告一段落。

建仓资金不会让成交量长时间趋于平静，而会不断地搅动股价上下波动。C 区域股价再次封涨停板，只是和以前一样，依然处于反复开板—封板的走势中。

利用涨停板频繁地封板与开板会使持仓者心理剧烈波动。有些持仓者忍得住第一次开板，却忍不住第二次、第三次……D 区域是接近尾盘的时间段，该股股价依然出现了一次开板。

经过多次操作，建仓资金能够获得大量筹码。如果仓位达标，主力则会进入下一操作环节，建仓仍未满足要求的主力资金，则会采用各种方式继续吸筹。

该股次日的分时走势如图 2-57 所示，建仓资金次日再次采用拉涨停的方式吸筹。开盘后 A 区域股价回落，这也是建仓资金常用的伎俩，即利用对倒手法在开盘之际砸盘，甚至跌破昨日涨停板 / 收盘价，诱使部分持仓者出逃。这部分持仓者既包括昨日短线跟风买入资金，也包括原有持仓者。

A 区域后，股价盘绕在昨日收盘线上下震荡，意图也很明确，即暗示持仓者：不卖出的话，股价可能会再次转跌。这个阶段，可以看到下方成交量稀少，说明这里愿意卖出的持仓者已经不多了。

建仓资金既然在 A 区域之后的位置难以再吸纳到筹码，就只有选择拉升，于是股价又一次涨停。B 区域和前一交易日一样，涨停板封板不牢固，依然频繁地开板—封板，之后出现跳水。C 区域再次封板，但很快被打开，并转为震荡直至收盘。在这个过程中，建仓资金收获颇丰。

主力建仓资金利用涨停板吸筹，有时也会在集合竞价阶段直接以涨停价格申报，然后在盘中借助开板吸筹。无论哪种形式的涨停板吸筹，区分封板的是主力资金还是主导资金并不难。主导资金多是“快枪手”式的操作风格，涨停板吸筹并不追求最大化，而是以吸引市场注意力、短时间内卖出为目的，因此多会选择时机封涨停板，一旦封板，务求牢固。频繁开板就达不到期望的效果，还要耗费过多的资金。

图 2-57

主力建仓资金则恰恰相反，股价涨停只是手段，目的是尽可能多地吸纳筹码。主力资金采用涨停板吸筹建仓时，封板往往并不牢固，而是会反复打开，甚至有些个股还会出现小幅跳水。

交易者还可以从技术环境方面分析主导资金和主力资金的行为。主导资金参与涨停板的个股，其运行趋向或趋势都在明确的升势途中；主力资金尤其是处于建仓期的主力资金，不会在这种技术环境中采用涨停板的方式吸筹，因为吸筹效果不好，吸纳不到多少筹码，反而暴露了自己的意图。

实战中，对主导资金参与的个股应尽量回避，因为多数散户交易者难以把握其凶悍迅捷的操作风格。有些主导资金会选择次日高开抛出筹码，迅速兑现盈利。

如图 2-58 所示，开盘竞价阶段，某主导资金以涨停板价格大单连续申报，其申报量占市场总申报量的 30% 以上，使该股直接以涨停板开盘。午

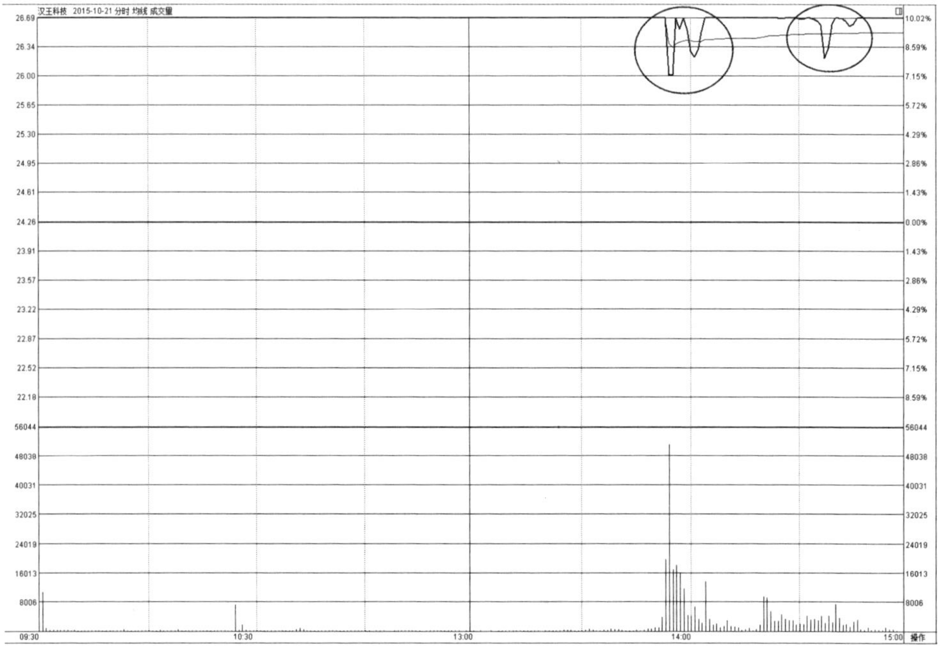


图 2-58

后 14 点以及尾盘，涨停板两次被打开，随后主导资金再次买入并封板。次日该主导资金于开盘后不久就开始减持筹码。

### 2. 跌停板吸筹

跌停板吸筹是将恐慌氛围推至极限的吸筹建仓方式。一般来说，建仓资金会借助利空消息或者技术手法来实施。

常用的技术手法包括大单突然砸盘、技术形态破位，以及前文讲过的打破支撑，等等。总而言之，能够使持仓者产生股价难以阻挡地下跌，或市场要崩盘之类的恐慌，就是建仓资金想要达到的效果。

通常建仓资金会借助大盘下跌的机会实施跌停板吸筹。具体到盘口上，先是用对倒的手法以大单砸盘，使股价直奔跌停板，同时挂大卖单封住跌停。这个大卖单不会在卖一上挂着不动，而是不断地撤单再挂单。这样操作一是可以让市场抛单排在前面，二是防止大卖单长时间不动，让想要抛售的持仓者认为“反正也卖不出去，索性不卖”。

建仓资金会适时以连续的中大买单直接扫掉卖一上的部分挂单，但会尽量保持卖一挂单不被全部吃掉。过早打开跌停板，会让嗅觉灵敏的抢反弹资金觉察到，或者让本来想抛售的恐慌盘产生“等等看”的想法。

建仓资金这个阶段唯一要做的就是维持盘中的恐慌气氛，这样才能让抛售长时间持续，直到恐慌盘零零散散抛出，不再大量涌出。此时卖盘上还有一些不愿跟风杀跌、挂在稍高价格的卖单，这些卖单虽然也受到恐慌氛围的影响，但心存犹豫。其中部分挂单会选择在之后跌停板打不开时再撤单。等到恐慌盘抛售平息后，建仓资金就会撤掉自己卖盘上的挂单，然后用大买单迅速扫掉上方各档卖盘。

当然，跌停板吸筹的具体过程五花八门，上述并不是统一的模板，只是原理性阐述。

如图 2–59 所示，早盘低开后，该股主力对倒砸盘，但股价并未直奔跌停板，而是展开低位震荡，直至午后再次开启跌势，尾盘阶段跌停。跌停板封得并不牢固，而是反复打开，收盘股价打开跌停板。

该案例中，建仓资金采用的是将恐慌氛围逐步加强的方式，尾盘阶段的跌停板则磨灭了持仓者残存的希望。建仓资金上午大部分时间内吸纳的筹码并不多，远不如 A 区域以及午后这段时间。这其实就是一个从准备到收割的过程，一步步将持仓者引导至交易心理崩溃的地步，也就到了建仓资金尽情吸纳筹码的时候。该股尾盘打开跌停封板，并未出现有力的反弹，说明建仓资金此时仓位仍不足，后市还存在继续吸筹的行为。

图 2–59 为图 2–60 中 A 日 K 线的分时图。如图 2–60 所示，A 日之后，股价经过多日震荡后强力反弹，之后仍有回落，其实这就是建仓资金吸纳低位筹码的过程。

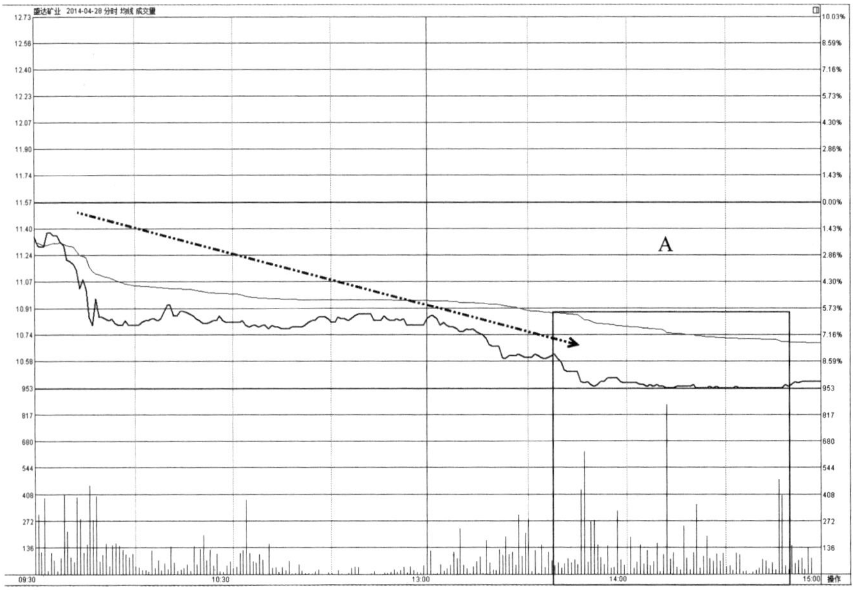

雷达矿业 2014-04-28 分时 均线 成交量
A


图 2-59

雷达矿业(日线)
14.49
A
10.12
VOLUME: 110372.60 MA5: 55792.91 MA10: 41590.78


图 2-60

如果建仓资金已经完成吸纳筹码的任务，那么多会产生强有力的反弹，以尽快冲出价格低点区域。如图 2-61 所示，该股主力资金前期已经完成吸筹，于 A 日出现跌停板，后随即大幅收复失地，A 日可以看作主力资金回补仓位的低点。此后股价迅速拉升。

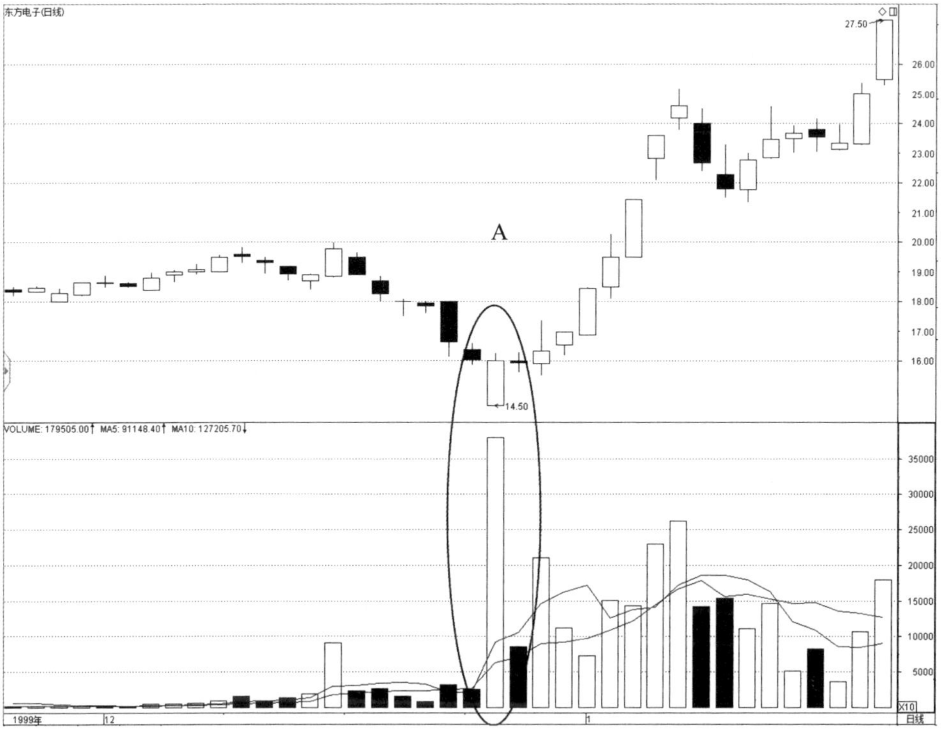


图 2-61

## 十一、技术关口压制吸筹

既有采用涨跌停板这种极端方式吸筹建仓的主力资金，也有利用某些技术关口的压制软磨硬泡吸筹的建仓资金。在技术关口震荡吸筹的这部分建仓资金，一是时间可能比较充裕，二是可能前期已经有部分仓位，所以有耐心捡拾低位筹码。

如图 2-62 所示，该股技术环境处于长期下跌趋势。A 区域股价反弹触及上方下行的年线。年线在技术分析中具有重要的关口含义，价格跌破或向上突破年线，会被市场认为行情趋势发生重大转折。

A 区域是该股下跌趋势运行以来第一次触及年线，必然会引发市场关注：突破年线可能会被认为进入上涨周期，不能突破的话则会被认为仅仅是跌势途中较强劲的中级反弹行情，之后仍会回归跌势。

该股在 A 区域并未实现真正的突破，而是再次转入下跌甚至创出新的低点。这种技术形态使市场资金极度失望与悲观，持仓者会认为该股跌势仍遥遥无期，并可能抛售筹码。

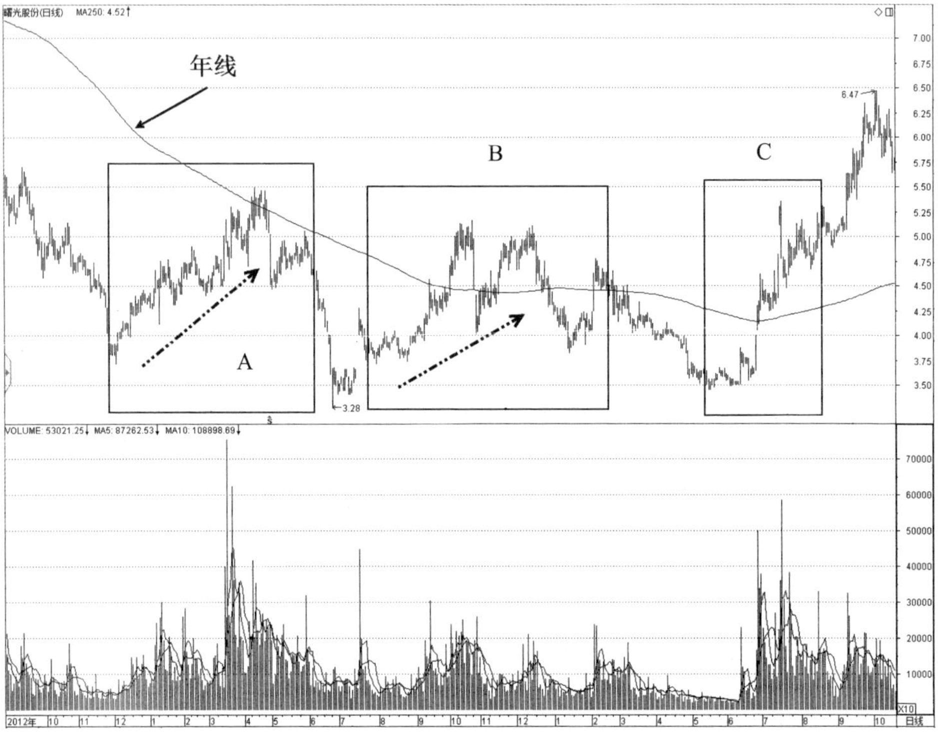


图 2-62

但是该股并未延续跌势，而是很快卷土重来，B 区域再次触及并穿越年线。股价的这个强劲表现会被市场资金认为是对年线真正的突破。但是在年线上下辗转徘徊之后，该股再次转入下跌，这是对市场看多资金的沉重打击。

经过B区域之后，关注该股的市场资金会发现年线对该股股价形成不可逾越的重压，尤其是B区域三次“突破”都不成功，更是给市场资金留下深刻印象。

殊不知，所谓的年线压制，其实是建仓资金故意给市场设置的心理陷阱，目的在于利用年线重要技术关口的印象反复制造希望与恐慌，借机吸筹建仓。

C区域股价真正突破年线，这也是建仓资金吸筹的收官之处。

常见的技术关口包括重要的均线、缺口、支撑位、压制位，以及下文讲到的密集成交区，等等。实战中，对于技术关口，不要被其本身的细节吸引，这样容易被主力牵着鼻子走。从技术环境方面认清主力所处阶段，并从大局上观察技术关口，更容易看明白其中的真实含义。

主力利用技术关口压制吸筹，实质上是L型折返建仓的一种形式，略有不同的是，技术关口会在其中呈现出重要性，使人迷失在关口的技术细节上，不识庐山真面目。

## 十二、密集成交后破位

密集成交是指成交量处于较高数值并且成交相对集中时出现的形态。密集成交持续存在的价格区域被称为密集成交区。

股价经过长期或大幅度下跌，意味着做空力量已经有了一个大幅释放的过程。在这个技术环境中出现密集成交，不管是新资金入场，还是存量资金“复活”，都说明价格已经不再是死水一潭。

如果密集成交源于主力资金的吸筹建仓行为，那么此后即使价格回落，也难以出现大幅下跌。这种因密集成交而产生的支撑，主要受成本因素的影响。

通常来说，主力资金吸筹建仓不会采取密集成交这种过于招摇的形式，除非涉及短期操作行为，或需要突击性增加仓位。某些建仓时间仓促的主导资金可能会利用这种形式快速完成吸筹建仓。当然，还有下文讲到的另一种可能性，即利用密集成交后的破位引发恐慌，引导持仓者抛售。

实战中，对建仓初期的密集成交，主力资金有时会反技术而行，即市场资金认为密集成交为主力建仓资金所为，受限于成本不会深跌，此时主力建仓资金却偏偏选择主动被套，凶悍地向下砸盘。

如图 2-63 所示，A 区域股价在快速拉升中出现密集成交。这种爆发式的拉升和突发性变量瞒不过技术分析派的眼睛，可以肯定有主力或主导资金在运作。如果按部就班地分析，A 区域建仓的主力资金应该不会容忍深幅下跌，因为主力资金建仓成本不低。

接下来的走势却让人大吃一惊：经过 A 区域之后股价迅速下跌，虽在密集成交附近出现一个向上折返，但折返后又加速下跌，并跌到该次拉升

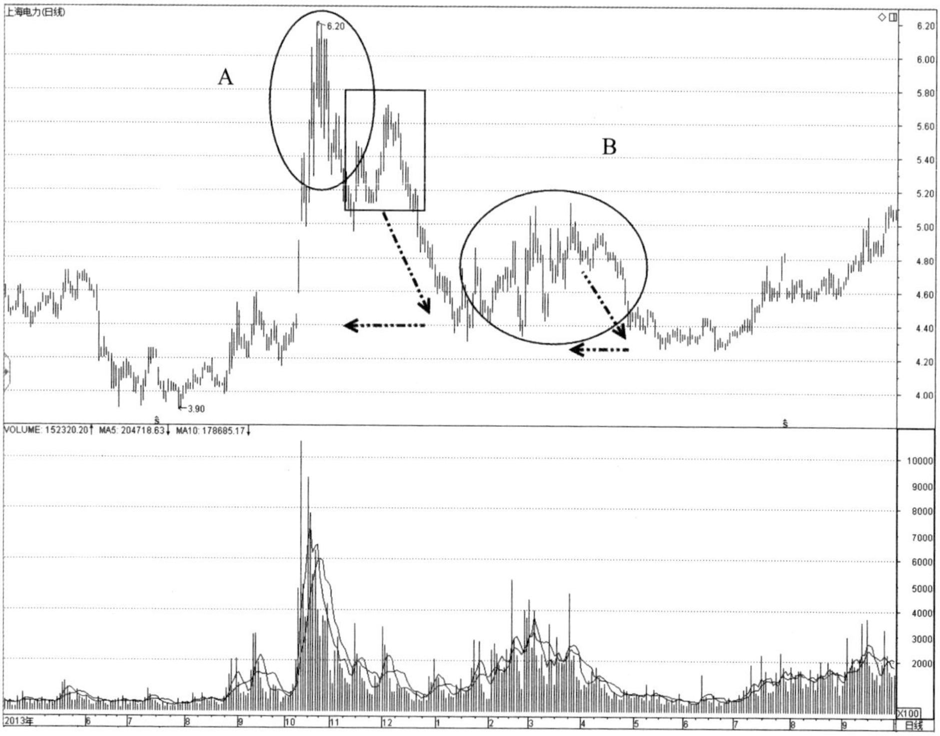


图 2-63

的起涨价位。

当出现这种似乎失去理智的疯狂下跌时，相信大多数交易者都会改变看法，即从认定主力建仓变为主导资金的短线套利行为。其实这就是建仓资金想要的效果，也是想留给市场持仓者的心理效应：主导资金短期炒作的套利行为，不会为该股后市带来积极的改变，只会让股价再一次陷入漫漫跌势……

B 区域股价在比较敏感的前起涨点价位附近展开折返震荡，这是在驱赶仍旧心存上涨希望的持仓者，使其尽快打消上涨念头，抛售筹码。在这个过程中，成交量形成聚量形态，并显示出相对密集的成交情况，这是建仓资金吸纳抛盘，不断对倒做差价以降低成本造成的。

B 区域的震荡时间并不短，所以必然有短线资金介入。为清理这部分低价介入的资金，再次打击持仓者的信心，股价又一次下跌并跌破 B 区域的震荡低点。

经过两次“破位”的打击，残留的低价持仓者已经不多，所以之后股价也就不再延续跌势，而是经过一段时间的低点震荡后开始了回升。

也许有人会问：A 区域主力也被套不小的幅度，之后很长一段时间股价都没能回到这个价位，主力不考虑成本吗？价位是静态的，而成本是动态的。不断出现折返和震荡，建仓资金就可以持续降低持仓成本。关于建仓成本的估算，下文会讲到。

## 十三、大卖单压盘

建仓期间，对于制造和强化恐慌氛围，主力是不遗余力的。同时，主力还会利用压盘等手法，刻意制造个股上涨无力的假象，以逼走对后市失望的持仓者。

如图 2–64 所示，A 日该股在跌势中反弹，这个反弹高点距离前期向下跳空缺口的最低点仅差 0.01 元。也就是说，就差 1 分钱未能完全回补这个向下跳空缺口。

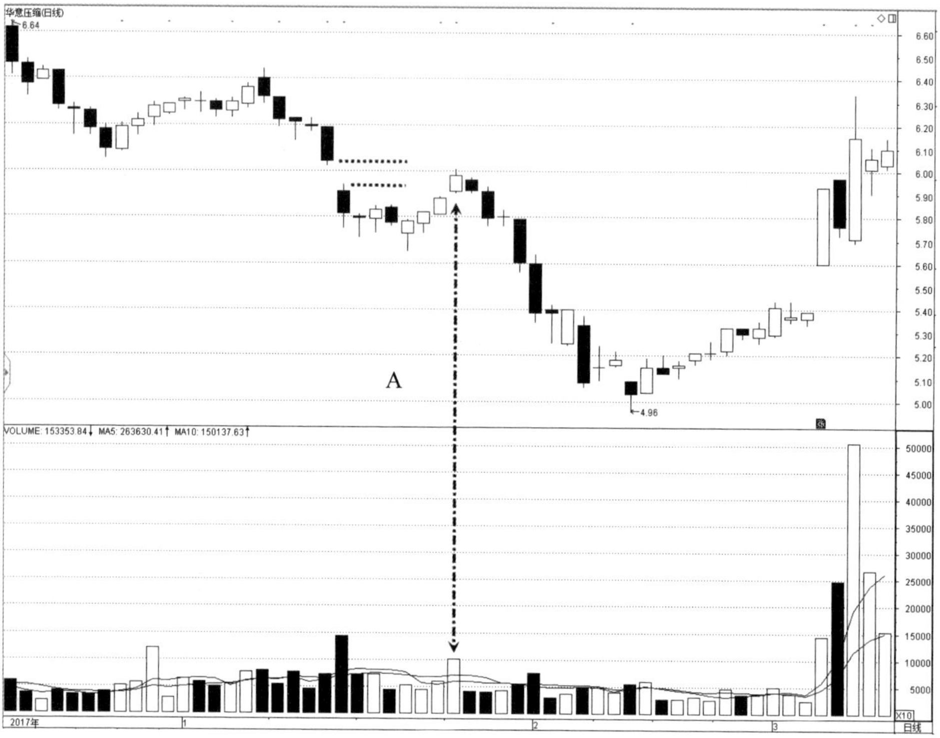


图 2-64

缺口也属于前文所讲的技术关口。在这个案例中，建仓资金同样是利用缺口制造上方压制强大的假象，以哄骗和诱使持仓者抛售。

图 2-65 为图 2-64 中 A 日的分时走势。如图 2-65 所示，股价上升明显受阻于同一价位，那么压力究竟来自何处呢？在股价上升受阻于每股 6 元这个价位时，其即时盘口挂单卖一价位上挂着 100 万股以上的大卖单。对热门个股来说，也许 100 多万股的挂单并不算稀奇，但对该股来说极其不正常。

为什么这样说呢？因为在之前长时间的股价运行中，该股大多数时间的日换手率都不超过 1%，可以说是标准的交易冷清类个股。那么，一个交易稀疏的冷门股，这 100 多万股挂单从何而来？为什么这么凑巧出现在股价反弹回补缺口的关键时刻？

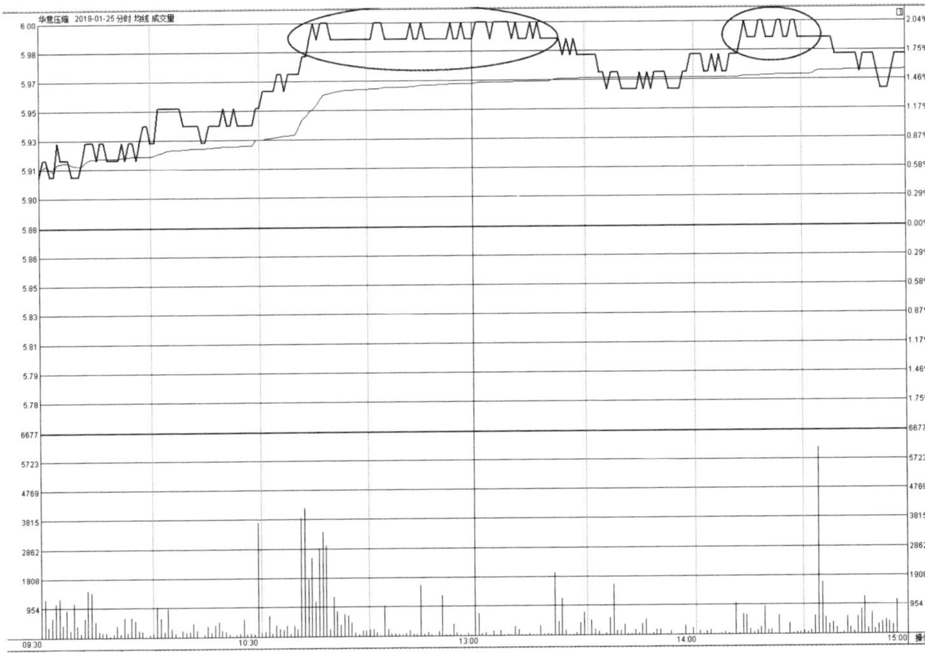


图 2-65

也许有人会说，是主力出货或者其他资金借反弹减仓。不注重技术环境分析的人很可能这么认为，而这样的结论恰恰是主力乐于看到的。

在跌势的弱反弹过程中，交易稀疏的冷门股卖盘突然挂出极为罕见的大卖单，如果说是主力出货或其他资金减仓，那么它卖得出去吗？如果真是主力想减仓，那么何必挂出大卖单，把自己的抛售意图昭告天下。如果真想减仓，把大卖单分散成中小单，即使交易相对稀疏，只要有足够的耐心，还是有可能分批抛出的。

主力的手法能够起到迷惑作用，但同时也暴露了自身的存在！在这一点上，并没有两全之法。

既然主力挂出大卖单不是为了出货（也出不了货），那么最大的可能就是压盘。所谓压盘，是指刻意制造压力沉重、个股上涨乏力的假象，以逼走悲观失望的持仓者。

如图 2-64 所示，A 日之后股价连续下跌，这似乎很符合 A 日主力大卖单减仓出货的逻辑，也会使持仓者坚信股价后市难以转好，继而在失望中抛单离场。

大卖单压盘这种技术手法，主力既可以用于建仓吸筹阶段，也多见于洗盘阶段。

## 十四、最后一跌

大多数个股在脱离下跌趋势进入构筑底部阶段时，都会有一个加速下跌的过程，这个下跌过程通常会探明下跌的最低点，所以也称为下跌趋势的“最后一跌”。“最后一跌”具有重要意义，它的出现往往预示着行情已经进入底部构筑阶段。

“最后一跌”往往跌速较快，跌势迅猛，其量能构成具有以下特点：下跌过程中成交量呈变量形态或基本呈常量，而“最后一跌”中的最低点，其当日的成交量往往处于常量水平。如图 2-66 所示，A 日之前为“最后一

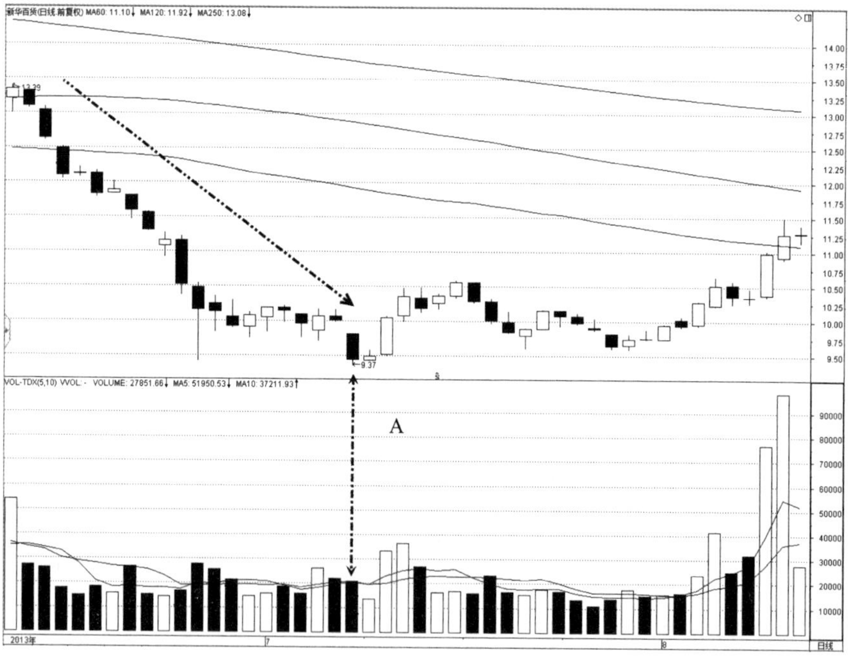


图 2-66

跌”的恐怖下跌过程，A 日为“最后一跌”中的最低点。

从交易心理角度分析，杀跌过程成交量出现变量形态，是由恐慌情绪引发的抛售行为或主力对倒制造恐慌情绪所致。恐慌性抛售得到宣泄后，价格和量能都会恢复到正常状态，但价格仍旧会在下跌惯性中创出新低。

“最后一跌”结束后，多数个股股价开始回升，回升力度较强的通常会升到杀跌前的价位，稍弱的回升至一半的价位。主力吸筹建仓仍未完成的话，可能仍会下跌，即继续考验“最后一跌”低点的可靠性。

## 十五、脱离苦海——均线识别法

所谓脱离苦海，是一种比喻的说法，是指价格已经走出下跌趋势，底部构筑已经完成或接近完成的个股。对于此类个股的界定，可采用 120 日均线和 250 日均线作为界定的基准。当股价成功突破两条长期均线的压制并获得支撑，则标志着该股已经脱离苦海。

实战中有一些个股形态复杂难辨，如图 2-67 所示，A 区域股价已经改

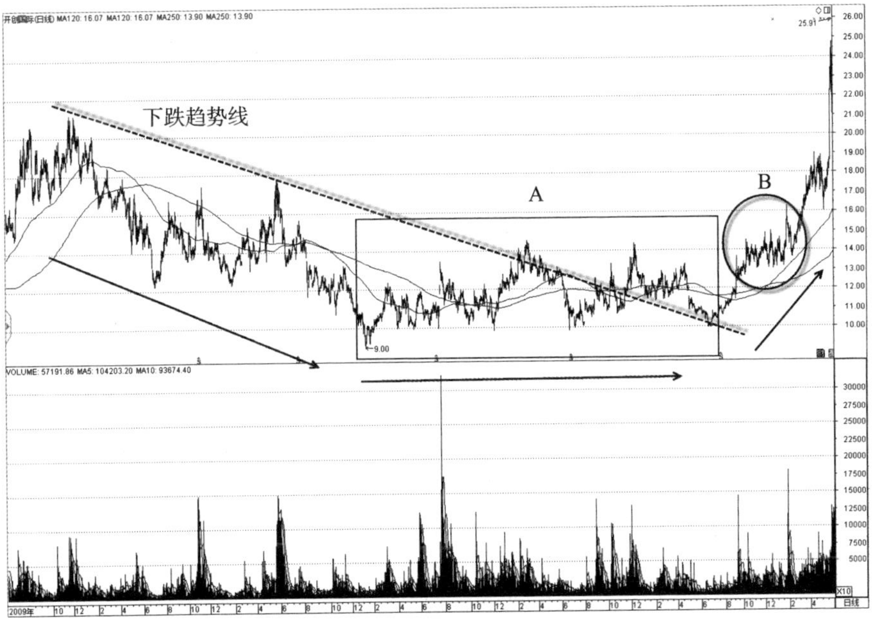


图 2-67

变整体下跌趋势，却在120日均线和250日均线上下盘绕，既不能站稳在长期均线系统之上，也并未脱离长期均线系统太远，形态似乎难以认定。

如果画出一条下跌趋势线，该股形态立即就变得清晰：A区域股价之所以难以得到长期均线系统的支撑，是因为虽然股价整体看已经止住下跌的态势，但仍未真正脱离下跌趋势的影响，实际上直至B区域，才真正扭转下跌趋势并获得长期均线系统的支撑，成功脱离苦海。

走出这种形态的个股，意味着主力资金吸筹建仓任务已经完成或接近完成，接下来将进入洗盘阶段。交易者应当迅速调整之前的操作思路，确定市场处于重大转折期，及时调整之后的操作思路和策略。

## 十六、估算主力建仓成本

主力建仓成本是其运作个股的底牌。无论谁想翻开这张底牌，都不是一件轻而易举的事。

市面上某些分析软件宣称有主力资金监控功能，就所接触到的此类软件而言，其所谓的主力资金监控功能，无非是以大单和累计大单的买卖方向认定主力资金及其动向，和免费软件里很多功能并无太大区别，所以不花这份冤枉钱也罢。

主力资金动向对交易者来说确实非常重要，但要说通过软件可以侦知主力资金的一举一动，就显得不靠谱了。且不说博弈的诡诈性会使软件计入很多不可靠的数据，当主力资金化整为零，以小单行动时，软件十之八九会将其计入市场散单。

软件不是神秘侦探007，不会深入对方内部窃取机密，它只是把你可能需要的东西挑拣出来，至于用不用得上，还要靠交易者自己判断。

股票交易是博弈的艺术，是资金的战争。交易者必须动用全部脑力来破译主力资金行为趋向，但不要妄想掌控对手的每一个细节。

根据本章前面几节讲述的不同的建仓方式，可以知道主力建仓成本有较大的差别。比如，在L型折返震荡建仓的两种形态以及拉升建仓中，主力的建仓成本是不一样的。

**1. 股价下跌过程中建仓的成本估算**

股价下跌过程中建仓，建仓成本一直处于不断变化之中。建仓过程并不仅指单方面的买入行为，还包含必要的卖出，否则跌势不可能长时间持续。主力通过买入—卖出（或对倒）分阶段吸筹，并在股价不同高点和低点的折返中不断高抛低吸，也可以降低成本。

采用这种方式建仓，当建仓资金开始转入拉升股价时，也就意味着仓位基本符合要求。在拉升股价至第一个出现中级调整的价位时，可以大致估算其建仓成本，大约在本次拉升幅度 50% 以下的价位附近。

对于主力建仓成本，只能通过技术分析估算，存在些许差异，但并不影响对主力行为的判断。应该明确一点：即使较为准确地估算出了主力资金的建仓成本，也并不代表在之后的行情运行中这个数值依然有效，因为主力资金还要通过不断的折返震荡降低成本。

**2. 股价低位折返震荡过程中建仓的成本估算**

对于股价低位折返震荡过程中建仓的建仓成本，技术派通常粗略地估算在箱形或圆弧底形态的颈线位附近，但如果在形态构筑过程中持续时间较长或频繁发生折返，那么成本还会更低，比如在中轴线等价位上。

**3. 拉升建仓的成本估算**

拉升建仓的主力资金，在拉升阶段，仅有日间分时走势折返震荡一种形式，降低成本的幅度有限，建仓资金主要是通过后续的中级调整来降低成本。经过中级调整的个股，其成本大致在调整低点 50% 附近的价位上。需要明确一点，由主导资金参与的快速拉升，因其短线交易为主的属性，所以估算其成本的技术意义不大，实战中要注意分辨。

以隐蔽性上升通道进行拉升的建仓资金，走势以折返震荡为主。在其拉升初期和建仓过程中，不同时间段多会出现变量形态的放量，这种情况在初期阶段是建仓资金突击增加仓位所致，实战中可以依此大致估算其建仓成本。例如，初期第一次变量和第二次变量的价格平均即为建仓成本价。

上述所有的成本估算都会随着股价的折返震荡不断改变，实战中绝不可死抱某一数值。比如，某股股价已经跌至前期建仓成本附近，却还继续下跌。一些交易者就会感到莫名其妙，不知主力是想自杀还是想干什么？其实，在动态建仓过程中，主力成本早已降到你想象不到的价位。

# 第七章 洗盘阶段主力行为特点

当思想不能自由飞翔的时候，困境就会不期而遇！

——《K线图核心技术》

## 一、洗盘的作用和级别

完成吸筹建仓的主力资金接下来要面对的就是拉升或洗盘。洗盘存在于整个行情的多个阶段，也是主力运作股价必备的条件和步骤。从技术上分析也可称洗盘为主力资金的诱空式减仓。

### 1. 洗盘的作用

洗盘在个股运作中的作用大致有四个方面。

（1）补足仓位

某些主力资金在建仓阶段虽然吸纳了所需的大部分筹码，但受到一些特殊因素的影响，仓位仍有欠缺，却已经无法继续在低位吸筹。这部分主力资金一般会选择边拉升边吸筹的方式补足仓位，或稍作拉升就展开震荡洗盘，这样既能清洗掉建仓期埋伏进来的低位筹码，也能补足所缺仓位。

（2）清理浮筹

主力资金完成建仓后或拉升过程中发现盘中有较多市场资金，而且这些市场资金的存在在一定程度上阻碍了主力的运作，那么主力资金就会采取措施和手段清洗过多的市场资金。

股价低点介入的市场资金，如果任其稳定持仓，那么当股价进入相对高位时，极有可能因获利丰厚而产生强烈的兑现欲望，这部分获利盘大量涌出，将打乱主力的运作计划。主力不会容忍这些低位筹码大幅度盈利，所以会利用洗盘的方式尽早、尽快地将低位筹码清理出去。

某些个股中，市场资金的体量较大，甚至可以说就是主导资金，这部分资金的存在对主力形成“对手”级别的威胁。没有哪个主力会在身边留下一颗随时可能引爆的“炸弹”不管不问。既然出现“对手盘”，那么就只能通过洗盘清理掉。铲除威胁，才能轻装上阵。

（3）垫高市场资金成本

洗盘并不意味着主力视市场资金为“死敌”，恰恰相反，适量、适时出现的市场资金对主力而言是必须的，也是必要的。当个股缺少市场资金的追涨杀跌，就会显得死气沉沉，纵然有主力资金运作，时间长了也会显得鹤立鸡群，孤立在大部分个股之外，极容易被市场资金或监管机构“盯上”，这对主力后期的运作相当不利。

然而，塑造一个相对热络却并不过分突出的个股，使之成为市场资金最喜欢挖掘的“潜力股”，则是主力资金比较热衷的方向。

不以清理“对手盘”为目的的洗盘，其实是主力资金为垫高市场资金介入成本采取的动作，其目的在于清理一批市场持仓者，同时营造买入环境，适时地让市场资金在股价上涨阶段进场。这时进场的资金受制于成本，短期内不会出现“兑现潮”，这样主力操盘就会相对轻松，这也是最受主力欢迎的市场资金。

（4）降低成本

实力资金历经千辛万苦才在涨势中完成大比例的建仓，虽然利用拉升中的股价折返和震荡在一定幅度上降低了成本，但是入场较晚的劣势不可能在短时间内得以扭转，这就使得其降低后的成本仍旧处于较高价位。

在一轮时间相对较长的上涨趋势行情中，主力资金有时间逐步降低自己的成本。但如果在出货前遭遇突发股灾，主力的一切努力都会化作泡影。

特别是在连续的暴跌中，主力高企的成本劣势会暴露无遗，早早走上爆仓的绝路。

对主力资金来说，关乎个股运作成败的关键因素就包括持仓成本。主力能否在博弈中占据主动或掌控地位，不但受到控盘比例的影响，也受到成本因素的制约。所以，降低成本是主力运作股价的整个过程中始终在做的一件事。

关于利用股价折返震荡降低成本的案例，前文已经讲过很多。洗盘阶段，主力资金除了关注清洗短线资金和浮筹的效果，降低成本也是其目标之一。

**2. 洗盘的级别**

不同阶段、不同技术环境中的个股，主力资金采取的洗盘形式也各不相同。

比如，刚刚走出建仓阶段的个股，如果主力资金建仓效果良好，成本控制出色，盘中也不存在过多的低位浮动筹码，那么其就会选择直接拉升或者短暂洗盘后大幅拉升的动作，不会让股价在低位滞留太长时间，以免给其他资金可乘之机。反之，接下来的洗盘时间就会比较长，股价折返也较为频繁。

洗盘的时间和可能达到的级别，与主力资金感知的技术环境以及行情所处阶段息息相关。个股经过一段时间的拉升，或者拉升幅度较大的情况下，盘中会累积一些获利盘。同时，主力资金和主导资金短期套利的行为属性毕竟存在较大差异，主力一味地拉升股价走向高位，可能面临监管等方面的压力，有时可以说是自寻死路。所以，通常情况下，这种前提下的洗盘级别都会较高，持续时间也较长。

## 二、挖坑

挖坑是对特定洗盘方式的形象性称谓，即在股价上涨过程中，主力出于不同需要故意打压股价，当股价回落到其希望达到的幅度或价位时，便会重新拉升股价。股价形成的这种跌落—涨升的形态，通常被称为挖坑和填坑，如图 2–68 所示。

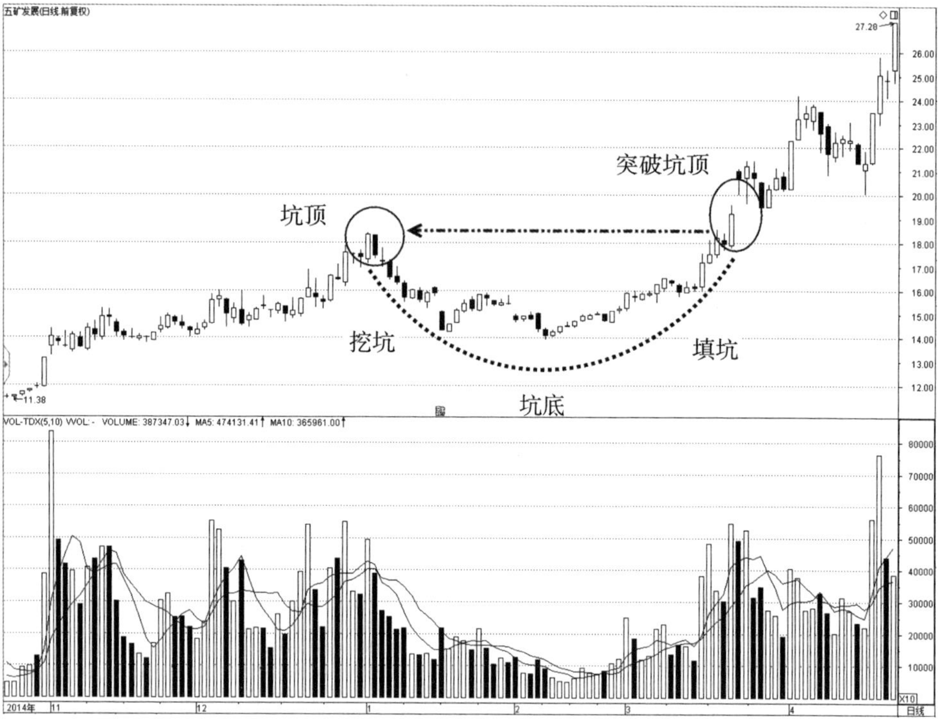


图 2-68

挖坑是主力诱空式减仓所致。虽然是诱空式减仓，但不同的技术环境以及不同的操作方式和仓位配置下，会有截然不同的下跌幅度和持续时间。也就是说，主力基于不同的需求，可能挖个深坑，也可能挖个浅坑。

实战中，某些个股从挖坑到填坑耗时较长，幅度较大，基本属于一波次级回落调整。但也有个股用时极短，三五天完成下跌挖坑，随后就进入填坑回升，挖坑的幅度和耗时并不一定成正比。

实战中，挖坑会对交易者的心理造成极大的冲击和压力。当密集的大卖单疯狂打压股价时，当大阴线兜头而下时，持股者不免胆战心惊。当这一切发生时，很多交易者并不会认为主力在挖坑，而是认为主力在出货，或者出现了其他重大利空事件。随着时间的推移，当股价回升填坑并继续飙升时，交易者才发现自己把筹码卖在了坑底。

实战中如何识别挖坑呢？

首先，从技术环境分析上入手。挖坑是在上涨趋势中出现的价格回落调整，挖坑会在上涨趋势的多个阶段出现，直至出货阶段。不少交易者在涨势中经历过多次挖坑后，当出货阶段到来时，仍会将其视为挖坑，致使辛苦赚到的利润大幅缩水。在长期大幅上涨后的价格高位一旦出现价格滑跌，交易者就要高度警惕，莫被涨势中形成的惯性思维所误。

其次，涨势中的横向震荡盘整（箱形）阶段会反复出现价格折返走势，其中每一次折返其实都和挖坑很接近，但若认为主力在挖坑，或采用挖坑、填坑相关技术来判定主力行为，则很可能在短线上遭受损失。如图2-69所示，A区域股价在横向震荡盘整阶段多次出现类似于挖坑、填坑的走势。

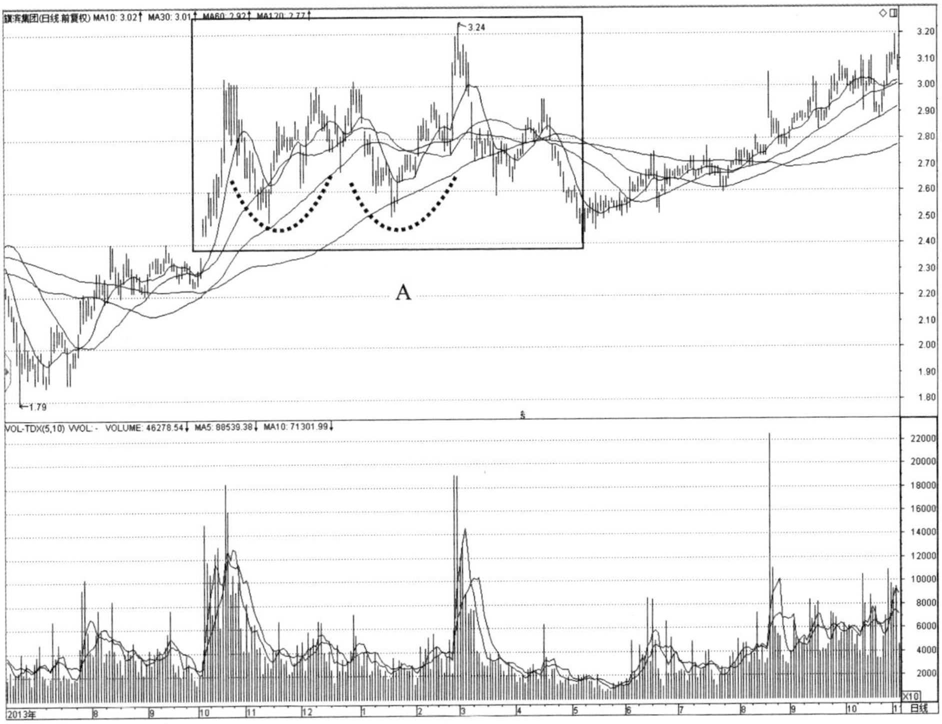


图2-69

可能有短线交易者有疑问：在横向震荡的第一次折返中，如果误以为是主力挖坑而介入该怎么办？如果你是短线交易者，那么短线就是短线，错误就需要纠正！至于损失，是不可避免的，就像做生意总要有成本一样。

最后，进入挖坑阶段之前，成交量形态会出现相应的变化，交易者可以根据相关形态的意义以及转化循环来分析确认。如图 2-70 所示，成交量主要是聚量形态和量能消散之间转化，这种相对简单的转化模式显示的是资金借机吸筹并稳步推进股价上升的过程。

这种类型的挖坑相对平缓，但对短线交易者来说反而不容易寻找交易点。对波段和中线交易者来说，最好的选择就是耐心持仓。

B 阶段股价打乱平稳上行的节奏，首次跌破 10 日均线，这意味着坑顶出现，挖坑开始。价格依附某条均线长时间上行，当有效跌破这条均线时，之前的运行节奏将会改变。B 阶段成交量也从 A 阶段的聚量形态转换到量能消散的形态。

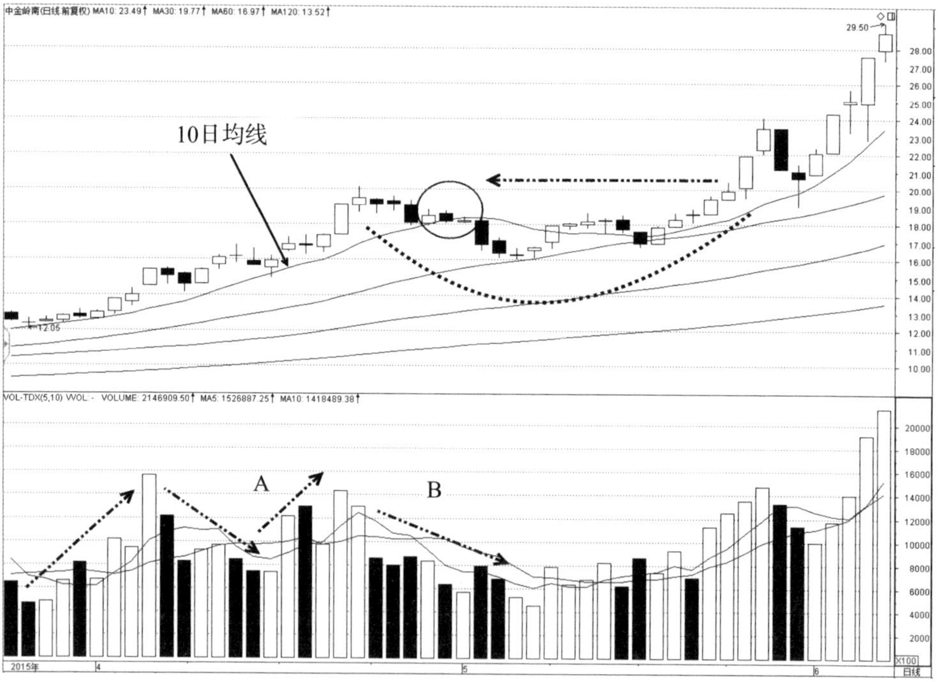


图 2-70

挖坑并不都像图 2–70 这样相对平缓。如图 2–71 所示，该股挖坑以连续阴线下跌的方式展开，而且坑底触及 120 日均线，这个凶悍的挖坑过程对持仓者来说绝对是一种煎熬。

图 2–71 比较容易发现坑顶，比如 A 区域和 B 区域两处出现变量，明显提示股价将面临调整。C 阶段出现量能消散，股价横向震荡，上涨乏力的态势已经非常明显，短线交易者相对容易嗅到危险来临的气息。

之所以出现图 2–70 和图 2–71 这两种不同类型的挖坑，主要因个股所处技术环境不同。图 2–70 中，该股正逢牛市行情，个股受到资金追捧，所以股价回落后便有资金闻风而来，积极进场，就使得该股很难出现图 2–71 中股价深调到 120 日均线的情况。而图 2–71 中，该股挖坑是受到大盘下跌的影响，所以跌势较猛，可以说是被动式挖深坑。

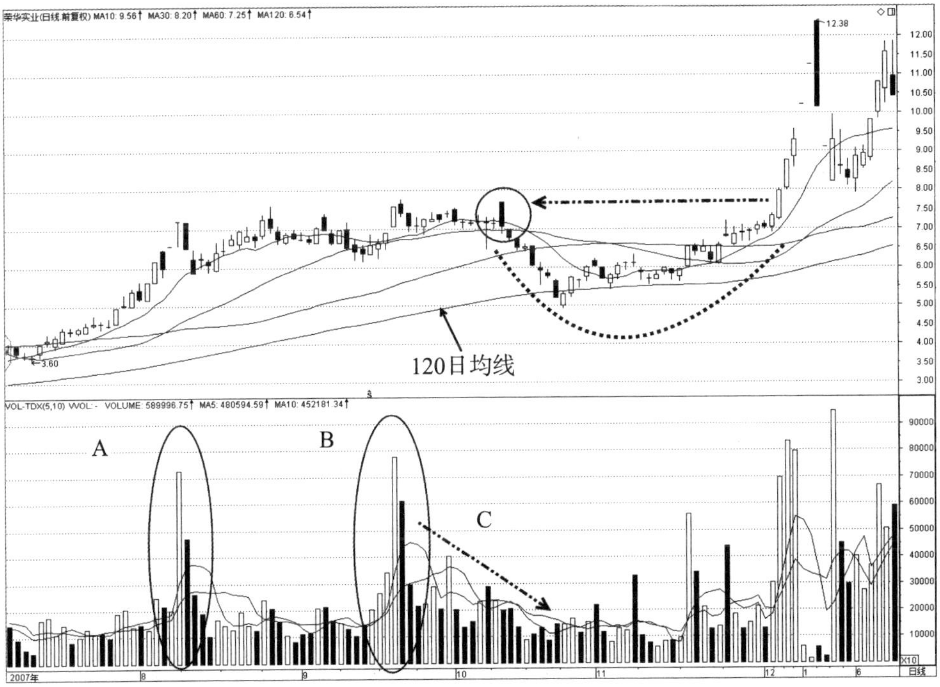


图 2–71

无论哪种类型的挖坑，当量能消散形态结束，进入常量或再次进入聚量形态，同时股价开始有效收复均线关口时，则意味着挖坑结束，填坑上升可能已经开始。

## 三、常量横盘震荡

常见的洗盘方式或者说洗盘形态除了挖坑，还有常量横盘震荡。

如图 2–72 所示，A 区域就是一个常见的常量横盘震荡的洗盘形态，也就是前文讲过的箱形。通过这种横盘震荡和股价来回折返，主力既可以将部分低点持仓者清理出去，也可以借机降低成本。可能有人会说，难道主力不怕自己的意图被识破导致其他资金在这里进场吗？

首先，股价反复震荡的过程中，敢于进场的市场资金不会太多，即使

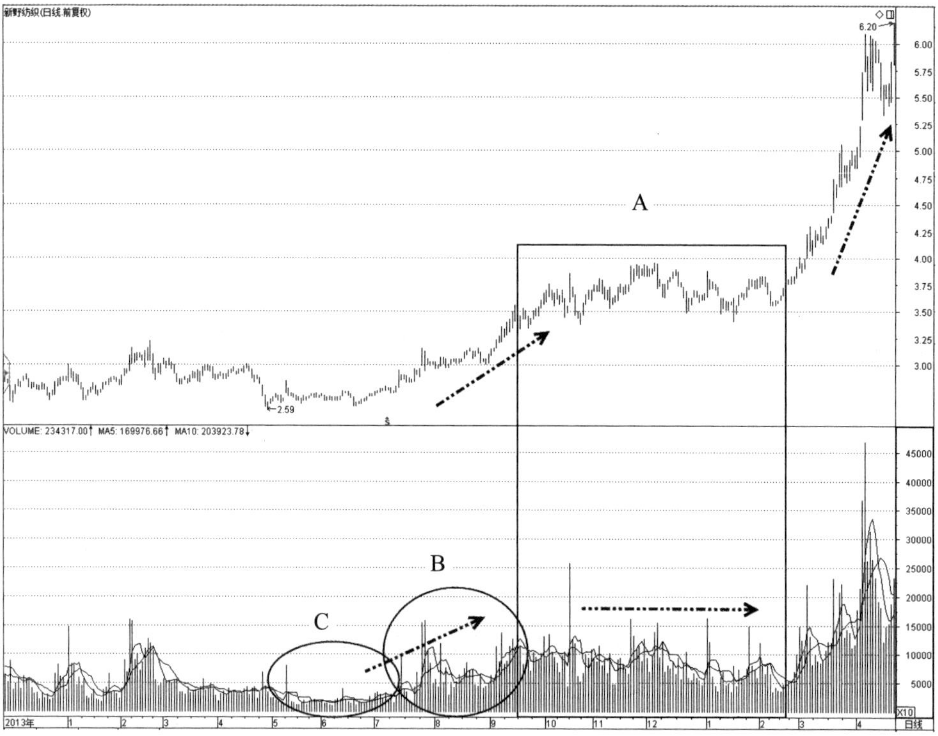


图 2–72

有，也可能忍受不了之后的反复折返而选择卖出。

其次，这个阶段主力并不怕市场资金来抢筹码，因为其建仓基本完成，新入场的市场资金受限于成本也不会急于卖出，反而能够起到帮助主力锁仓的作用。

常量横盘震荡形态的洗盘主要用于消磨交易者的耐心，让交易者时刻处于持股恐慌和抢筹的兴奋之中，久而久之，必然身心俱疲。市场资金即使明白该股后期会有行情，也有可能控制不住自己，最终选择卖出。

传统理论将常量横盘震荡称为“缩量横盘震荡”。实战中，会发现“缩量”这个词并不能准确表达个股即时的成交情况，这就对交易者分析个股所处的技术形势极为不利。

如图 2–72 所示，A 区域股价处于横向震荡之中，这时的成交量相比股价上涨阶段（即 B 区域）的成交量，应属于新的常量形态。这种新的常量形态传统理论通常称为“缩量”，因为相对于 B 区域的放量（聚量形态）来说，这里成交量没有继续放大，但是量能不继续放大并不等于缩小。将 A 区域的量能与 C 区域相比，仍然是放量。

技术理论在理解上的含混不清，必然导致分析与判断方面出错，更不要说识别主力行为了。这一点非常重要。猎人没搞懂猎枪怎么用，那么与其说是去捕猎，不如说去当猎物。

## 四、伪装顶部形态

有些洗盘方式或形态并不常见，但一旦出现，往往就是时间较长或跌幅较大的回落，比如尖顶和双顶。利用这些几乎人所共知的顶部形态来洗盘，会让交易者误以为股价遭遇顶部高点，随之选择抛售离场。

选择这种洗盘方式，对主力来说也不是个轻松活儿，尤其是成本控制不理想的主力，一般不敢挑战这种高难度的洗盘，搞不好会把自己陷进去。

一般来说，伪装成尖顶或双顶形态洗盘的案例较多，因为它们是一种中短期技术形态，具有迅捷性和凶悍性，比较适用于洗盘。头肩顶等较为复杂的顶部形态则相对少见。

如图 2–73 所示，该股在涨势中途出现一个伪装的双顶。这个双顶的整个构筑过程将近半年，整体跌幅也很惊人，能够坚守到最后不被清理出去的交易者很少。

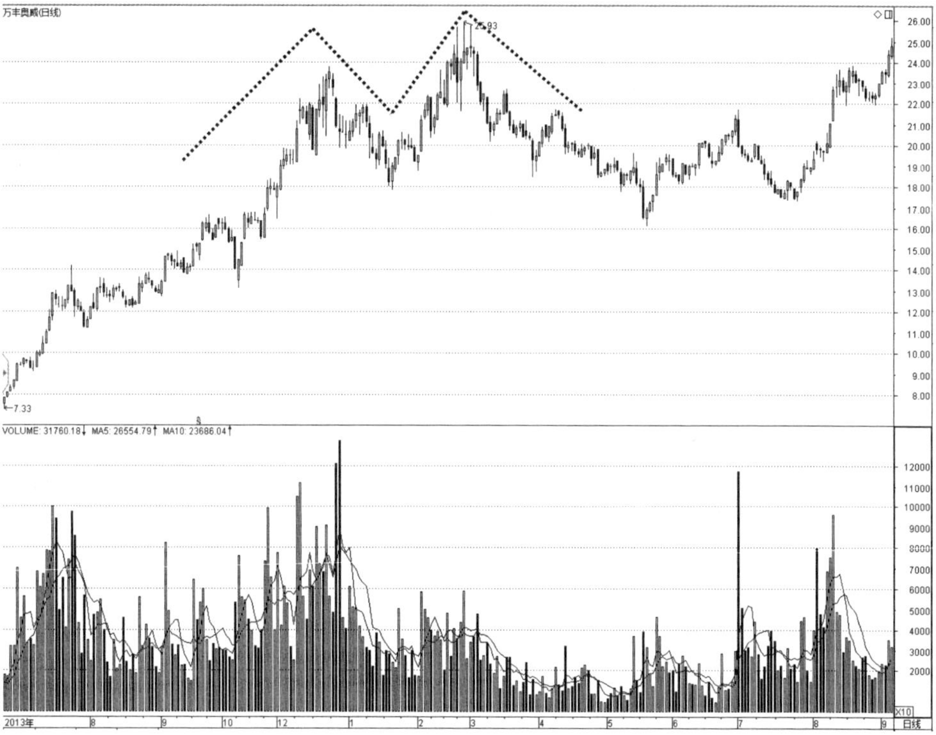


图 2–73

## 五、分时“崩盘”现象

主力资金洗盘期间采用的操盘手法和建仓期类似，比如大阴线、打破支撑、破位、急速下跌、跌停板，都是通过制造恐慌逼走持仓者，这里不再重复这些相似和相同的内容。

洗盘的形式难以言尽，但制造恐慌的实质不会改变。在一些大的洗盘形态下，其实真正造成恐慌的是日间波动，因为分时走势的细节会让交易者（尤其是短线交易者）产生无限的联想。

如图 2-74 所示，该股处于横向震荡过程中，这是一种相对“温柔”的洗盘形式。其实这种整体看起来很“温柔”的洗盘形态，只是事后复盘才能发现，身在其中多半不会有这种认识。

对短线交易者来说，这种盘局尤其折磨人。横向震荡走势的最大特点就是：今天给你希望，明天让你绝望；当你绝望时，希望再度出现……反复循环，似乎没有尽头。

横向震荡形式的洗盘不是只给短线交易者带来困惑，对于波段交易等中长线交易者来说，只要关注盘面走势，都有可能受到消极的影响。整体形态呈横向震荡，并不代表股价是风平浪静的，其实多数时候都处于折返之中，其中一些震荡折返的幅度还相当大。

图 2-74

如图 2–74 中 A 区域箭头所指的 K 线，这根 K 线在图中好像并不怎么显眼，可能看图的交易者会觉得：有什么好害怕的，不就是一根中阴线吗？如果你持有该股，并亲身经历一下这根“不起眼的中阴线”的形成过程，那么感受就完全不同了。

图 2–74 中 A 区域箭头对应的 K 线当日分时走势如图 2–75 所示，当日早盘大部分时间股价处于震荡中，这一点和 K 线图中的盘局吻合，大部分持仓者应该比较适应这种走势。因为前一交易日股价出现一个有力度的上涨，可能还会有部分交易者认为这种震荡结束之后，股价将延续上涨。

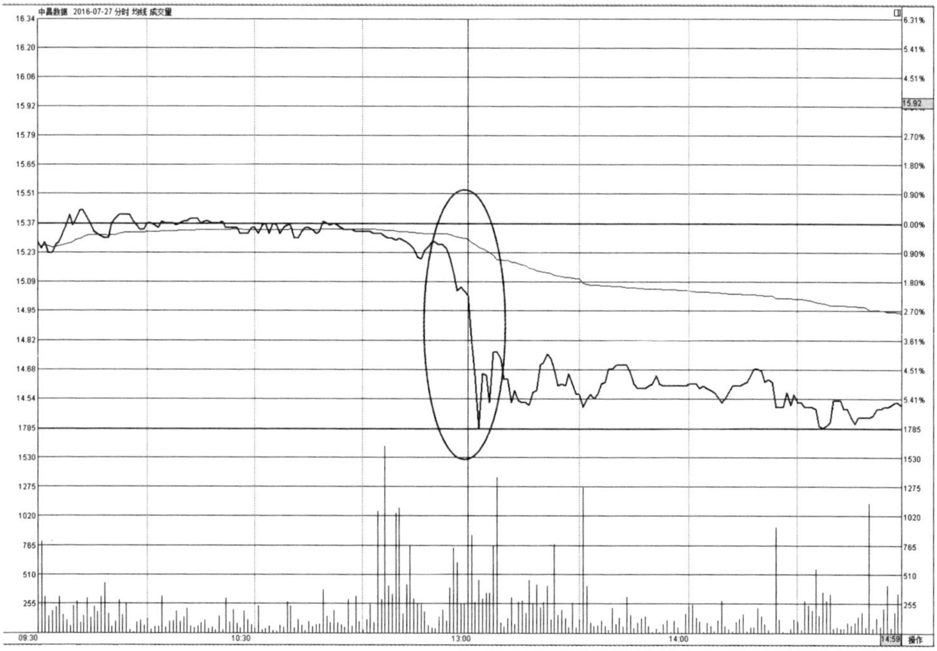

图 2–75

但是意外出现了，就在临近午市收盘前，股价突然跳水。午后开盘，跌幅继续扩大。这种突然发生的股价直线跳水，会让人想起“崩盘”这个词。持仓者开始猜测是否出现了有关该上市公司的利空消息，主力是否开始出货，股价是否会由此打破横向震荡转入下跌趋势……

跳水引发的恐慌蔓延开来，结合该股跳水后回升无力并持续向下震荡的态势，部分持仓者此时唯一的出路就是选择抛售，以此摆脱恐惧。

不要轻视日间波动带来的心理或情绪上的困扰。当交易者从技术环境方面认定目标个股处于洗盘阶段时，就应当对可能发生的恶劣盘面提前做好心理和技术准备，否则猝不及防出现的分时“崩盘”，很有可能击垮持仓的信心。

## 六、均线厚度空间

均线厚度空间是指周期不同的均线彼此之间拉开的距离。均线系统中，多条均线之间形成多个厚度空间，对价格运行趋向具有多层维护和保护作用。短期内厚度空间过度扩大会减弱维护作用，反而可能引发价格逆向运行。

由多条均线组成的均线系统中，短期均线之间的厚度空间是否畅通，代表着短期价格的运行情况：保持一定厚度的通畅，说明价格目前属于稳定运行阶段；厚度趋于狭窄，说明价格处于盘整震荡阶段；厚度空间封闭，则短期价格转向。

交易者在分析主力洗盘的级别时，可以利用均线厚度空间来鉴别和预判。比如，一些短线交易者喜欢追涨强势股，却往往会追在短线高点上，一旦强势股回调，便仓皇止损，而止损后又发现该股已峰回路转，扶摇直上。

部分强势股回调，有些可能是主力洗盘，有些却是参与资金在博弈中自然形成的。不管形成原因如何，只要这个回调是良性的，就有参与机会。实战中应主要关注 5 日均线、10 日均线之间的厚度空间变化。

通常来说，能称得上强势股的，必然以大角度保持上涨，脱线是常见形态，如图 2-74 中 A 区域之前。这种状态下，一旦打开连续涨停，当天不能再封住，就是强势个股展开回调的时候了。

如图 2-76 所示，A 区域第一根阴线当天出现跌停，这就是强势股以空间换时间的回调方式。当然这只是方式之一，并不是所有强势股都会采用这种方式。

被资金狂追的个别强势股，也会采用回调略探 5 日均线便再度起涨的方式。但连续采用这种方式调整的个股一旦失去追涨资金的青睐，就会直接进入大级别的下跌。常说的“断崖式下跌”往往发生在这种个股上。

A 区域，5 日均线和 10 日均线仍具有相对较大的厚度空间，更重要的是，代表价格强度的 5 日均线仍旧维持上行态势。这说明 A 区域第一根阴线的跌停板并未消耗掉股价上升的强度，探底回升的阳线是较为适宜的介入点。A 区域第二根是低开高走的阳线，其低点接近 10 日均线，而高点已收复 5 日均线。

类似案例中的强势股，在实战操作上，即使股价跌破 10 日均线，只要 5 日均线未转向，厚度空间未封闭，就说明短线涨升强度并未完全消失，仍可继续追踪。如果 5 日均线交叉 10 日均线，厚度空间封闭，则说明该股调整的空间和时间出现相应的延长甚至扭转。

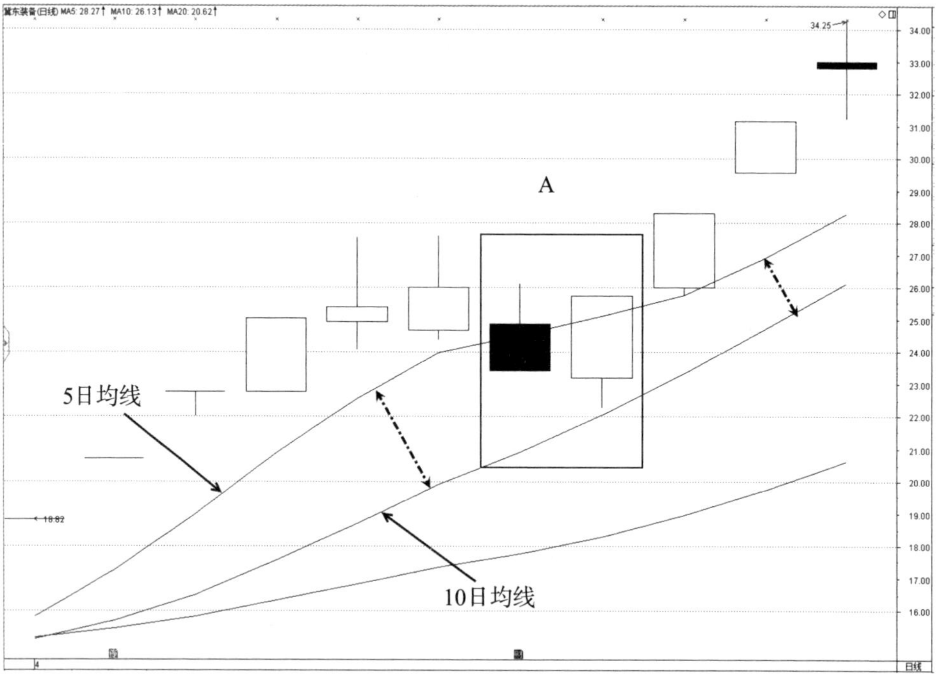


图 2-76

在个股的不同阶段，或出于不同目的，主力资金制造的洗盘力度和回调级别具有较大的差异。如图 2-76 所示，强势个股洗盘多以空间换时间，A 区域之前只有三个交易日的洗盘，下跌幅度却达到 20% 左右。在其他以时间换空间的个股上，可能持续几十天或几个月的洗盘过程，下跌幅度才与之相当，有的甚至还要小于这个幅度。

大部分个股主力进行深度洗盘时，会在 60 日均线附近结束。洗盘凶悍的可能会达到 120 日均线，通常不会等到 60 日均线向下转折。

如图 2-77 所示，A 区域股价经历了一个短期洗盘，5 日均线交叉 20 日均线，二者之间的厚度空间封闭。这种短期均线之间厚度空间封闭的情况在上涨趋势或次级反弹行情中很常见，只要 20 日均线并未在空间封闭后转为下行，那么就只是一个以消化获利盘和修复乖离等为目的的短期良性调整。

图 2-77

如果20日均线在空间封闭后转为下行，那么就需要思考本次调整是否会转为大级别洗盘甚至是趋势扭转。B区域20日均线在空间封闭后转为下行，显示洗盘级别至少是次级回调。随后股价击穿60日均线，几乎触及120日均线。B区域60日均线厚度空间也被封闭，但60日均线并未转为下行，说明这只是一个次级回调行情，并未走向趋势转折的绝路。

即使B区域股价触及或击穿120日均线，也不等于120日均线的厚度空间就一定会被封闭。厚度空间由均线构成，而不是股价，只要形成厚度空间的均线并未封闭该空间，那么厚度空间就会对股价产生相应的回归引力。厚度空间的引力理论上是由价格和均线间的背离形成的。这也是暴涨暴跌情况下，即使之后出现趋势扭转，但股价在连续击穿数条均线后，大多会迎来强烈反弹或回落的原因。

该股的次级回调洗盘最终在120日均线之上结束，之后股价开始逐渐回归上涨趋势。根据均线厚度空间来预判洗盘级别，适用于波段交易，对短线交易者来说，这种预判具有一定的滞后性，并不一定适用。

# 第八章　拉升期主力行为特点

涨势不停歇，守仓不猜顶。

——《K 线图核心技术》

## 一、拉升概述及角度、速率

价格在长时间的上升中形成上涨趋势。上涨趋势的运行并没有统一的模版，而是分别体现出起主导作用的资金的习惯和风格，这是对拉升形态的分析。

即使个股处于上涨趋势，也不意味着股价就会一直处于拉升走势中。在整个行情的运行过程中，拉升期与洗盘期相似，也是分阶段出现，这是对拉升阶段的分析。

关于拉升形态的分析，下文会讲到，此处先讲解拉升阶段的分析。

### 1. 拉升阶段分析

如果排除股价在上涨趋势中的回落调整，只将股价涨升阶段定义为拉升，那么没有任何一只股票持续处于拉升状态。不管多牛的股票都不会由纯粹的拉升构成整个上涨趋势，趋势运行期间或多或少都会有大大小小的回落调整。如图 2–78 所示，该股在长期上涨趋势中也出现过多次不同级别、不同形式的回落调整。

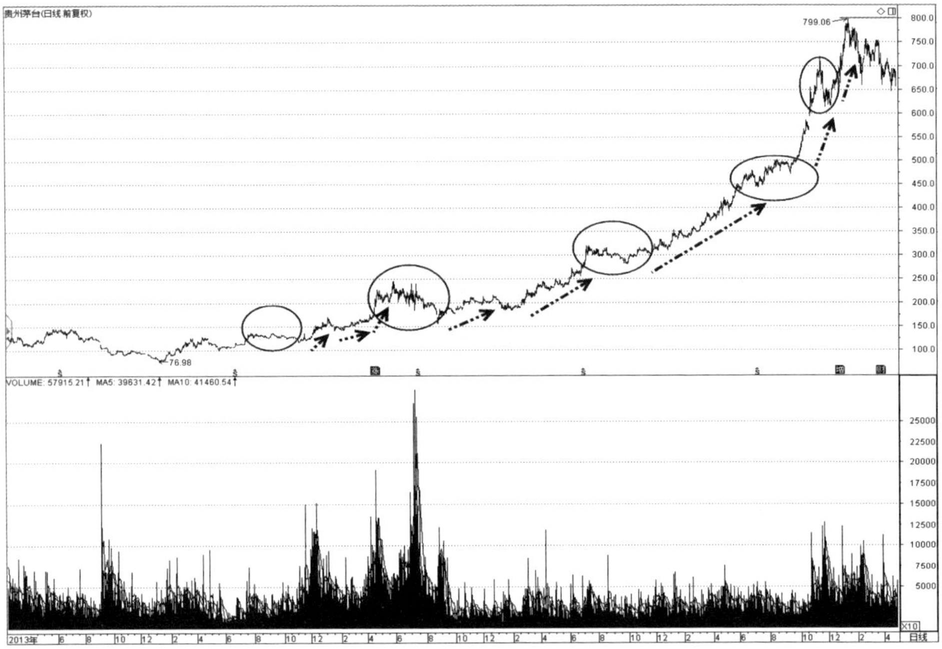


图 2-78

该股的拉升阶段既有短时间拉升，也有较长时间拉升，中间间有不同级别的回调。由此可见，任何一只大牛股，其上涨趋势运行过程中都不会是一条坦途，而是充满曲折和不确定性。

理解拉升，重要之处在于理解不论多优质的股票，股价都不可能一直处于持续上涨的状态。交易者必须像欣赏拉升一样学会理解调整和震荡，这样才能在纷乱的盘面找到行情真正的脉搏所在。

### 2. 拉升的角度与速率

拉升的角度与速率绝大多数都不是市场资金率性而为的结果，而是主力资金有预谋、有计划的行为。结合技术环境分析拉升的角度，既可以预估主导拉升的资金性质，也可以对后期上涨的持续性有一个客观的判断。

角度和上升速率存在正比例关系，角度越大，上涨速率越快。但是，陡直角度的上涨可能意味着涨势并不能持久，以过于平缓的角度上涨可能意味着涨势会频繁出现反复。

分析这些不同角度、速率的拉升，对于理解主力资金的意图非常关键。

拉升的角度通常可分为三种，如图 2–79 所示。

一是 30 度区，指以 30 度角为中心的波动区域，这种平缓角度的启动与攻击也称为缓速上攻（拉升）。

二是 45 度区，指以 45 度角为中心的波动区域，这种不急不缓、角度相对适中的启动与攻击也称为匀速上攻（拉升）。

三是 60 度区，指以 60 度角为中心的波动区域，这种较大角度的启动与攻击也称为急速上攻（拉升）。

在理解和应用技术分析时，必须有严谨的态度，但是不能有呆板的思维。这里提到的角度并不需要精确到丝毫不差，只要大致运行在这个区域即可。

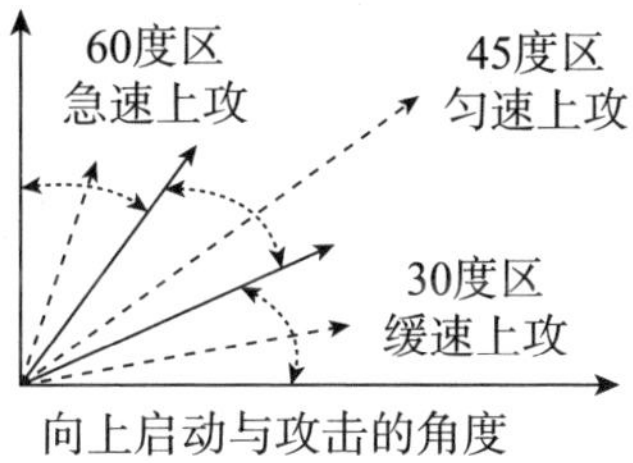


图 2–79

（1）30 度区缓速拉升

30 度区拉升，由于运行角度平缓，攻击强度不足，往往会带来趋向或趋势上较大的不确定性，容易使交易者陷入强烈的迷惑。尤其是在启动阶段，30 度区的启动角度在实战中失败的案例比较多，很多个股会出现二次启动的情况。

30 度区攻击角度在行情的各个阶段都有可能出现，尤其在底部构筑阶段。它的出现往往会使行情运行趋向变得扑朔迷离，较难预判。

通常来说，采取 30 度区拉升，多是市场资金的行为，或者是主力资金故意示弱的一种行情运行模式。30 度区拉升显示多空双方处于胶着状态，多方并不具备明显的优势地位，获利盘沉浮不定，亏损盘仍旧沉重，行情随时可能倒向空方。30 度区拉升角度不会长久延续，会在波动中逐渐加大运行角度。

当价格从 30 度区的拉升变轨为向上的 45 度区或 60 度区，则是主力资金放弃掩饰、露出真实面目的时刻。当然，也存在主力资金故意诱多的行为。

实战中，拉升不可能始终以同一角度运行，必然会在多个角度间转化，这既是博弈特性决定的，也是均线和价格调适和修复的需要。如图 2-78 所示，该股在上涨趋势中的多个拉升阶段出现了不同的拉升角度。

30 度区拉升，因其角度平缓，走势略显绵软，会使市场资金心存疑虑，不敢确信行情趋势正在发生变化，甚至误判行情随时出现折返，这可能也是主力资金希望在这一阶段达到的效果。在个股构筑底部阶段，如果 30 度区的拉升能够维持较长的时间，倒是可以追踪关注。

（2）45 度区匀速拉升

交易大师江恩认为，45 度角能够反映价格随时间上升或下降的速率，在这个角度，价格和时间两个方面处于完美与平衡之中。在上升趋势中，只要价格维持在上升 45 度角，则趋势持续有效；在下跌趋势中，只要价格维持在下降 45 度角，则趋势持续有效。

研究实战案例也可以发现，启动与攻击成功率比较高且强度较为理想的个股，多数都是以 45 度区的角度展开攻势。过大的启动与攻击角度，攻势强度虽高却很难持久；过小的角度，攻势则显得绵软无力，存在折返的可能。

45 度区在角度上不急不缓，处于一种匀速拉升的状态。技术意义上，虽然显示多方具有主导性，但空方并未放弃反抗，是一个不停反击的过程。正因为有多空双方激烈的博弈，使行情的运行处于一个获利盘与亏损盘不停转化、成本不断垫高的具有较强支撑力的状态，股价运行相对稳定，行情容易判断。

如图 2-80 所示，A 阶段股价以 45 度区拉升，途中经过一波次级调整后，B 区域以强度更大的 60 度区继续上行。在整个升势中，股价涨势量增，跌

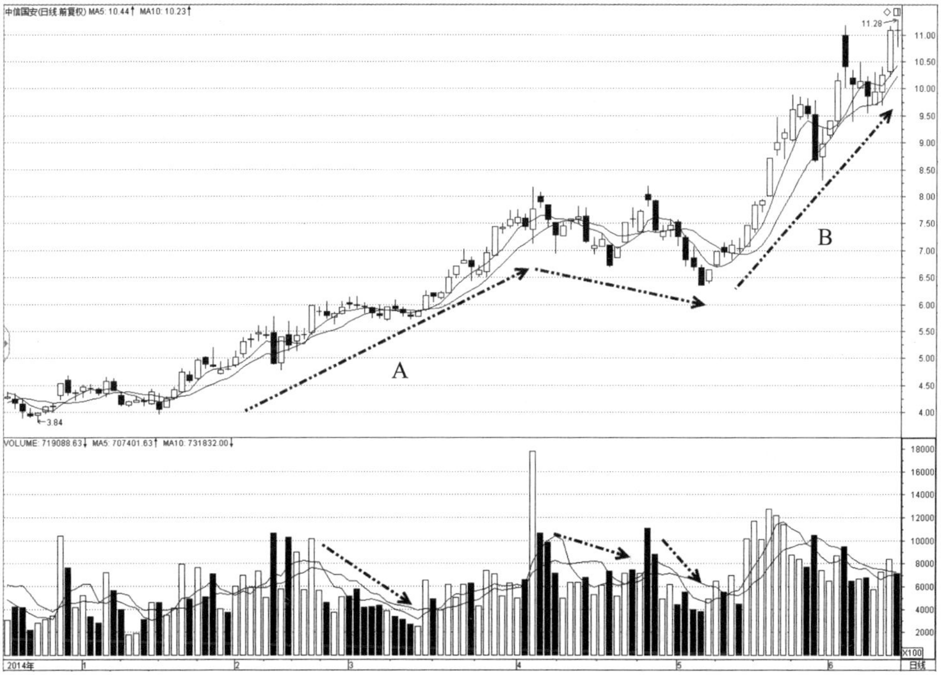


图 2–80

势量减，显示主力对于升势处于良好的主导状态。

主力往往会以 45 度区拉升来逼空，这种匀速拉升会使空仓资金处于焦躁之中：不想追涨，但股价未出现明显的调整波动，因此很难找到合适的介入机会。

45 度区的上攻状态保持一段时间后，多方开始波动变轨——A 阶段与 B 阶段之间。股价回调，空仓资金买入后即被套，或者仍旧不敢买入，认为调整还会有更低点，但是接下来，行情却由此进入更为强势的拉升阶段。这种走势彻底打垮空仓资金的意志，使其产生绝望心理，以至于不得不改变看法，高位追涨。

需要注意的是，这种角度的拉升途中出现次级调整后，均线与股价应出现波动变轨，即加大上涨角度，或至少不小于之前的上涨角度，这一点非常重要。

一个重要的价格回落调整结束后，被削弱的理应是空方。此消彼长，多方应变得更强大。如果经过一个重要的调整后，股价并没有变轨加速，反而走势绵软，小于之前的上涨角度，那么需要留心这个价格回落调整的性质可能会使行情发生改变，行情趋向有可能转向更为胶着的盘整状态，或是发生趋向向下的扭转。

如图 2-81 所示，A 阶段股价和均线以 45 度区的角度启动并展开攻势，之后股价出现一波较大幅度的回落，转而再度回升。此时均线并没有变轨加速，反而出现变轨减速并以 30 度区的角度展开攻势，不久就出现趋向向下扭转。

实战中，以 45 度区拉升的个股调整后再次启动时，如果角度变小，要留心趋向生变。

（3）60 度区急速上攻

60 度区是极为陡峭的拉升角度，也被称为急速拉升。采用这种启动和

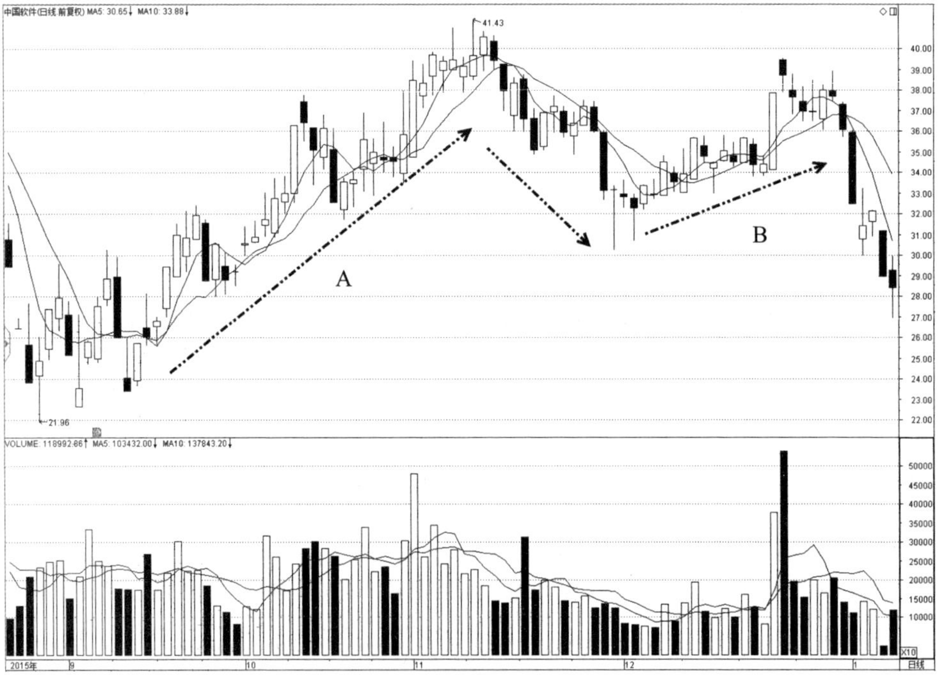


图 2-81

上攻方式的个股，无疑受到资金的高度追捧。这种强度最高的拉升模式往往是主导资金短线突击行为导致的，拉升结束后，多数都要面临趋向或趋势转折，或者是长时间的休整。

技术意义上，当股价和均线以60度区的度角上行时，说明空方基本放弃有力度的反击，行情处于多方全面掌控的单边运行节奏中。缺少空方的有力反击，对行情的运行来说未必是好事，过于集中的一致性观点必然导致单方向的急速冒进，物极必反的结果就将显现。

实战中，个股以60度区的陡峭角度拉升，整个拉升上涨的幅度也许非常惊人，但是攻击持续的时间短暂。这种过于极端的拉升模式，会在短时间内累积大量获利筹码，筹码获利越丰厚，兑现的欲望越强，这也是极易促使行情扭转的重要因素。

如图2-82所示，该股受政策性利好影响，以60度区这种陡峭的角度展开拉升行情。成交量可以显示此次急速上攻受到大批资金追捧。其实类

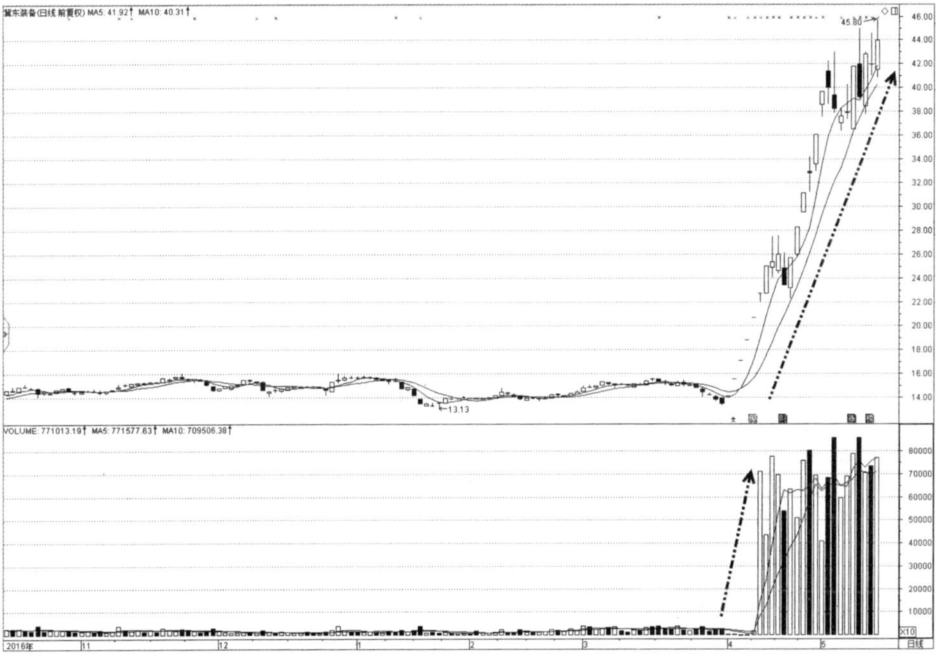


图2-82

似于案例中的情况是资金之间的接力或者说博傻行为，大家都在赌自己接下的不是最后一棒，也不是最傻的那一个。

当60度区急速拉升结束后，如果回落至45度区附近能够止住跌势，说明涨升的强度仍在，那么经过盘整后仍有可能再启攻势。如果45度区被跌破，至少表明短期内恢复升势的可能性几乎没有，甚至由此发生趋势或趋向扭转。

如图2–83所示，A阶段均线以60度区急速拉升，股价由每股22元上涨至每股40元只用了短短7个交易日，之后股价回落。B点区域股价跌至45度区并没有止跌回升，仍旧继续下跌。这种情况显示该股涨升强度基本消耗殆尽。对于这种盘面的个股，短期内就没有必要予以关注了。

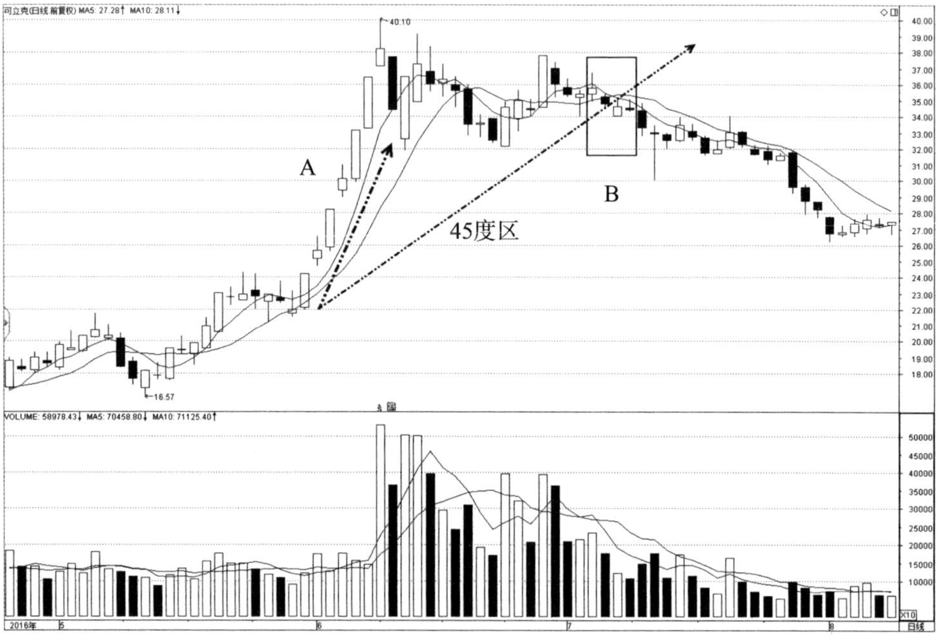


图2–83

## 二、阶梯式拉升

拉升可以从阶段、角度、速率等技术细节上分析，也可以从大的形态上分析。二者在实战中配合使用，对于交易者判断主力资金的风格以及操盘意图，都会有较大的帮助。

如图 2-84 所示，在上涨趋势运行中，该股大部分时间保持在 30 度区和 45 度区，其间的每一次回落调整基本都呈横向震荡的形态。调整结束后股价上升，再次出现调整时也不会回落过深，形成了类似于阶梯的形状。

这种阶梯式拉升，无论是拉升阶段还是其间的调整阶段，表现都相对平稳温和，股价很少会大起大落。阶梯式拉升通常出现在权重个股的走势上，其技术意义是筹码的稳定性较高，绝非崇尚短线交易的主导资金所为，而是超大型资金控盘的结果。

值得注意的一点是，阶梯式拉升的个股一旦改变这种拉升风格，也就是说，股价波动变轨、角度与速率变大后，极有可能面临大级别的回落调整，甚至是股价顶部转折。

图 2-84

## 三、震荡式拉升

震荡式拉升是比阶梯式更为常见的拉升形态。在上涨趋势的运行中，大部分个股会采用这种拉升形态。

如图 2–85 所示，该股在上涨趋势运行中多次回落调整，这种回落调整的幅度相对阶梯式拉升来说都较大，而且不像阶梯式拉升那样多呈横向震荡。

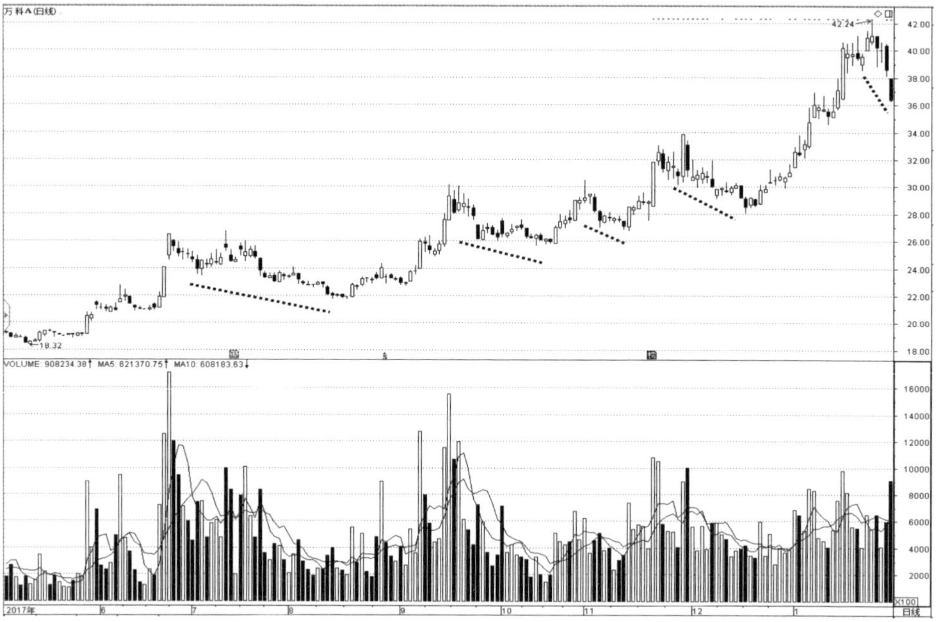


图 2–85

震荡式拉升的筹码稳定性远不如阶梯式拉升，主力资金正好借用股价的震荡折返实施洗盘或降低成本。因主力资金目的以及需求不同，涨势中出现的回落调整级别也有不同。

在震荡式拉升运行中，每一阶段的拉升角度与速率也呈多样化，由此对之后的调整级别带来影响。比如，一个短时间内的 60 度区拉升，其后的回落调整大多要比长时间内 60 度区拉升后的调整级别低得多。

在进行角度与速率分析时，还要注意成交量分析以及技术环境分析，因为主力资金在不同阶段的行为大相径庭。

## 四、急速直升式拉升

急速直升式拉升是一种极端的拉升形式，相对其他拉升形式来说比较少见。这种拉升形式会被人误认为整个上涨趋势都属于拉升期，其实仔细分析的话并不尽然。

如图 2-86 所示，整个上涨趋势运行期间，该股几乎保持在 60 度区，似乎没出现过明显的回落调整。放大拉升的过程可以看到，A 阶段该股的拉升并不是没出现回落调整，而是回落调整的级别较小。拉升角度陡直，也会让人产生错觉。

急速直升式拉升通常出现在技术环境为大牛市的背景下，其他技术环

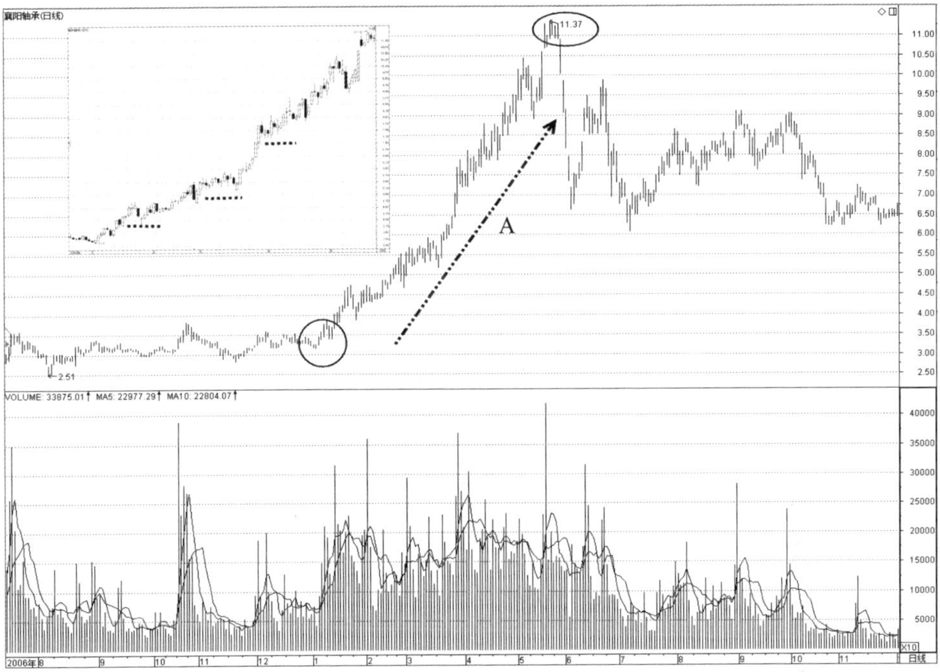


图 2-86

境中只会出现阶段性的急速拉升，很难形成形态上的急速直升式拉升。这既是行情热度使然，也是主力资金基于行情特殊性做出的特殊选择。

采用这种拉升形态，主力资金多因建仓或其他原因与大势运行节奏不同步。案例中该股启动升势时，同期的深成指已有明显升幅，见图 2–87 中 A 区域。该股见顶回落时，大盘指数仍旧运行于升势中，见图 2–87 中 B 区域。

通过与大盘指数的对比可以发现，急速直升式拉升的个股虽然涨势迅猛，但是其维持的运行周期相对较短。在这一点上，不管是形态上的急速直升式拉升，还是阶段性急速拉升，都不能回避角度、速率的问题。

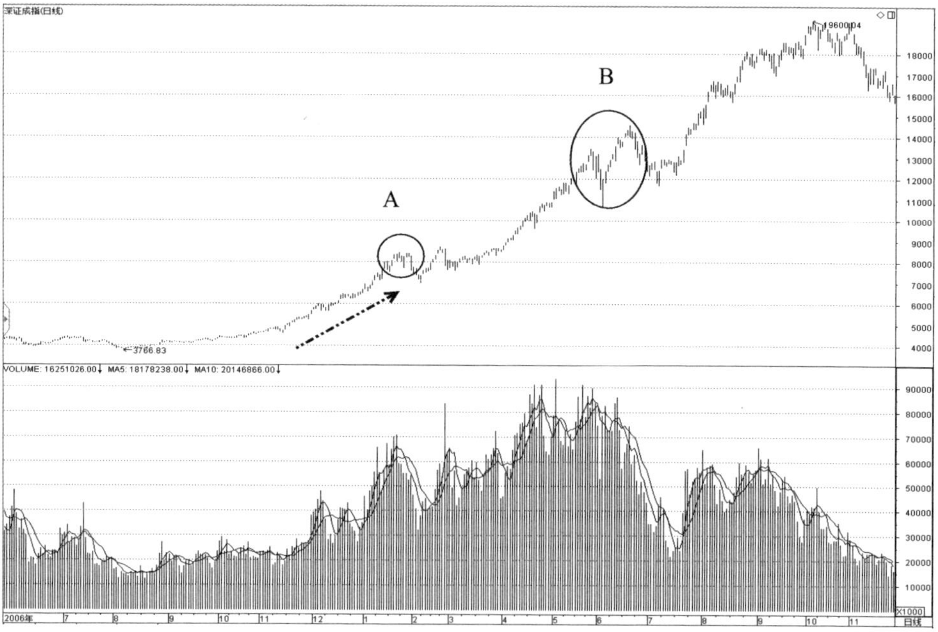


图 2–87

## 五、主升段的机会与陷阱

讲过急速直升式拉升，下面接着要讲的是个股的主升段。所谓主升段，通常指个股上升速率最快、上涨幅度最大的主要拉升阶段，多数个股在这一阶段会出现急速拉升。主升段是赚钱最快的阶段，也是一不留神就会被套在股价高位的阶段。

如图 2–88 所示，该股在 A 阶段以 30 度区启动上涨，之后随着涨势延伸，拉升中的角度逐渐加大。B 阶段以 60 度区拉升，这种大角度拉升必然导致股价出现幅度较大的回落调整，其原因就是主力需要清洗获利盘，降低自身成本。C 阶段股价以 30 度区向上拉升，这个阶段的震荡折返极为频繁，显示出主力资金通过这种走势低买高卖来不断降低自身成本，并借机提高市场资金进场成本，为主升段的到来做准备。

D 阶段为该股主升段。通过放大图可以看到，这个主升段维持的时间并不长，但升幅惊人，中间仅出现单日调整。

在主升段的急升过程中，机会与陷阱并存。大多数获利丰厚的主力会

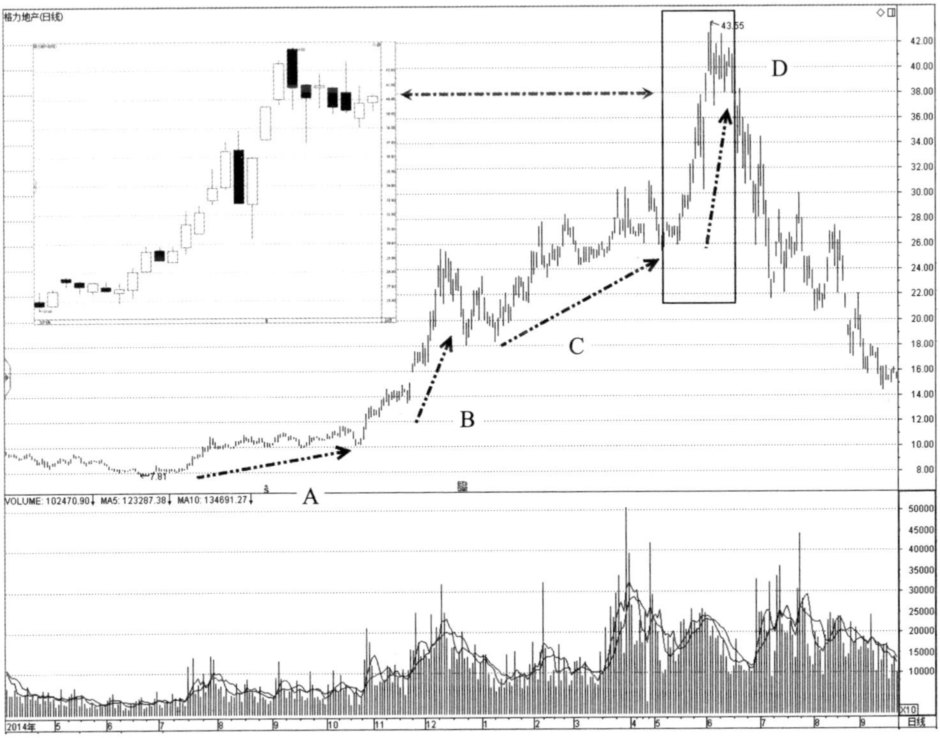


图 2–88

在主升段甚至主升段之前就将大部分仓位逐步减掉，提前兑现利润。如图 2-88 所示，该股主力在 C 阶段已经开始通过阶段性减仓来完成部分出货任务，及至主升段时，在激发起市场资金疯狂追高热情后轻松地抛掉剩余仓位。

在主升段，交易者必须注意成交量的变化：其一，涨势延续中，量能不断缩小；其二，涨势中，量能放大，接近或超过历史天量。两种极端形式的量能表现都预示着股价顶点临近。

主升段成交量不断缩小，说明追涨资金的热度正在不断下降，其后果就是买入资金持续减少，导致股价难以支撑急速上升，随后多半迎来跌势。如图 2-88 中 D 阶段和图 2-89 中 A 阶段，都属于这种情况。

如图 2-89 所示，主升段 A 阶段过后，股价并未直接形成跌势，而是展

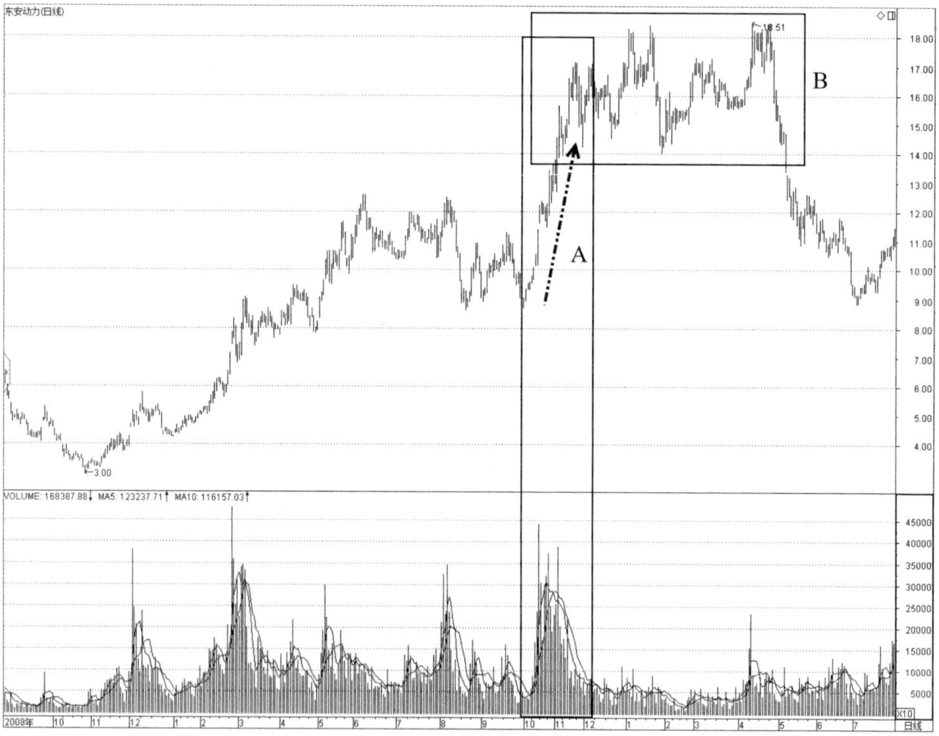


图 2-89

开了一个横向震荡，见区域 B。这种走势说明主力前期拉升过程中并未完成出货，只能通过震荡完成后续的出货任务。

主升段成交量持续放大并不存在问题，关键在于这个放大量能不能过度。何为过度？如果量能在主升段的急速上升中达到该股历史天量的级别，也就是该股历史最大量能附近时，即为量能过度放大。

如图 2-90 所示，该股在主升段的急速拉升中，成交量达到历史天量级别。出现这种量价的极端表现，该股股价也由此冲顶回落。

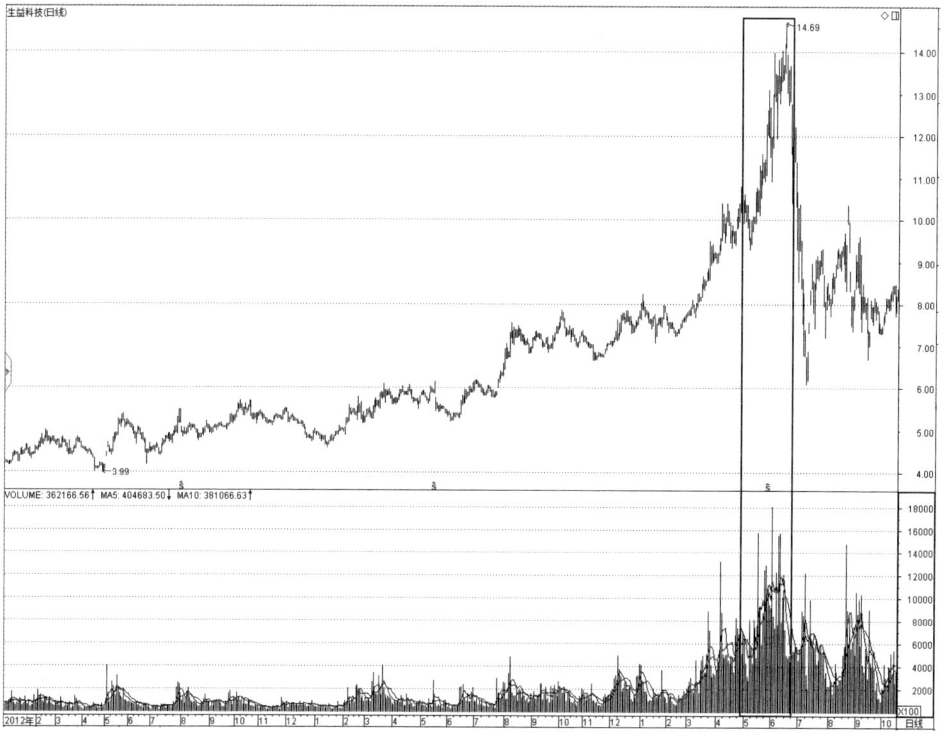


图 2-90

# 第九章 出货期主力行为特点

做交易，资金少点儿没关系，智慧少了关系很大。

——《K 线图核心技术》

## 一、出货和阶段性减仓的区别

出货是主力资金完成相应操作兑现利润的过程。在可能的条件下，谁都想追求最大利润，但是追求最大利润和获得最大利润完全是两回事儿。追求最大利润就像是梦想，获得最大利润则是实现梦想。

大多数情况下，主力资金需要“丢卒保车”来完成整个操作计划。最大利润在现实中并不存在，最佳利润是唯一的、最理智的选择。不排除某些主力资金并无利润，以亏损离场的可能性，毕竟迫于局势，有时候主力资金也不得不认赔出局。

谈到出货就会想到减仓，很多人容易将二者混淆，甚至将之等同于一个概念。二者虽有部分重合，但并不完全相同。交易中的减仓是指以降低仓位为目的的卖出操作，出货或者清仓则是指以清空仓位为目的的卖出操作。

减仓操作是普遍存在的交易行为，其中既包括主导资金或主力资金，也包括一般交易者以及市场各路资金。一轮行情总是由价格的涨跌构成的，无论是价格上涨阶段还是下跌阶段，总会有人采取减仓操作。

例如跌势中，持仓者担心价格持续大幅下跌，于是选择降低仓位的操作以减少亏损面，并期望未来在更低的价格上把减掉的仓位再买回来。涨势中，持仓者在价格急升时降低仓位，兑现盈利，以期降低持仓成本，在价格冲高回落时再补回仓位。

减仓，总会有这样或那样的原因。主导资金或主力资金减仓大致有以下原因：一是诱空式减仓，即减仓打压股价，诱使散单杀跌，之后再回补；二是阶段性减仓，即兑现部分利润，减仓后不再回补或者少量补回，之后主要通过对倒伪造成交量并拉升价格。这种意义上的减仓基本等同于出货，或者说是出货的一个环节和步骤。

实战中，主力资金或主导资金的减仓行为无所不在。无论实力多么雄厚的资金，在操作个股的过程中，也不可能只买进不减仓。大多数时候，减仓是操作个股必要的技术手段。

可以说，个股一轮涨势行情中的阶段性高点，大多数是主力资金主动减仓造成的，至于减仓形成的短期高点，更是不胜枚举。通过减仓、震荡、回补、拉升这一不断的循环过程，主力才能持续降低持仓成本。

## 二、出货的环境与手法

主力资金出货并不像一般市场资金那么容易和简单。主力资金出货需要一定的技术环境和条件，这些环境和条件一旦具备，就要小心主力资金随时可能开始出货。

### 1. 技术环境

经过长期大幅涨升后，市场具有极高的人气，有利于主力顺利出货。主力资金出货往往领先于市场其他资金，因其仓位重，控盘程度深，其一举一动都会导致股价大幅波动，所以不提前布局出货，到了大市露出明显疲态时，就很难全身而退了。

一些仓位适中的主导资金对大盘的趋势极为敏感，一旦发现大盘有走弱迹象，会在第一时间完成出货。这部分资金出货会对股价造成极大的影响。

对实力一般的主导资金来说，一旦领涨的龙头个股主力资金有出货迹象，他们也会跟风出货。所以市场上经常见到这样的情况：某个板块个股集体上涨，当领涨股开始滞涨或下跌的时候，其他个股就跟着纷纷下跌，甚至跌幅和跌速都超过领涨个股。更为极端的短线套利主导资金，其出货和进仓时间间隔可以以小时计算。

一般来说，主力资金建仓之前都已经做好整个运作计划，包括确定个股的目标价位。在实际操作中，主力资金会根据大盘形势的发展微调个股的目标价位。比如，原定个股涨幅是其成本价的 100%，但是大盘出现超强走势，主力资金就会根据实际情况增加获利幅度和部分仓位的持有时间。

**2. 出货手法**

当主力资金运作的品种经过大幅度上涨接近或者超过自己的目标位后，通常会按照既定方针布局出货。为了达到这一目标，主力资金会运用各种手法力求成功兑现最佳利润。

（1）盘口、图形

为了能顺利出货，不被市场觉察，需要在高位保证股价相对稳定。为了做到这一点，主力资金常会以小单的方式出货，几乎所有的炒股软件都不会把这种小单统计成主力卖单。

出货时，主力资金很少以主动性大卖单的方式挂单卖出，而是在买卖盘的挂单上做手脚，比如异常撤单、上压单、下托单或采取隐性买卖盘等方法，悄无声息地降低仓位。

主力资金还会利用股价高开甚至涨停板开盘的方式出货。个股高开之后迅速低走，巨大的买盘挂单短时间内就会被吞噬。

如图 2–91 所示，该股股价 A 日高开并一度封上涨停板，但不久就被巨量抛单打开，当日以高开大阴线报收。如果股价处于高位区域，出现这种情况，即便不是最终的顶部高点，也是一个级别较大的阶段性高点。

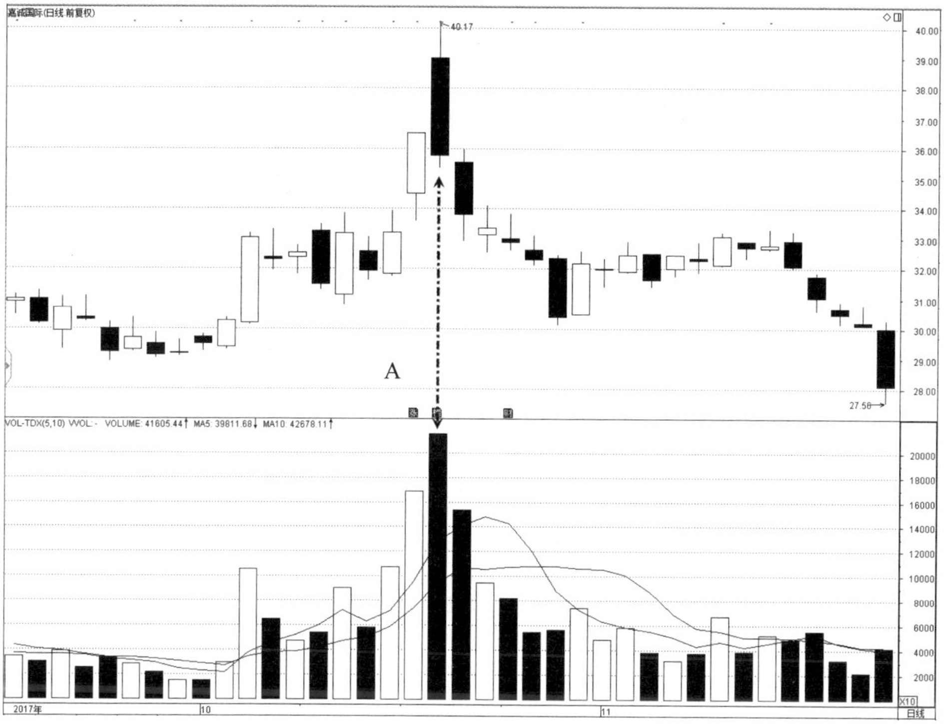


图 2-91

主力资金出货并不像市场资金那样短时间内就可以完成，而是需要通过不断地制造骗线、诱多陷阱等一步步地减仓，最终达到出货的目的。这种意义上的减仓已经和前文讲的减仓性质完全不同。

利用 K 线图形、均线系统或者技术指标来制造骗线、诱多陷阱，是主力资金出货的常规手法。

如图 2-92 所示，如果交易者仅仅依据 KDJ 指标中的交叉规则（即向上交叉或向下交叉）来决定交易行为，那么可以说不但无法获利，还会惨遭被套。

A 区域 KDJ 指标向下交叉，股价也随之回落调整。短线交易者在 A 日选择卖出后，股价确实出现下跌，但很快就止跌。

B 区域股价反弹，KDJ 指标向上交叉，短线交易者如果依据交叉规则

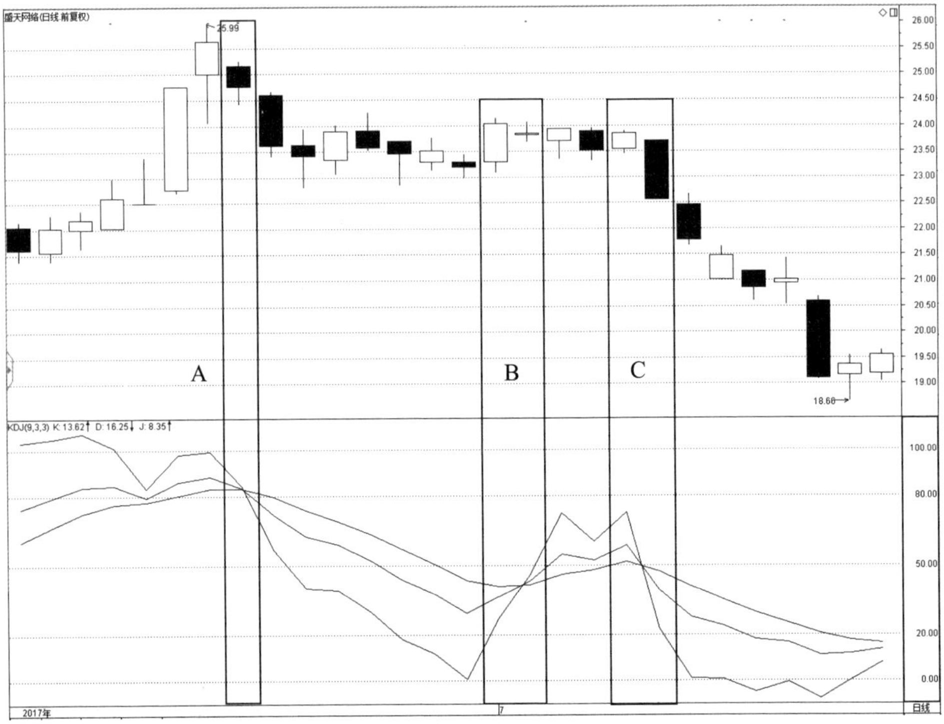


图 2-92

买入，会发现股价反弹的幅度极其有限，如果是追高买入的话，可能连手续费都赚不出来。如果不能在高点卖出，随后交易者就会被套。鉴于股价仍旧横向震荡，KDJ 指标并未向下交叉，此时交易者内心仍可存有侥幸和希望。

C 区域股价再次下跌，KDJ 指标也又一次向下交叉。到了此时，被套的交易者已经明白，B 区域的“金叉”就是一个骗线，不过为时已晚。

（2）除权缺口

利用股价除权来布局出货是一种极其隐蔽的出货手法。主力资金拉高股价后虽然获利丰厚，但高高在上的股价往往令人望而却步。通过高比例送配后的大幅除权会使原先的高价股变身为中低价股，中低价股一向在中小交易者中颇受青睐，这就为主力之后的出货打下了人气基础。

市场上总有一些超级黑马，时常会上演除权后迅速填权的走势。反复大幅上涨，激动人心的飙升行情，在市场中能起到示范作用。榜样的力量是无穷的，很多有出货念头的主力资金也会照猫画虎，除权后做出要填权的假象，以掩盖其出货的真实目的。

主力资金利用除权出货有两种形式。

一是填满权后完成出货。这种情况一般出现在大牛市环境中。主力在个股除权后的填权过程中，利用蜂拥而来的资金四两拨千斤，借力打力，边拉边出。当该股填满除权缺口时，主力资金早已胜利大逃亡，再度大幅上涨的动力也就不复存在。当然，这类个股走势并不一定随着主力资金的出逃马上大幅下跌，一般还会在跟风资金的推动下继续小幅爬高，或出现横盘走势。

二是填权途中完成出货。对有些主力资金来说，限于自身实力，填满权同时完成出货的方式存在一定的风险。而采取填权为表、出货为里的操作手法，虽然获利幅度有限，但较为稳妥。

如图 2–93 所示，该股除权后股价出现一波上涨行情，似有填权的势头，但在 A 日放出巨量后最终还是发生转折，随后转入下跌走势。

参与除权类股票的炒作具有一定的难度，主要原因是这类股票的主力资金意图较难把握，不可幻想主力资金要填权就盲目买入，同时也要分析大市情况，如果行情大趋势存在不确定性，主力资金是否填权也会受到影响。

（3）成交量变化

股价经过长期大幅上涨后，在高位区域震荡，具体的 K 线形态多为带上下影线的小阳、小阴、十字线等，但成交一直保持在较高水平的常量上，或者是巨量、天量级别的变量形态。一旦股价呈大阴、大阳的 K 线形态，则是比较典型的主力资金出货量价形态。

大盘涨势火热时，蜂拥而来的资金会毫无顾忌地追逐热门个股，于是个股呈现出连续放量、换手率高企的情况。对获利丰厚的主力资金来说，不利用这种高换手、大成交量的局面全面出货或阶段性减仓，简直是暴殄天物。

图 2-93

股价暴涨之后，对连续放量与高换手的股票要特别小心，这种股票具备主力资金出货的条件，是否继续上涨存在未知因素。对于成交量创出历史天量的个股，更要高度警惕。

一些控盘程度较高的主力资金在K线图上使个股保持较佳的技术形态，然后在拉升时通过对倒做出价升量增的假象，吸引短线资金追涨，这样就能在较高的价位出货。如果主力资金有耐心，通过反复拉高可以出掉大部分仓位。

如图 2-94 所示，A 区域 K 线保持连贯的上涨态势，同时成交量渐渐增大，似乎符合量能齐升的形态。但 A 区域之后股价立即转入下跌，量能也迅速萎缩。

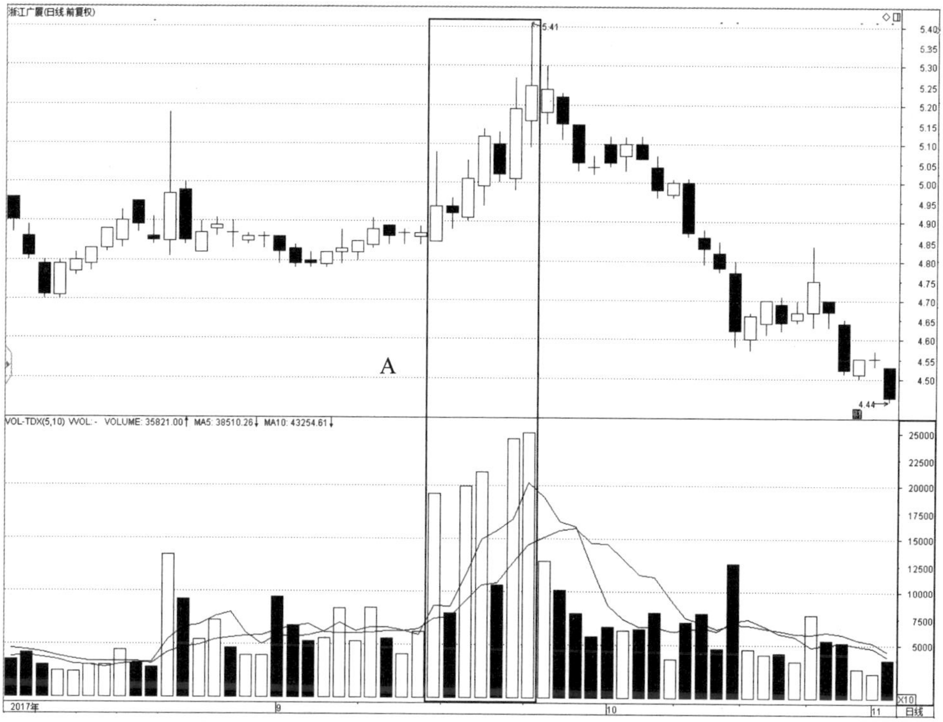


图 2–94

仔细分析 A 区域 K 线和量能的配合情况，可以发现 K 线多带有上影线，阳线实体并不小，只是这些阳线多是低开高走形成的阳线，每根 K 线当日实现的涨幅并不大。

比如，A 区域最高点的那根阳线，其当日分时走势如图 2–95 所示。当日股价上涨过程中，从最低点算起，也不过仅仅 30 分钟左右的时间，之后大部分时间都处于回落之中。

如图 2–95 中 A 区域所示，通过 K 线虚拉、成交增量的表象来制造连续上涨的假象，以掩盖大成交量和小涨幅之间的背离关系。这是主力资金借助拉升暗自出货的案例之一。

其实大多数主力资金出货都摆脱不了变量、聚量等成交量形态。当价格涨幅和量能出现背离，并且这种背离关系持续了一段时间，那么基本可

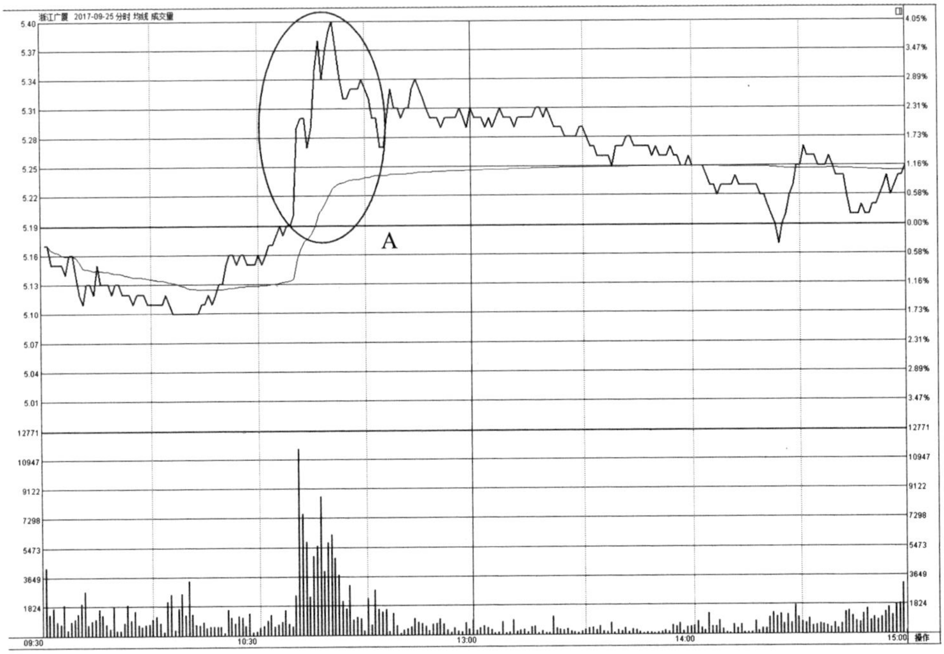


图 2-95

以确认有资金在逃逸。至于资金逃逸是减仓还是出货，就要靠分析技术环境来确认。

如图 2-96 所示，A 区域为该股股价发生趋势转折后的第一次密集成交过程，这个密集成交最高值达到该股历史天量级别。在上涨趋势初中期出现密集成交，多是主力资金吸筹建仓行为所致，还有的则是主力资金为降低成本进行折返或洗筹的结果。

A 区域的密集成交只要未引起股价运行重心方向上的改变，不论股价如何震荡，波段交易者或中长线交易者不必过于关注，短线交易者可依据自身技术水平选择高抛低吸。

当行情运行到 B 区域时，技术环境已经处于长期大幅上涨之后的阶段，这个阶段的密集成交是需要所有交易者高度警惕的。B 区域的密集成交已经和 A 区域的最高值相差无几，这个现象就预示着高度危险正在接近。

高度控盘且有耐心、有章法的主力资金，其建仓和出货的量能都没有

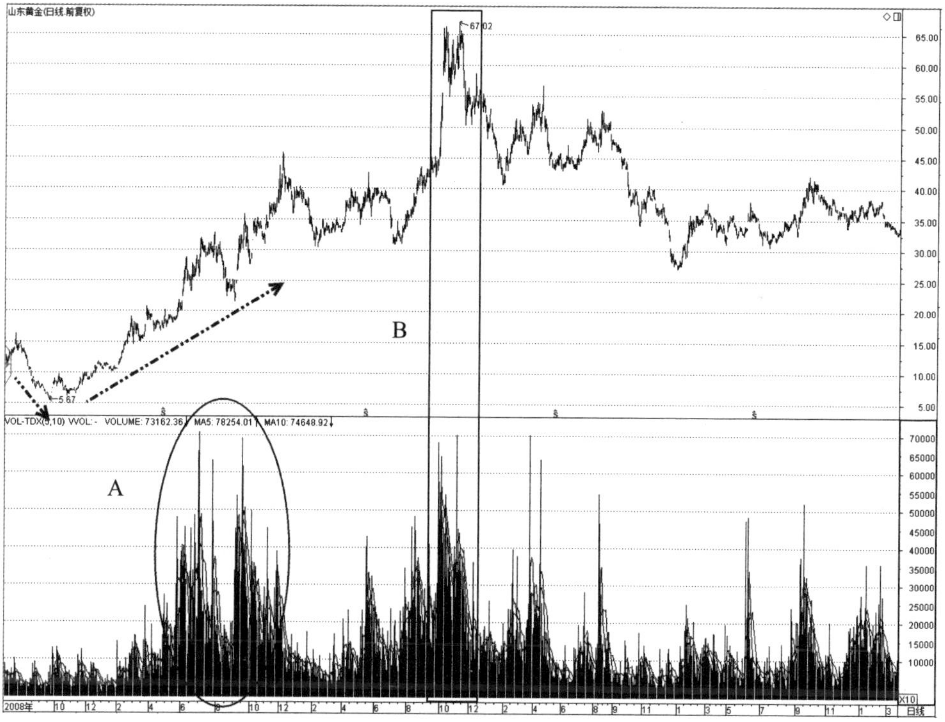


图 2-96

明显的密集成交区，也很难被发现，因为其建仓有一个长期、缓慢吸筹的过程，出货也是如此。但高度控盘的主力资金毕竟属于少数，大多数主导资金或主力资金都是粗犷型的，没有那么多时间用于水磨功夫上，所以其建仓和出货都会出现明显的密集成交区。

如图 2-96 中 A 区域的密集成交，即使不是主力资金的主要建仓点，也是降低成本、补足仓位的重要震荡折返点。之后经过大幅上涨，在 B 区域价格高位，天量级别的密集成交再次出现。

如果 B 区域的密集成交不是主力资金出货，那么还有其他更合理的解释吗？

难道是主力资金再一次降低成本、补足仓位的重要折返点？

如果这样判断的话，那么接下来股价的急速下跌会让交易者重新审视自己的结论，但是付出的代价未免过于昂贵。很多交易者都存在这样的认知，尤其是处在涨势如潮的牛市中，思维惯性会导致盈利大幅缩水。

实战中，当个股出现类似图 2-96 中的走势，可以做一个简单的问答：假设 A 区域天量级别的密集成交量是买进筹码，B 区域再度达到天量级别的密集成交仍然是买进筹码的话，那么是谁在卖出？

其实最合理、最简单的解释就是，A 区域密集成交的筹码在 B 区域已经兑换成资金，同样的量能只不过从筹码转换为资金而已。

还有更多的出货类型，不会像上述案例这样相对容易辨别，甚至有些个股根本无迹可寻。比如，交易者分析某股技术图形，显示股价应有一波上涨行情，但股价始终徘徊不前。如果这个阶段的成交量已经从聚量、变量转化为量能消散，那么就需要警惕。谚语说“该涨不涨，必然下跌”，这句话还是有道理的。

## 三、变量及密集成交

当变量出现在长期大幅上涨后，预示着价格可能会构筑顶部。此时的变量形态远不如价格低位出现的变量突兀和明显，因为在价格高位时，成交量均值往往都比较高，在股价不断涨升的前提下，变量会被资金追涨热潮掩盖，不受关注，所以变量显得更具隐蔽性，也不受重视。

当变量出现在价格高点，量价背离也随之显现时，那么价格就极有可能发生转折了。如图 2-97 所示，从 A 区域到 C 区域出现了一个量缩价涨的背离。

无论是价格高点还是低点，出现变量都会引发不同级别的价格波动，这一点对短线交易者来说非常关键。对中长线交易者或波段交易者来说，变量意味着一个交易时机可能正在临近。

在一轮上涨趋势中，价格会出现大量级别不等、性质各异的高点，比如主力资金为低价吸筹制造的折返高点、震荡洗盘形成的折返高点，以及减仓出货形成的高点。对于价格高点和低点的概念，可以参考技术环境分

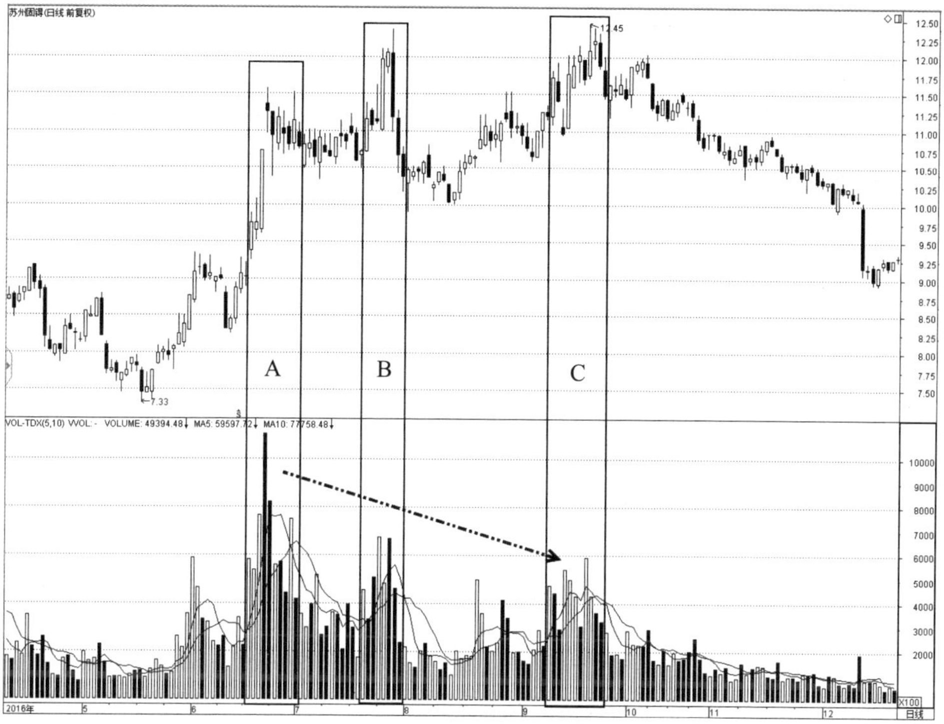


图 2–97

析中趋势、趋向的内容予以理解。

在这些高点形成过程中，多数会有变量和密集成交出现，交易者正好可以利用密集成交判断相关的交易点。当然，在判断不同级别的价格高点时，技术环境分析仍是不可或缺的。涨势中，出现密集成交，之后必然会引发价格调整，只不过因个股及技术环境不同，其调整的级别和形式大相径庭。

如图 2–97 所示，A 区域出现变量和密集成交，之后的股价调整相对平稳。B 区域出现密集成交之后，股价的调整就相对猛烈了。C 区域再一次出现密集成交时，股价由此扭转上涨趋向，转入下跌趋势。

图 2–97 中的三次密集成交，股价调整的幅度和形式各不相同，这种情况在很多个股的涨势运行中很常见。具体到该案例，这三次时间距离较近的密集成交其实是存在一定逻辑关系的。A 区域的密集成交以变量为主体，

显示这里存在一个资金减仓的过程，但主导资金显然较为收敛，不愿意在此处过早暴露减仓的意图。

虽得以减持不少仓位，但在盘中为稳定其他持仓者，主力资金还是做了一些关键处的回补，减仓并未全部完成，所以才有了B区域密集成交处的股价二次冲高。

B区域的密集成交整体上已经明显小于A区域，但股价刷新了高点，这里也形成量价背离形态。B区域密集成交后面，股价下跌之所以迅疾，原因可能在于主力资金在这里完成了大部分减仓任务。

通常来说，与B区类似的密集成交出现后，股价基本确立顶部高点，进入下跌趋势是大概率事件。该案例中，股价却并没有就此展开下跌，而是在C区域又一次重新拉起，再创出一个价格新高。

具体原因无法得知，但不外乎几种情况，比如受到大盘不利因素的影响、B区域减仓并未达到目标、盘中还存在其他实力资金的运作，等等。不管何种原因，C区域的密集成交以变量和新常量构成，很快就大幅萎缩，进入量能消散形态。同时，C区域也再一次显示量价背离的形态。对连续出现密集成交的个股而言，量价背离几乎等同于宣告上涨行情基本结束。

涨势中出现的密集成交，是短线交易者需要高度关注的形态，因为股价可能因此出现不同级别的折返。经过长时间大幅上涨的个股，一旦出现巨量的密集成交，则极有可能迎来顶部高点。

## 四、次高点放量

实战中，部分个股在顶部或阶段性高点成交量会放大，随后股价就转入下跌过程。这种明显的出货量能形态比较常见，也经常被主力资金反向用于诱空。

技术分析能力的提升逼迫主力资金更新或升级自己的操作手法。实战中，大家可以发现，个股出现顶部高点时，量能多呈复杂形态。

例如，图2-97中C区域出现股价顶部高点时，成交量已经处于整体缩减的态势，而成交量最高的 A 区域并不是股价的最高点。主力资金正是利用量背离或价背离的变化关系来释放烟雾弹，完成出货过程。

图 2–97 即为主力资金次高点放量出货的一种常用形式，即股价放量不见顶，先诱空再诱多。次高点放量还有一种形式，即股价见顶不放量。

如图 2–98 所示，A 区域股价创出高点，之后的 B 区域、C 区域和 D 区域股价都没有超过 A 区域的价位，但是成交量明显都比 A 区域密集。A 区域、B 区域、C 区域和 D 区域四个股价高点中，前三个股价高点价位相差不多，从中可以分析出主力资金的操作思路。

A 区域股价呈陡直角度上涨，利用角度与速率分析，可以推断之后必然经历快速回落，主力资金并未试图掩盖这种具有逻辑性的技术走势。之后在 B 区域再次营造一个大角度拉升，这时主力资金是想告诉市场资金：该股强势上涨的热度并未消退，大角度上涨会有回落，但回落之后依然是

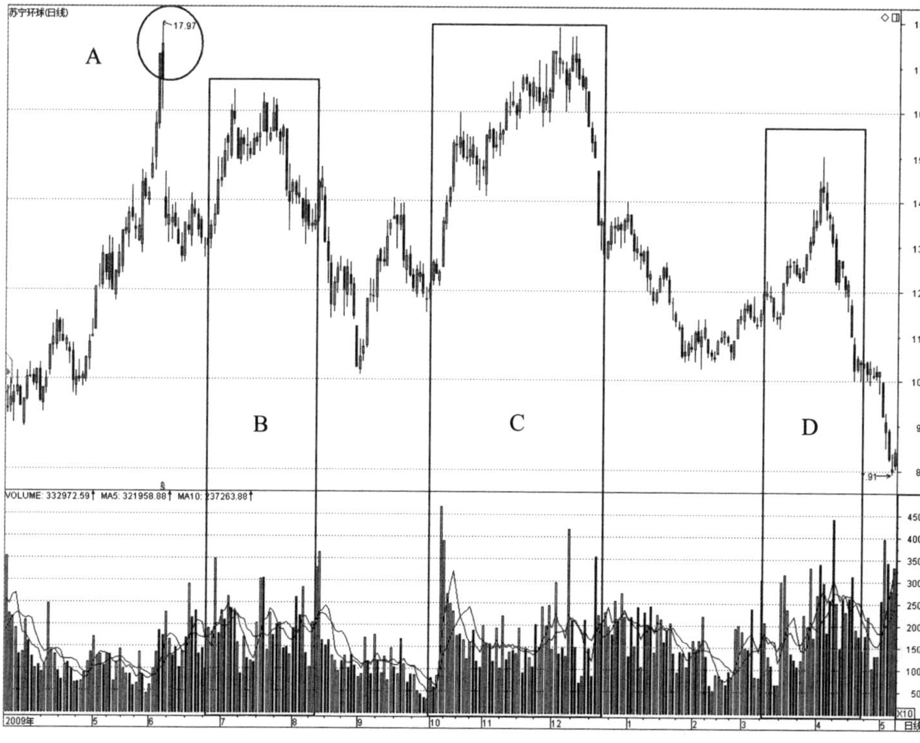


图 2–98

大角度上涨。

培养市场资金的惯性思维，是主力资金在建仓及出货阶段屡屡使用的手法。B 区域回落之后，果不其然，C 区域又一次出现大角度拉升，这基本上坚定了市场资金的信心和底气，对后市走势感到“心中有数”，殊不知此时主力资金正趁机大肆减仓出货。

当 C 区域的回落重创市场人气之后，D 区域的反弹就像是一针安慰剂，抚慰略显绝望的被套资金，让习惯于等待大角度上涨的持仓者重燃希望。但是现实中，D 区域仅仅是主力资金的诱多陷阱，目的是实现最后一次大规模减仓。

在这个案例中，股价在最高点并没有放量，而是在之后的多个次高点上屡屡放量。主力资金打破高点放量出货的惯性思维，就消除了市场资金的警惕性，让原本高度紧张的市场资金、持仓者放松下来，并接受主力资金的心理暗示：“涨升强势仍旧在，大角度上涨随时会出现。”

对比图 2–97 和图 2–98，可以看出图 2–97 中主力资金出货相当顺利，而图 2–98 中次高点放量出货的主力资金走出这种图形则是被动之下的无奈之举，这种形式在实战中也不是很常见。

## 五、致命的量能消散

在上涨趋势明朗的行情中，一波聚量攻击或变量出现之后，随之而来的量能消散不会持续很长时间，很快就会迎来第二波聚量攻击或变量急拉。在股价顶部高点，主力资金意在减仓出货的过程中，一波聚量攻击或变量出现之后，接下来的量能消散其实就是告诫交易者：出货接近或者已经完成。

如图 2–99 所示，A 区域涨势中出现变量，随后 B 区域股价大幅折返震荡，成交量整体呈量能消散形态。其间出现的价格强弹，也以变量形态出现，之后量能仍继续处于消散状态。

当聚量攻击或变量攻击结束后，成交呈量能消散的形态。在之后的行情运行中，如果仅仅出现变量形态的上涨，聚量攻击形态难以再次出现，那么预示着主力资金可能已经完成预定仓位的出货任务。在这一前提下，价格的趋势性上涨已经结束，成交量也将由量能消散的形态逐步过渡到较低水平的常量形态。

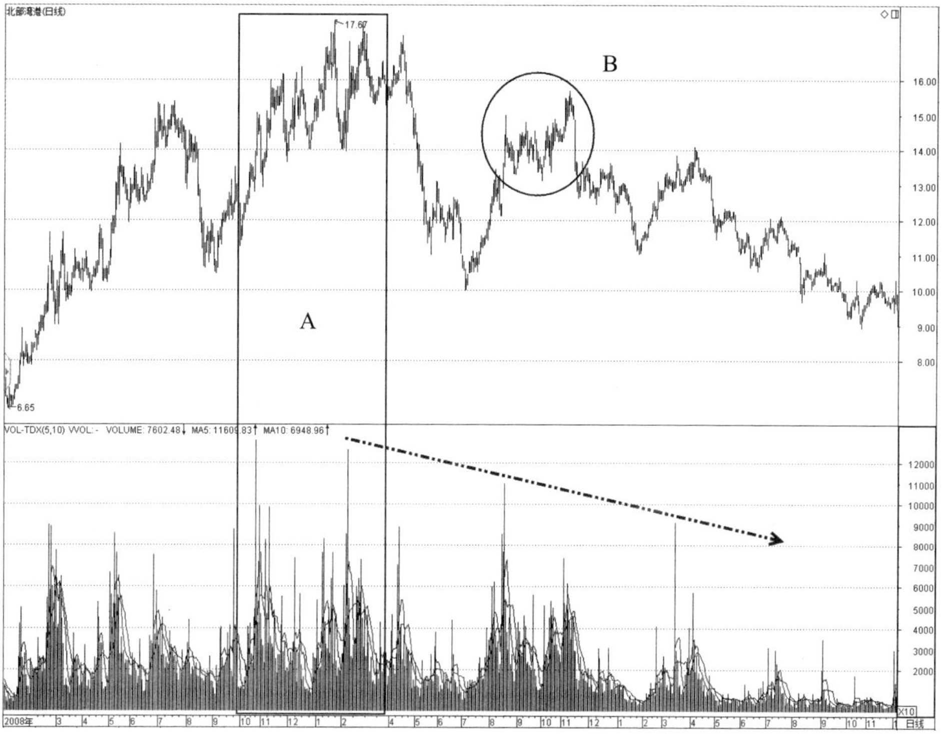


图 2-99

## 六、影线密集

有一种技术图形显示主力资金意在减仓出货，却受困于大市环境或其他因素难以成功脱身，这种技术图形就是影线密集。这里提及的影线既包括上影线，也包括下影线。

如图 2-100 所示，该股在横向震荡区域，出现了大量带有上下影线的 K 线，这种比较独特的 K 线组合形态反映的是盘中主力资金寻求减仓出货的情况。图 2-100 中多数 K 线的影线要比实体长，偶有实体较大的 K 线，

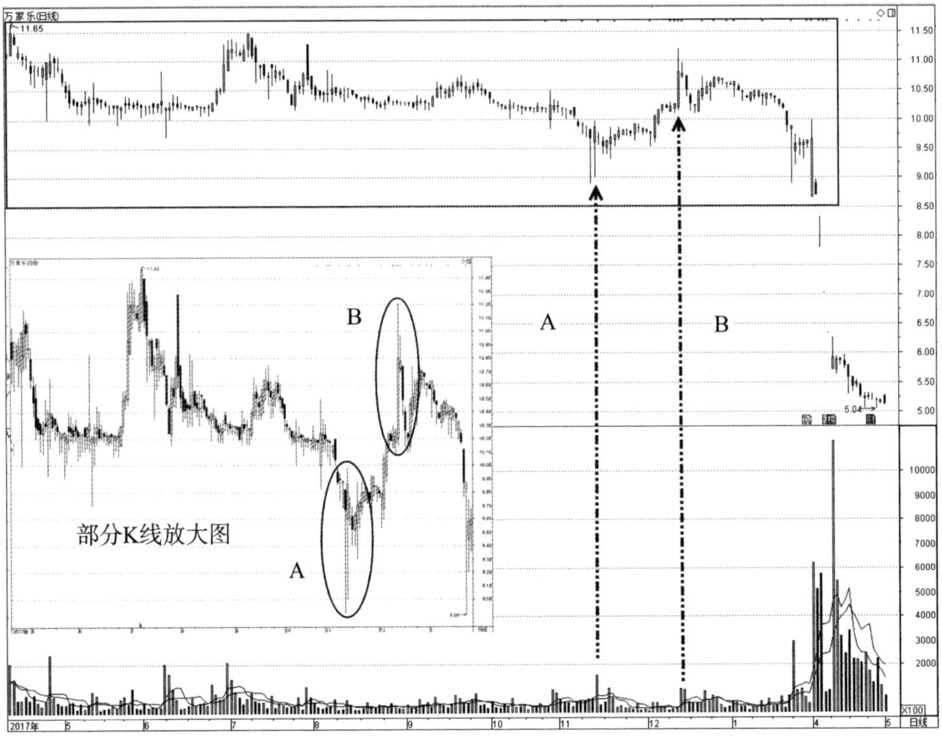


图 2-100

也多带有长短不一的影线。部分 K 线放大后，可以看得更为清晰。

为了能够深刻地了解和认识这种独特的K线组合形态背后真实的含义，这里选择图 2-100 中较有代表性的 A 日长下影线和 B 日中阳长上影线为对象，通过分析其当日分时走势来判断主力资金的操作意图。

图 2-101 是图 2-100 中 A 日分时走势图，当日早盘股价一度大跌。但在早盘收盘、午盘开盘前后，股价出现三波拉升。接近尾盘时，又出现一次小幅拉升。当日每一次拉升，量能都呈变量形态。变量消散后，股价也就停止上涨，这种放量拉升明显具有主力资金对倒的痕迹。换句话说，A 日 K 线的长下影线是主力资金以对倒拉升的方式“制作”出来的，目的是吸引跟风资金入场。

再来看看图 2-100 中 B 日中阳长上影线的分时走势，如图 2-102 所示。

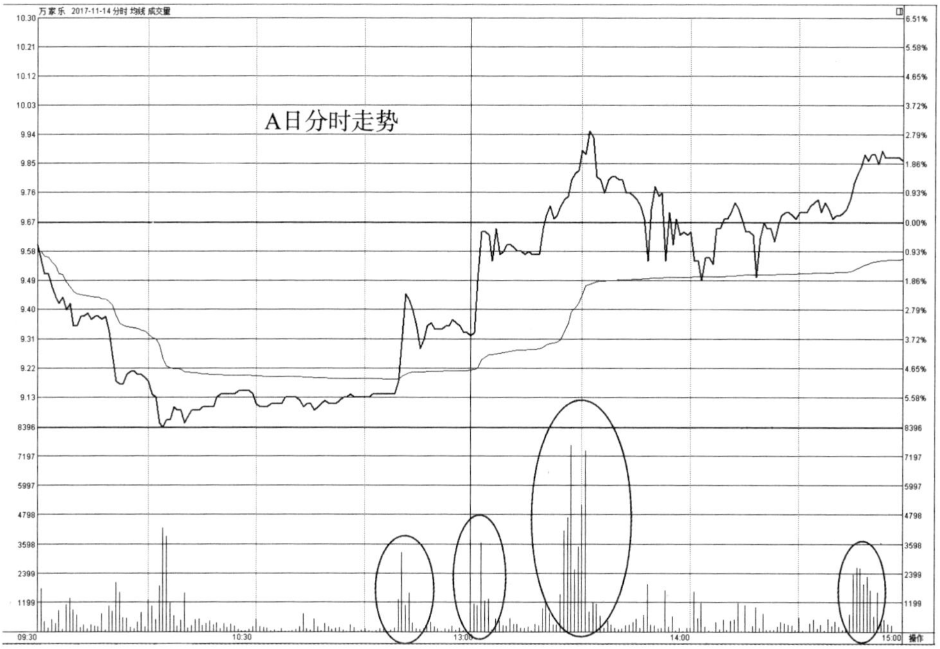


图 2-101

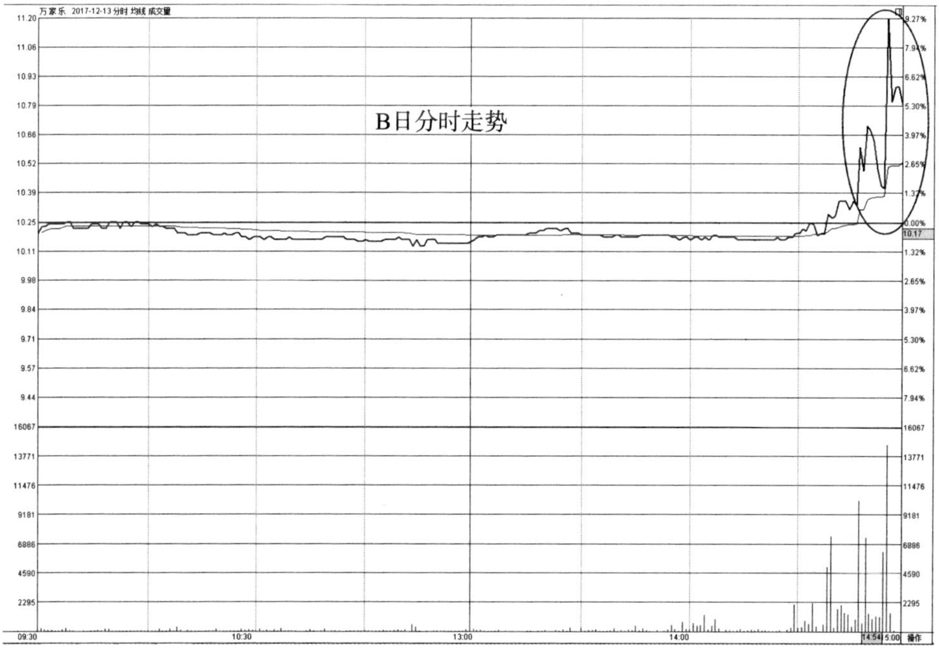


图 2-102

当日大部分交易时间里，该股股价一直在昨日收盘线下横向震荡，直到尾盘时，突然出现的成交大单将股价迅速拉升，一度触及涨停板。之后股价回落，当日收盘涨幅超过5%。

如图2-102所示，B日涨幅超过5%的中阳只不过是尾盘最后几分钟拉升“制作”出来的。采用尾盘偷袭的方式对倒拉升股价，可以使当日收盘价和涨幅看起来很强劲，也足以迷惑不注意细节分析的交易者。

通过分析A日和B日的K线构成大致能够了解到：该股的主力资金在拉升上惯于采用对倒。关于对倒这种手法，前面讲过，主力对倒可以营造成交活跃的假象，用以吸引市场资金跟风追涨或者跟风杀跌，从而满足自己减仓出货或者低价吸筹的目的。

连续以虚假拉升来营造涨势的主力资金如果再出现影线密集的技术特征，那么即使不是处于最后的出货阶段，也难有持续的涨幅。对于这种类型的个股，交易者应尽量回避。

## 七、均线聚拢——支撑有形无实

当主力资金处于出货阶段时，价格趋向与趋势会有相应的变化，均线系统在这个阶段的表现可以当作一种提前发出的警示信号。

均线系统采用短期5日、20日均线，中期60日均线，长期250日均线。5日均线主要起到测试股价强度、反映运行角度的作用，20日、60日均线用于显示市场的支撑与压制，250日均线的主要作用是确认趋势是否扭转。

如图2-103所示，A区域均线系统多头排列，各周期均线之间具有厚度保护，股价与短期均线以45度区匀速上行，显示上涨趋势运行良好。之后股价波动加剧，以60度区急速冲高。过急过快上涨，后果就是股价以同样的角度回落。

B区域股价止跌后开始回升，但30度区缓速上涨的角度显示再度上攻乏力。这时短期均线与中期均线之间的厚度被封闭，并开始相互缠绕，出现向下方250日均线聚拢的迹象。

作为反映支撑作用的20日、60日均线与5日均线聚拢，并与K线处在盘绕状态，这显示中短期均线的支撑已经有形无实，否则股价就不会在其上下盘绕，而应该在得到支撑后展开具有持续性的上升行情。

一个有形无实的支撑之所以会在某一阶段存在，是出于主力资金的需要。处于出货期的主力资金，不可能再去运作一波持续性的上升行情，因而多会出现类似B阶段K线与均线相互盘绕的情况，显示主力正在通过诱多减仓出货。

当均线系统的聚拢中有长期均线加入，则预示着趋势可能扭转。如图中C区域多条中短期均线与长期均线聚拢，使上涨趋势最终无可避免地被扭转。之后多条均线向下发散，形成空头排列，这是下跌趋势启动和加速的形态。

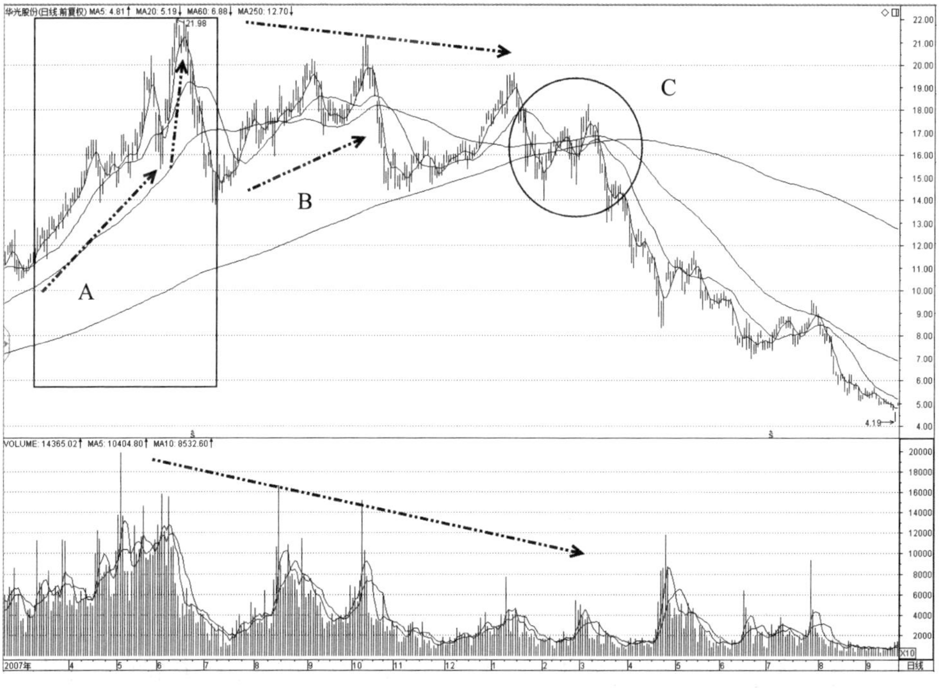


图 2–103

其实不单是均线系统，图中在A区域冲顶之后，成交量形成了量能消散形态，股价自A区域之后也形成了高点渐下的形态。这些技术环境中的因素，早在C区域确认趋势扭转之前，就已经发出了倾向于做空的共振提示。C区域不过是趋势扭转的最终确认点，只对判断趋势扭转有意义，并不代表交易者需要等到这时才去清仓。趋势判断是战略性的，不适用于局部的战术。

## 八、挽救破位的大阳线

诱多是主力资金出货期间常用的手法。当市场资金对个股的后市渐渐失去信心或者犹豫不决时，主力必须制造一些能够振奋人心、消除悲观失望情绪的消息传闻和公告，更多的则是通过技术图形来打动市场资金。

如图2–104所示，该股运行于横向震荡的箱形中，A区域股价跌破这

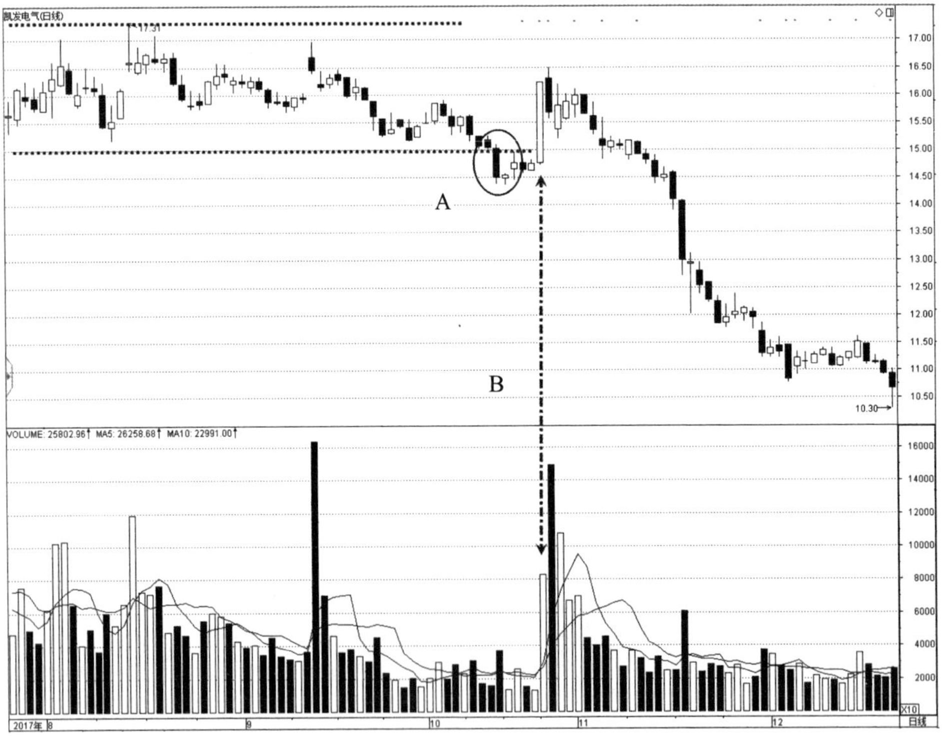


图2–104

个箱形的下边线，形成了技术上的破位，但是股价并未由此展开连续下跌，而是在 B 日突然出现一根涨停大阳线。

这根大阳线一举收复多日的下跌失地，也挽救了该股技术关口破位的危局。让人意外的是，大阳线出现后，股价并未出现持续性上涨，而是略做盘整后再度转入下跌。

其实 B 日挽救破位的大阳线只是主力资金诱多的手法。主力资金在出货过程中发现承接盘逐渐减少，市场资金进场欲望大幅降低时，就会改变盘面萎靡不振的局面，通过大阳线等技术图形提振市场信心，以达到继续减仓出货的目的。

## 九、高位阳线与长上影线

个股经过长时间上涨进入股价相对高位，即使主力资金尚未到最后的出货阶段，也必然存在阶段性的减仓行为。出货阶段减仓之后，主力资金回补的力度会减小，甚至有些主力资金不再回补，仅以对倒应付之后的行情。

对于连续或长时间上涨的个股，K 线图形上一旦发出主力资金减仓或出货的相关技术信号，交易者就要高度警惕。这些技术信号最为显著的就是带上影线的中大阳线，以及一些实体较小但上影线较长的 K 线，同时成交量处于变量等放大的状态。

如图 2–105 所示，该股连续上涨后，A 日股价一度冲击涨停板，但盘中出现回落，最终报收带长上影线的中阳线，当日成交量呈变量形态，这就是一个主力资金减仓或出货的技术信号。类似的高位阳线出现在连续上涨过程中，一般都是主力资金减仓所致。如果这种高位阳线出现在大幅涨升之后，则主力资金出货的可能性远大于阶段性减仓。

很多初学者不明白什么是股价高位，其实这是一个相对的概念。这里对股价高位做一个条件设定，即股价经过连续或长时间上涨。股价高位可能是顶部的高点区域，也可能是阶段性的高点区域。

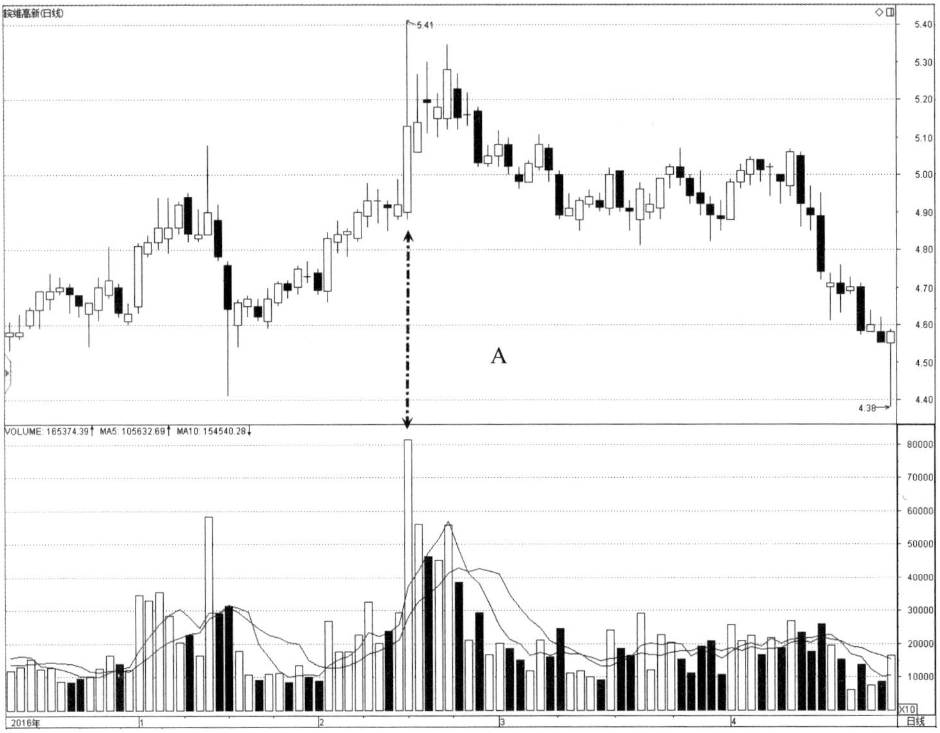


图 2–105

变量的高位阳线是一种危险信号，尤其是带有长上影线的高位阳线，随后发生趋向或趋势转折的可能性极大。还有一种 K 线具有同样的技术意义，这就是通常所说的射击之星或黄昏之星。

射击之星是指股价连续上涨，一根中大阳线之后再出现长上影的倒锤头线（或倒 T 字线），第三根 K 线为中大阴线。如果第二根 K 线是长上影线、实体很小的 K 线或十字线（星），则称为黄昏之星。如图 2–106 所示，A 日股价连续上涨后出现一根上影线极长的射击之星，当日成交量呈变量，之后股价震荡后转入跌势。

蜂拥而来的市场资金将股价推升上去，或者涨升本身是主力资金诱多行为。主力资金在股价涨势中开始减仓，大量抛售筹码必然导致股价回落，从而形成高位长上影阳线和长上影线（射击之星）。在这个技术图形中，

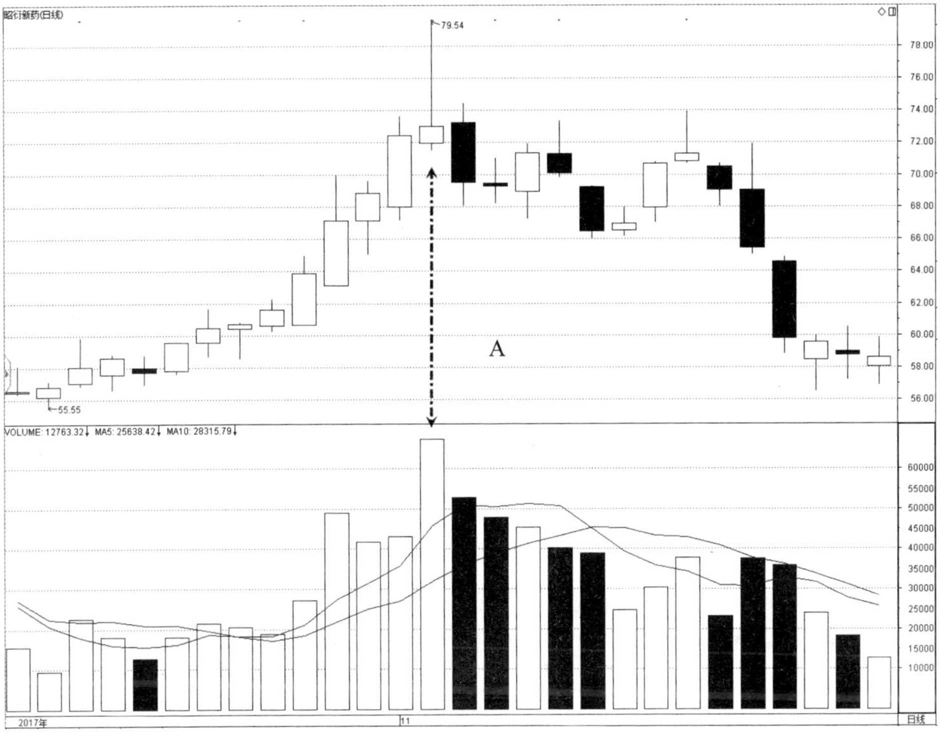


图 2–106

变量是关键，尤其是出现历史天量级别的变量后，几乎可以确定股价会在之后见到一个大级别的阶段性高点。

## 十、习惯性盘中跳水回升

某些个股在一段时间内多次出现盘中跳水，跳水之后又回升，收盘涨跌幅往往都不大，但是盘中振幅不小。如果在价格高位出现这种情况，那么极有可能是主力资金正在减仓出货。

如图 2–107 所示，该股多次出现跳水回升走势，最终股价转入下跌过程，以 A 日 K 线为例，看看当日分时走势是怎样的情况。图 2–108 即为 A 日分时走势，当日股价上下震荡剧烈且无规律可循。

类似于图 2–108 中的分时震荡走势，如果在一段时间内多次出现，往

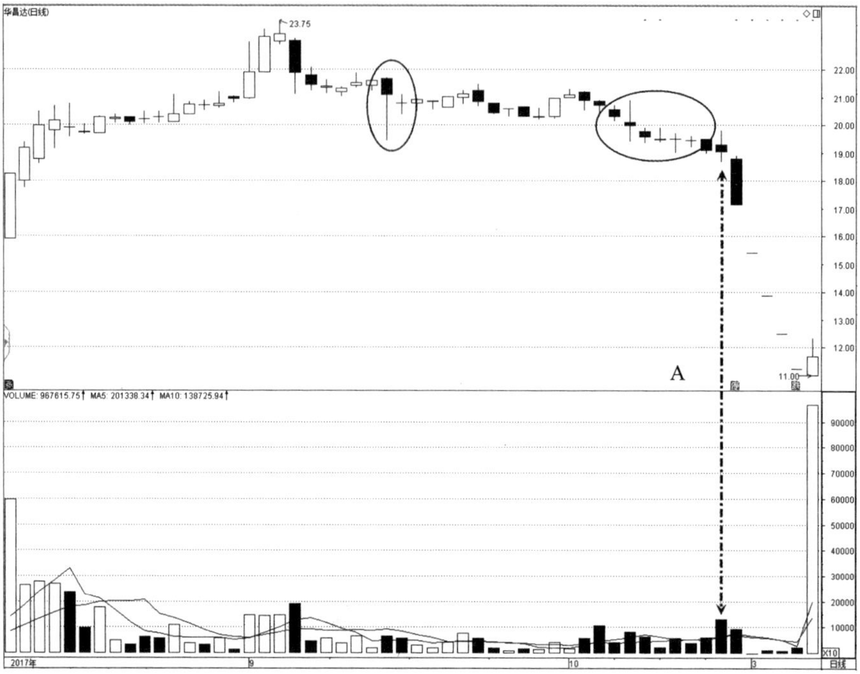
华昌达(日线)
23.75
22.00
21.00
20.00
19.00
18.00
17.00
16.00
15.00
14.00
13.00
12.00
A
11.00
VOLUME: 967615.75↑ MA5: 201338.34↑ MA10: 138725.94↑
90000
80000
70000
60000
50000
40000
30000
20000
10000
X10
2017年
9
10
3
日线

图 2-107

华昌达 2017-10-23 分时 均线 成交量
19.47
19.41
19.36
19.30
19.25
19.19
19.14
19.08
19.02
18.97
18.91
18.86
18.80
18.75
2.04%
1.75%
19.34
1.17%
0.88%
0.58%
0.29%
0.00%
0.29%
0.58%
0.88%
1.17%
1.46%
1.75%
17993
15422
12852
10282
7711
5141
2570
09:30
10:30
13:00
14:00
14:54
操作

图 2-108

往会使交易者放松警惕，以为只是正常的波动震荡。但在不知不觉间，股价就会累积起较大的跌幅，或者突然出现断崖式下跌，让人猝不及防。

这其实就是主力资金在培养市场的惯性思维，让参与者渐渐漠视跳水的风险。等到真正暴跌时，很少有人能够在第一时间做出正确的反应。当然，也存在另一种可能，即主力资金出货艰难，不得不借用盘中震荡慢慢降低仓位。

## 十一、虚挂大单

主力资金出货过程中同样会利用盘口挂单做文章，其中比较常见的一种就是虚挂大单。

经常看盘的交易者会发现，某些个股在买一或者买二等价位上挂着十几万股甚至更大的买单，仔细观察的话，会发现大买单其实一直在变化，存在频繁撤单再挂单的现象。

频繁撤单再挂单，前面介绍过，即主力资金将自己的买一挂单撤下来再挂上去，让市场买单排在前面成交。利用这种手法，主力资金可以减掉一些仓位。

同时，将大买单挂在买二或更低些价位上会让市场资金感觉：排在大买单之后很难成交，想买入的话，就只能挂在大买单上面的买一上，或者直接在卖一上成交，如图 2–109 所示。

| | | |
|---|---|---|
| 卖五 | 5.47 | 39 |
| 卖四 | 5.46 | 23 |
| 卖三 | 5.45 | 138 |
| 卖二 | 5.44 | 102 |
| 卖一 | 5.43 | 220 |
| 买一 | 5.40 | 178 |
| 买二 | 5.39 | 1579 |
| 买三 | 5.38 | 204 |
| 买四 | 5.37 | 5 |
| 买五 | 5.36 | 71 |

图 2–109

在大盘上涨时间段，有时交易者会很疑惑：某股明明买盘上挂着大买单，卖盘上几乎是清一色的小卖单，但是这些挂在下面的大买单偏偏不主动向上扫单，就那么闲散地挂着，主力资金似乎毫无进取之心。对出货期的主力资金来说，他们不会额外增加不必要的筹码，也不会浪费资金做无谓的拉升。

主力不作为反而会无限放大市场资金的想象空间。比如，在上述情况下，有些人就会猜测主力可能很快就会拉升，所以抢在主力资金前面买入，等待主力拉升，多数情况下，等到的只是一场空。

主力不但能够利用大买单减仓出货，也会利用大卖单实施出货。

例如，某股卖一挂有几十万股大卖单，这个大卖单很快就被主动性买盘成交了大部分，仅剩几千股。此时虽然买盘还在买入，但卖一价位始终未变，或者瞬间被打掉后又有卖单挂出。

不久，还是在卖一这个价位上，大卖单又挂出来，然后再被成交大部分。如此周而复始，看起来成交火热，成交单密集，但是卖一的价位保持了很长时间都未被改变。

主力资金利用对倒，先将自己的大卖单打掉大部分，这个过程可以采用几千股或几万股的方式成交，造成主动性买入非常积极、火热的假象，吸引市场资金追涨。如果市场资金热度不高，跟风者不多，那么就多进行几次这个过程。在这个过程中，有时主力会主动性“成交”（对倒）十几万股的大买单，并且故意让市场看见，以便刺激那些跟踪大单成交进行交易的人。

一个价位做的时间过长，难免引起市场资金的猜疑。这时主力会将大卖单撤掉，让市场资金冲一下卖盘，抬高几个价位后，再度把大卖单挂出来，继续以上游戏。交易者会在收盘时发现，当天看起来很红火的盘口、偌大的成交量，但该股真正的涨幅并不大。

## 十二、控盘庄股的量能异变

前面讲过控盘主力和控盘庄股的概念。当一个控盘主力完成出货并成功出逃，其操作的个股多数都会面临长期下跌，有些个股甚至在进入下一轮牛市时都难有出色的表现。

控盘主力如果操作成功，获得的利润远大于其他类型的主力资金。在主力资金操盘过程中，控盘庄股无论是图形还是具体的走势，都异于其他个股，尤其是在成交量或换手率上，控盘庄股具有明显的特征。

这个量能特征就是“减量过顶”。

建仓初期存在一定规模的成交量，但随着主力资金锁定较大比例的流通筹码，市场上留存的筹码很难对股价形成统一的、有目的的影响。控盘主力通过次级或短期回落进行震荡，不断地降低持仓成本。当主力再次拉升股价时，这些高点多会被轻松越过，成交量也会逐级回落。

如图 2-110 所示，A 阶段股价从价格低点震荡上升，每个震荡折返的高点被突破后，量能都处于逐步降低的态势，这就是减量过顶。减量过顶多次出现，是给交易者的一个重要提示——该股可能已经被主力资金高度控盘。

控盘庄股多次减量过顶越过前期的股价高点，尤其是大角度快速上涨阶段，成交量突然开始放大时，即使股价仍旧处于涨势中，交易者也必须警惕股价顶部即将来临。如图 2-110 中 B 区域成交量出现异变。

如果控盘庄股量能异变，基本等同于向交易者发出了主力资金减仓出货的警示信号。当然也存在另一种可能，即主力资金控盘不成功，遭遇实力强劲的对手盘或者准备放弃控盘。无论何种原因，这个量能异变一旦出现，股价必然出现不同级别的下跌。

控盘庄股失去减量过顶的特征是一个高度危险信号。控盘庄股价格高位换手率或者说成交量怕增不怕减，因为增大的量能意味着主力资金加大减仓或出货力度。

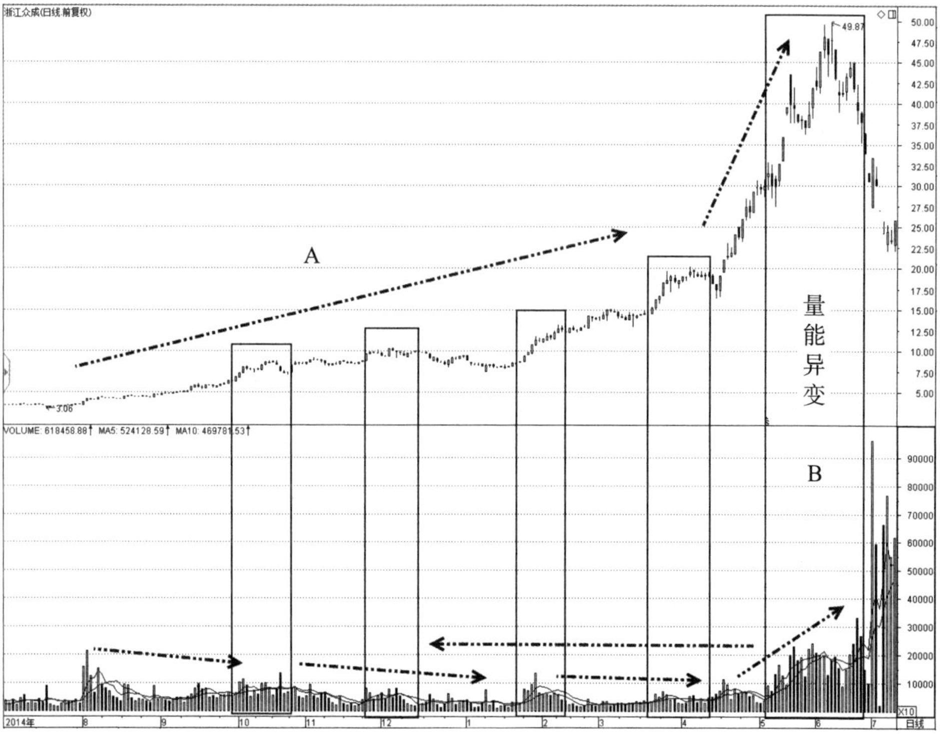


图 2-110

## 十三、出货失败的解救方式

主力资金操作的成败在于能否将获利筹码兑换成资金，也就是出货过程能否顺利完成。主力资金控盘并不像有些人预想的那样：控制部分或大部分流通盘，等到股价上涨到高位出货以兑现暴利。如果这样操作的话，可能大部分主力资金都难有顺利兑现筹码的机会。

主力资金在行情运行中通过不断的、反复的折返震荡将自己的成本降至极低的价位。在筹码数量大致不变的情况下，成本不断降低就意味着盈利幅度扩大。在市场行情相对平稳的环境中，哪怕仅仅兑现部分筹码，主力也会有相当可观的利润。

但是行情的发展和运行总是存在各式各样的意外，即使是拥有资金等各方面优势的主力，也不可能完全回避意外事件的发生。同时，主力资金也并非都是完美无缺、无懈可击的，有时也会因为自身犯下的愚蠢错误导致出货失败。

主力资金遭遇出货失败时，一般来说，实力较强的主力会在后面的行情中展开自救，实力一般或遭受重创的主力资金只能壮士断腕，弃庄而逃，或者忍受损失，等待转机。

如图 2–111 所示，A 区域是 2015 年发生股灾时该股股价高点，结合当时技术环境和股灾的突发性，主力资金应该还有大部分仓位并未出手。之后市场走稳，B 区域是主力资金强力自救的过程。这里的成交量密集放大，显示出主力通过对倒积极营造涨升气氛，吸引市场资金进场，以完成兑现利润的任务。

相对于该股主力资金的强势自救，大多数个股主力资金自救力度相形见绌。如图 2–112 所示，A 区域同样是股灾时的高点，但该股只能通过幅度不等的反弹在股价折返中自救。

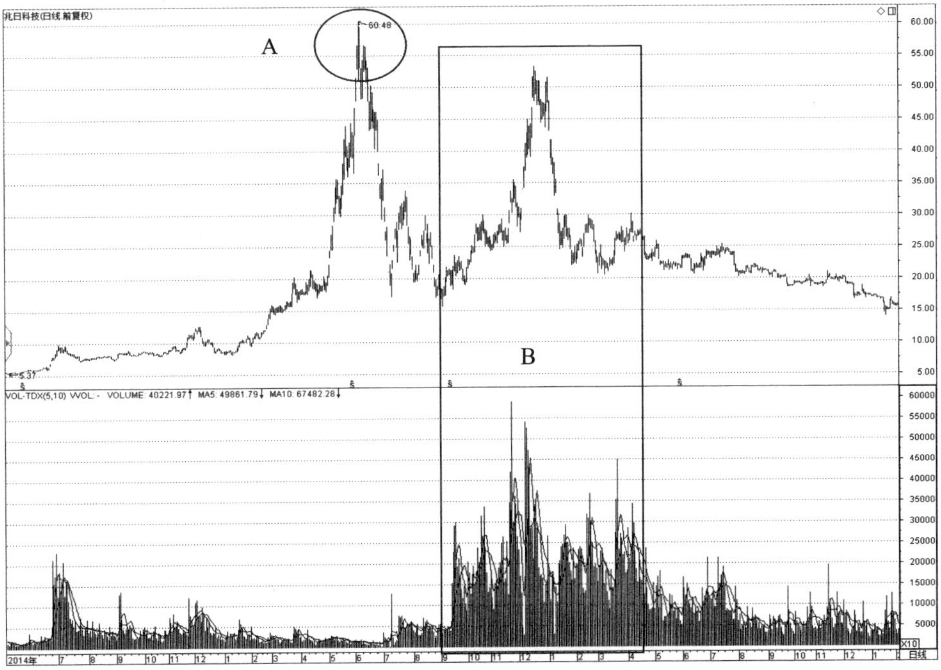


图 2–111

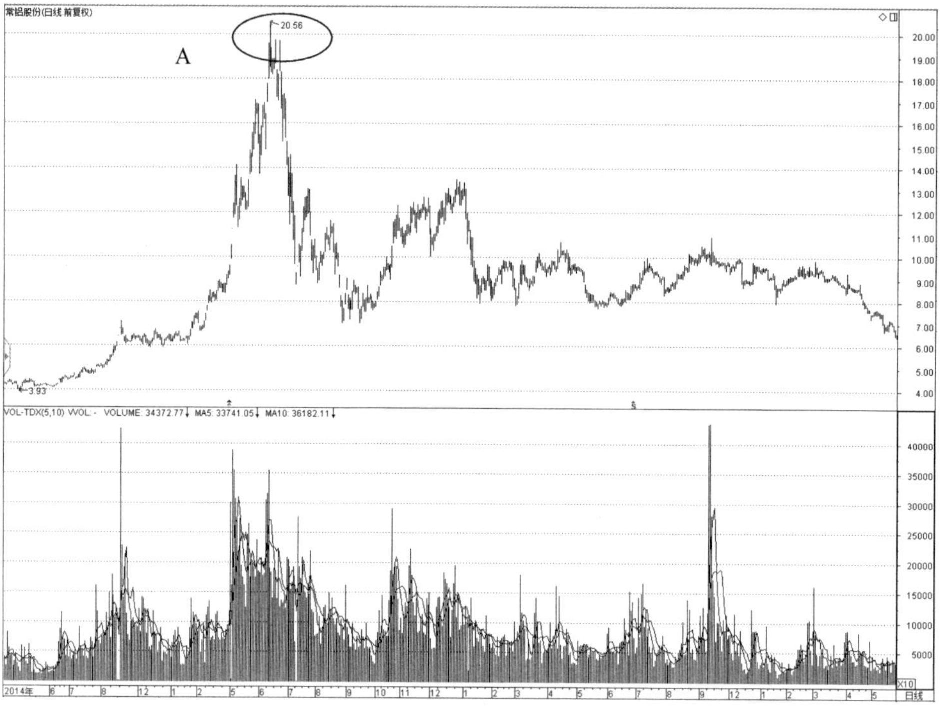


图 2-112

## 十四、价格运行重心识别法

前文讲过价格运行重心的概念，即价格波动和震荡的中轨线。以股价波动震荡的相对中心位置（或最近高点和低点之间的均价位置）画一条线，即为股价（价格）运行的重心。

绘制价格运行重心，有利于交易者及时识别股价的方向性偏移，较早进行综合性的技术环境分析和预判，对于可能存在减仓出货的个股，提前做好应对准备。

如图 2-113 所示，A 阶段形成向上的重心虚线，之后的股价折返震荡，重心虚线随着股价的波动不断改变角度或方向。这个阶段绘制重心虚线时要注意，尽量采用股价的大波段，避免采用小幅波动作为参照，否则容易迷失其中，难以看清股价的真实趋向。

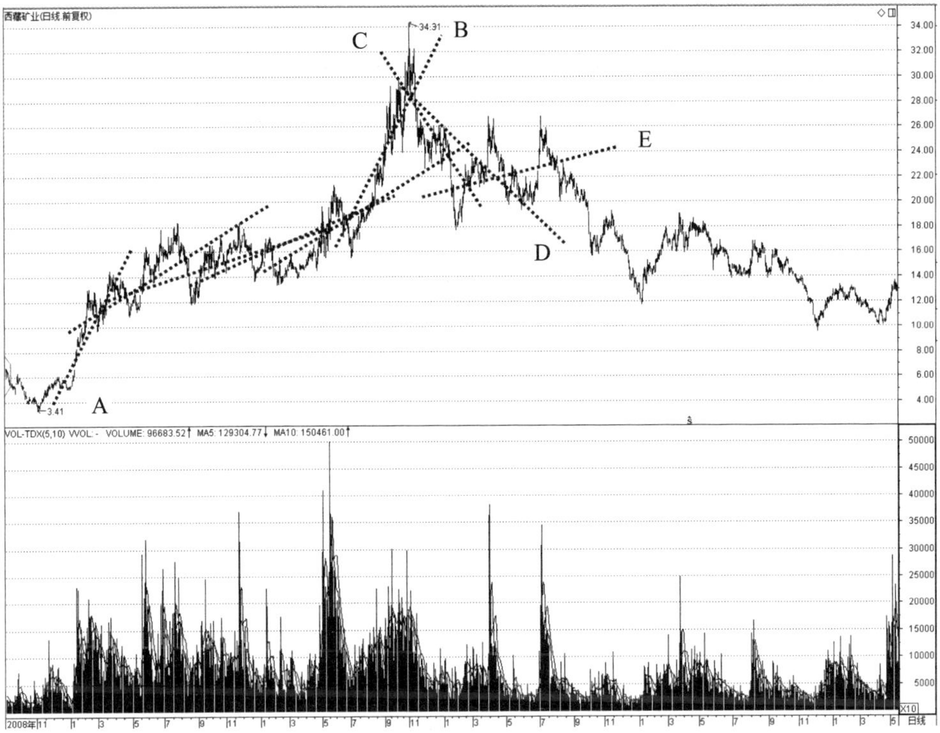


图 2-113

震荡过程结束后，股价加大上涨角度，B 阶段重心虚线也随之变化。接下来股价下跌即 C 阶段，显示重心虚线已经转为向下。

股价重心向下，此时交易者就应进入高度戒备状态。当股价不能真正回归到 C 阶段重心虚线上方，说明遭遇到足以改变原运行趋势的重压，同时也意味着股价重心的运行方向可能已经向下改变。

之后股价反弹回归到 C 阶段重心虚线上方，股价重心是否会由此转而向上变化？以高点和本次下跌低点均价相连，再绘制 D 阶段的重心虚线，观察股价此后的重心偏移方向。不久，股价回落，但在 D 阶段得到支撑后再次反弹。

从最高点跌落后，股价已在下方出现两个反弹波段，把这两个波段当作一个整体来分析，可以画出 E 阶段两次反弹的重心虚线，观察股价重心此后能否向上偏移。实际走势中，此后股价显示的偏移方向是向下。当股价跌落 E 阶段重心虚线不能收复时，说明股价趋向或趋势已经出现重大转折。

价格重心之所以改变，源于资金驱动下价格的变化。当主力资金减仓出货时，缺少维护价格重心向上的主要动力，反而增加向下的动力，价格重心自然就会随之向下偏移和转折。

# 第三篇　主力行为分析升级与进阶

悲观和乐观总会过头，恰如其分不是主力博弈的精髓！

——《K 线图核心技术》

# 第十章　破解主力行为的原则

看淡涨跌，你会发现财富聚集的速度更快。别去追现在牛哄哄的股票，很快你就会发现，现在不受人待见的股票，一夜之间就长出犄角来！

——《K 线图核心技术》

## 一、事出反常即为妖——如何确认个股中有无主力存在

涨势中，某股是不是有主力资金或者主导资金操作，相对容易判别。成交量或者股价走势都会暴露出主力资金运作的痕迹，主力资金在涨势中也没有必要过多地隐藏自身的存在。

但是在跌势尤其是长期下跌趋势中，想要寻觅主力资金的身影就不太容易。在跌势中，多数个股主力资金不是被套（不包括偏股型基金等长期投资者及机构），就是新入场准备建仓，所以不到关键时点，“潜伏”的主力资金通常不会在 K 线图上“大鸣大放”以示存在。

尽管处于“潜伏”状态的主力资金行为表现低调，但是在盘口挂单等技术细节上还是会暴露其运作的蛛丝马迹。比如前文讲到的一些主力手法，以及下面将要讲到的一些盘口细节。只要主力资金在场内，即使没有“大动作”，也少不了“小动作”，这些“小动作”就是鉴别主力资金存在的重要依据。

## 1. 下托单与上压单

明显较大的卖盘挂单即为上压单，明显较大的买盘挂单即为下托单。

跌势中一个交易稀疏的个股，盘口上出现上压单或下托单，大多是主力资金或主导资金的行为，市场资金自发聚集的可能性可以忽略不计。上压单或下托单包含着主力资金当下的运作意图，读懂其挂单玄机，有利于把握价格的波动。

（1）下托单

当价格处于刚刚启动的弹升阶段时，买盘出现下托单，往往是主力吸筹或为了保证涨升的延续性，避免大单砸盘影响升势效果。这种情况说明主力资金并不怕增加筹码，手里有较为充裕的资金，后市股价的升幅可以期待。

弹升一定的幅度或时间之后，个股买盘出现下托单，但股价的表现迟滞难涨，则要警惕可能来临的下跌，这种情况下的下托单极有可能只是主力资金吸引市场资金入场的道具。

个股在盘整阶段出现了下托单，如果股价不涨反跌，则后市继续震荡的可能性较大。这种情况下的下托单既有主力震荡吸筹的可能性，也有借机减仓的可能性，具体情况要根据技术环境分析判断。

如图 3–1 所示，该股处于震荡盘整阶段，某交易日尾盘时，买一出现明显的大单，买盘其余各档挂单都较小，买一挂单就是一个标准的下托单。卖盘上，卖一、卖二挂单较小，之后各挡挂单稍大。

| | | |
|---|---|---|
| 卖五 | 17.75 | 165 |
| 卖四 | 17.74 | 123 |
| 卖三 | 17.73 | 139 |
| 卖二 | 17.72 | 99 |
| 卖一 | 17.71 | 33 |
| 买一 | 17.70 | 5062 |
| 买二 | 17.69 | 21 |
| 买三 | 17.68 | 6 |
| 买四 | 17.67 | 131 |
| 买五 | 17.66 | 41 |

图 3–1

案例中出现这种下托单，可以肯定有主力资金参与，市场资金不太可能不约而同地把买单挂在买一上，毕竟买盘下方挂单不多，不急于买入的人完全可以将买单挂在下方等待。急于买入的人不会挂在买一大单后面等待成交，大多会利用价格优先原则直接在卖一、卖二上交易。

大家可以想象一下，如果卖一、卖二的挂单和卖三等以上各档卖盘挂单相似,那么盘口上是不是给人以重压的印象,市场资金可能就会保持谨慎,减少交易。鉴于该股是尾盘出现下托单，而卖盘的卖一、卖二挂单要小于卖三等以上各档，主力资金的意图可能在于让活跃和激进的市场资金尽可能地在卖一、卖二上成交。

买盘上，在各档挂单的对比下，买一的挂单数量显得尤其大，这会让等待买入者失去排队等候的耐心，所以主力资金借买一大挂单进行异常撤单的可能性也不大。综上所述，主导资金买一的挂单更像是为维护尾盘收盘价而为，同时借机减掉部分筹码。

该股当日的分时走势图如图3–2所示，早盘收盘前股价有过一波冲高，

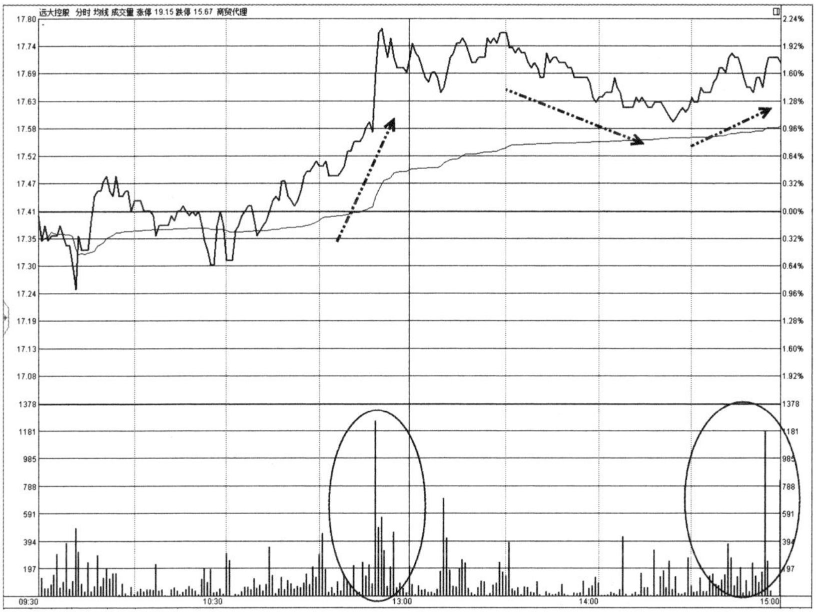


图3–2

午盘后回落，至尾盘时股价又一次回升，但上升较为孱弱。成交明细上可以看出尾盘出现过较大成交单，说明主力采用下托单的控盘手法，还是为其减掉了一定的仓位。

（2）上压单

上压单出现在不同的股价运行阶段，也具有不同的含义，这也是技术环境分析的内涵所在。

个股卖盘上出现上压单，会延缓上涨的速度。股价如果想继续上涨，就必须放量吃掉大卖单，或者这笔大卖单被主动撤掉。如果上压单没有被撤掉，或者没被迅速打掉，股价大多会回落调整。

如图 3-3 所示，卖一上挂有近 200 万股的大卖单，而买盘每一档挂单都不超过 10 万股，卖一就是一个标准的上压单。该股当日分时走势图如图 3-4 所示，当日该股股价上下震荡，尾盘明显受到上压单的影响出现杀跌。

| | | |
|---|---|---|
| 卖五 | 22.79 | 280 |
| 卖四 | 22.78 | 380 |
| 卖三 | 22.77 | 241 |
| 卖二 | 22.76 | 1608 |
| 卖一 | 22.75 | 19974 |
| 买一 | 22.74 | 105 |
| 买二 | 22.73 | 591 |
| 买三 | 22.72 | 55 |
| 买四 | 22.71 | 213 |
| 买五 | 22.70 | 741 |

图 3-3

个股股价处于长期低位时，出现上压单大多缘于主力资金压盘吸筹的需要，个股股价处于高位时，则主力阶段性减仓的可能性较大。个股盘整阶段时出现上压单，情况较为复杂，需要具体情况具体分析，某些个股主力可能意在减仓，还有些可能是正常的震荡洗盘。

图 3-3 中过大的上压单或者下托单，可以肯定是主力资金行为，对此不必心存疑惑，需要做的是分析和判断主力挂单的意图。

图 3-3 中数量过大的上压单会给市场带来抛压极大的感觉，这种感觉

图 3-4

明显不利于主力资金出货，所以即使主力的目的确实是出货，这里也不会是“一泻千里”的启动点。

也许有人会说：“会不会是其他持仓者因为恐慌或出于其他目的的集中挂单？”

这种可能性可以小到忽略不计。

有实战经验的交易者都知道，恐慌抛盘几乎都是采用价格优先原则成交。以图 3-3 中上压单的数量，如果是恐慌性抛盘的话，那么该股股价至少会出现瞬间跳水，而图 3-4 中分时走势并未出现这种股价重挫的情况。这种有节制、具有恐吓性的挂单，只能是主力资金为达到某种目的使用的一种手法。

并不是具有这种形态和含义的挂单必然意味着主导资金不想谋划出货，这一点必须明确！再三使出某种恐吓性手段之后，当市场认为主力不过是在震荡洗盘时，反而就到了真正出货或阶段性减仓的时候。培养市场思维惯性也是主力惯用的手段。

### 2. 上空与下空

上空或下空的挂单形态，可以确认存在主力资金参与，市场资金不可能做出如此有组织、整齐划一的排列形态。

（1）上空

如图 3–5 所示，该股卖盘五档挂单都是十位数（即数千股），下方买盘挂单却都是百位数，买盘和卖盘挂单数量差距可以说非常大。这种挂单称为上空，即买卖盘挂单对比，上方的卖盘挂单明显少于下方的买盘，且买卖盘挂单整齐划一。

| 600242 中昌数据 | | |
|---|---|---|
| 卖五 | 17.79 | 31 |
| 卖四 | 17.78 | 24 |
| 卖三 | 17.77 | 25 |
| 卖二 | 17.76 | 17 |
| 卖一 | 17.75 | 83 |
| 买一 | 17.74 | 134 |
| 买二 | 17.73 | 116 |
| 买三 | 17.72 | 115 |
| 买四 | 17.71 | 105 |
| 买五 | 17.70 | 119 |

图 3–5

上空给交易者的第一感觉是“卖盘很小，买盘很大”，似乎股价很快就会向上发起冲击。但在实战中出现上空时，很少会出现向上扫空卖盘挂单的情况（很少并不代表绝对没有），而最常见的是股价在卖一和买一之间来回波动。

即使卖一的挂单被打掉，也会很快有新的挂单出现，买一的挂单也会被不断地消耗，交易者想象中股价的快速上冲可能一直都不会出现。

上空形态不会总是保持不变，反而变化的方式非常多，比如突如其来的大卖单直接将下方买一的挂单打掉，甚至直接将买一、买二、买三等挂单全部打掉。这种情况下，挂单的形势会出现很大的变化，极大可能是上空形态就此消失，卖盘上开始出现较大的挂单。

主力资金通过上空形态想要达到何种目的，需要放到个股不同的技术环境中进行分析。例如，某主力资金意在阶段性减掉部分仓位，于是撤掉自己的卖盘挂单形成上空，再用大买单扫掉两三个价位的散单，造成股价大单成交、迅速上涨的假象，用以吸引市场跟风资金。当市场资金闻风而动、追高进仓后，却发现股价开始裹足不前，大单不再继续扫货，随后股价又再度跌至之前起涨的位置。

如图 3–6 所示，A 区域股价瞬间大幅上涨 4% 左右，量能也随之大增。但很快股价就从高点逐波回落，回落低点几乎就在起涨点不远的价位上。似乎一切都没有改变，股价还在延续着全天震荡的格局，只有追高瞬间就被套 4% 的人才会欲哭无泪。上空形态下，如果走出图 3–6 中 A 区域的走势，那么至少主力资金阶段性减仓的意图已经很明显了。

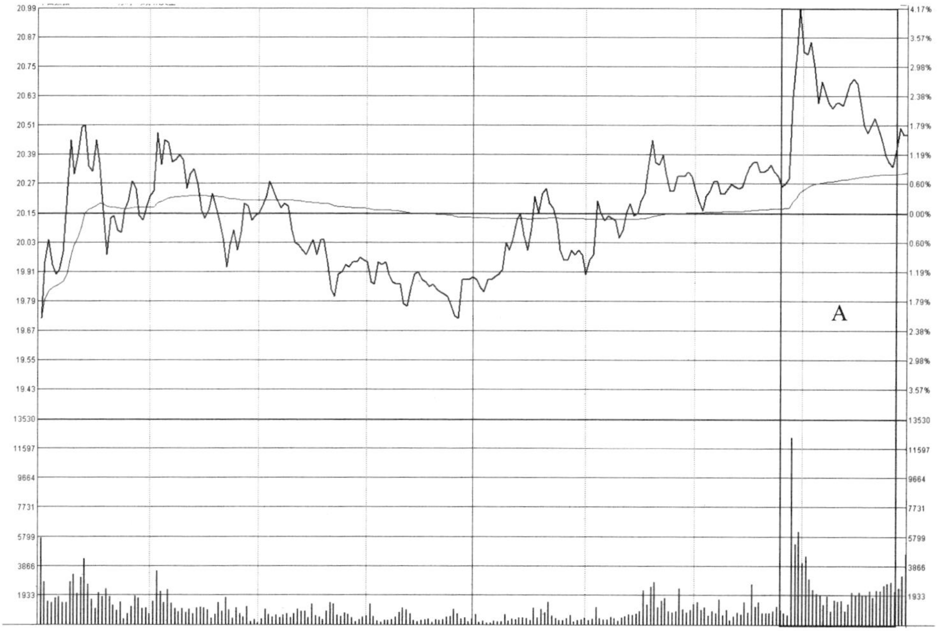


图 3–6

当然，上空形态也并非全都是主力资金减仓。某些情况下，也会成为主导资金测试上方抛压和诱引大卖单现身的手段，为之后的拉升提前扫清障碍。

例如，在上空形态下，下方的买一或买二突然被大单打掉，虽然很快买一或买二的挂单又被挂上，但很快又被打掉，或挂单明显少于以前。也就是说，上空的形态遭到了破坏，已经不复存在。这时候，一些持有大单的市场资金或许就会因忧虑和恐惧出逃。主力通过类似手法，完全可以将这些不稳定的大单清洗出来。

（2）下空

买卖盘挂单既存在上空形态，也存在下空形态。和上空相反，下空是指买卖盘挂单对比，上方卖盘挂单明显多于下方买盘挂单，且买卖盘挂单整齐划一。

如图 3–7 所示，该股五档卖盘上都是三位数卖单，五档买盘上只有个位和十位数买单。买卖盘挂单数量差距非常明显。

| 002609 捷顺科技 | | |
|---|---|---|
| 卖五 | 15.28 | 317 |
| 卖四 | 15.27 | 132 |
| 卖三 | 15.26 | 128 |
| 卖二 | 15.25 | 118 |
| 卖一 | 15.24 | 219 |
| 买一 | 15.23 | 1 |
| 买二 | 15.22 | 39 |
| 买三 | 15.21 | 43 |
| 买四 | 15.20 | 53 |
| 买五 | 15.18 | 9 |

图 3–7

和上空形态一样，下空形态也绝不是市场的随机行为，和主力资金的参与脱不开关系。这种挂单既然不是市场的随机行为，那么主力资金这样挂单意欲何为？

下空给交易者的第一感觉是“买盘很小，卖盘很大”，股价很可能承受不住上方的压力，主力采用这种挂单方式就是要市场产生类似的想法。

这种想法有时候并没有什么不对，但如果下空形态出现后并没有大抛单打破它，说明什么？说明市场并没有太多的大抛单，或者即使有也并不愿意这时抛出。

实战中，分时图一波上涨走势后，出现下空挂单形态，股价多半会开始横向盘整。主力资金加挂卖单的目的一般来说有三种：一是测试或引诱大抛单出现，二是逼迫或恐吓其他筹码低价减仓，三是诱使资金进场接盘。

前两种技术意义很接近，技术环境中，主导资金运作的个股多处于做多趋向中，目的是清洗浮筹，减少拉升阻力。主力完成相关操作后，股价会出现一定幅度的拉升。第三种情况相对特殊，首先从技术环境来看，主力有减掉仓位的打算，外部市场环境相对平稳或狂热。市场资金有追逐走势良好个股的倾向或习惯，主导资金在这种情况下营造下空形态，会吸引短线实力资金的关注。如果市场资金认可个股的各方面条件，则会展开对个股的攻击，主力正好借机减仓。

下空出现在分时一波急速拉升时，也可以给市场资金以“主力资金全力拉升”的错觉，很可能会吸引大量资金追高。

仅就某一日某一时间段的下空形态来说，新资金进场攻击会使下空形态消失，但当日股价并不见得就会上涨很多，成交量却往往很大。接下来的一段时间，个股走势会偏于大幅震荡。

没有实战经验的交易者看到卖盘挂着大单，便以为主力要出货；见到买盘上出现大买单，便以为主力买入。看到这种情况，散户交易者往往不是恐慌性地抛售，就是冲动买入，但结果与自己的预期相去甚远。

事出反常即为妖。超出常规的行为与事件，昭示其中必有不想被人探知的秘密。

上述案例中反常的盘口挂单（还包括夹单与夹板等内容），很难由松散、形不成合力的市场资金来完成，只能是拥有资金优势的主力资金行为。

不想被市场资金过早发现踪迹的主力资金不会在K线等图形上留下“作

案”痕迹，盘口挂单这类数据不会像K线图那样被分析软件保存下来，这就为主力资金隐藏自身的行为意图提供了良好条件。没有时间看盘的人不可能知道当日盘口细节，也就难以发现和追踪主力资金行为。

## 二、主力强弱分析

实力资金因自身资金、技术或控盘程度等方面的原因，在进驻个股之后的运作过程中，其在股价操作风格与强度上也存在较大的差别。某些主力股可能表现得非常抢眼，但也有一些主力股表现得差强人意。

分析主力行为的差异，可以避免交易者陷入“僵化分析”的泥沼。千股一律的分析方法会在实战中屡屡碰壁，个股不同，具体问题具体分析才是专业交易者的做法。

分析主力的强与弱，主要在于分析主力股在一些技术点和关键价位上的表现，从中可以折射出主力资金的操作风格、强度、习惯及常用的技术手法。例如，某些主力股经常在回落调整结束后出现涨停板，有些主力股却安步当车，步步为营，缓慢收复失地。

主力资金操作的强弱必然反映在股价强度上，股价强度并不仅包括放量大阳线或放量大阴线，这两种价格和量能的极端表现形式无疑属于强势，但并不必然代表强度具有连续性。突遭资金攻击的股价可能会在一个特定时间段具有强度，但不可能持续或反复出现。

比如，某股以巨量成交报收大阳线，但是次日股价不涨反跌，前一交易日的上涨强势已经不复存在。没有持续性的强势上涨或下跌，说明并无真实的强度存在。

价格强度从来都不是某一交易日涨得有多好，跌得有多猛，不能明显表示出来的强势上涨或下跌，价格强度都很难判别。原因在于资金的疯狂追逐或者主力的操纵手法，会让强度难以辨别。

那么价格强度究竟是什么？如何识别？

价格强度的本质是主力资金对价格潜移默化、不露痕迹的影响，这也是尚未显露头角的潜力个股的共同特征。价格强度是交易者选择潜力个股的重要技术标准之一。

如图 3–8 所示，A 区域技术形态岌岌可危，似乎一波大跌即将出现，这时交易者往往会选择卖出观望。该股好像徘徊在悬崖边缘，惊险连连出现，但始终并未大跌。千转百回之后，在大多数人都不看好的情况下，该股却峰回路转，走出一波靓丽的上涨。

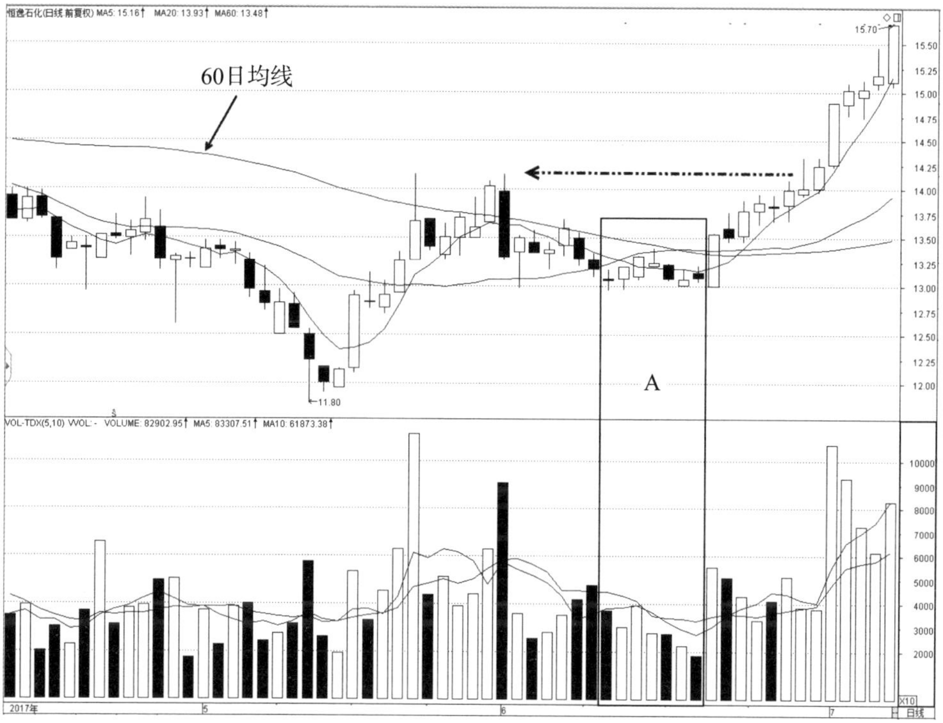


图 3–8

该跌不跌，反转为涨，谓之强。

图 3–8 中个股股价突破 60 日均线，成交量也从量能消散形态转化为变量形态，预示价格出现重大变化，这就是价格强度的表现。之后成交保持新常量，股价再次突破反弹高点，则是强度的延续和增加。这一系列形态提示做多交易点已经出现。

说到“该跌不跌”，这个技术点讲不透的话，可能会对交易者的实战造成不利的影响。“该跌不跌”，必须注重技术环境分析，对于大幅上涨后的个股，“该跌不跌”的分析方法可能并不适用。同时对于“该跌不跌”却也并不能反转为涨，抑或是处于下跌途中弱弹的个股，也不适用。

如图 3–9 所示，A 区域也出现“该跌不跌”的走势，随后的弱弹虽然超越前高，但无论是股价还是量能都并没有出现明显上升或增大，显示增量资金并不踊跃，可能只是盘中存量资金所为。B 区域的情况更明显，之后股价反弹也相对弱势。

这种情况下的“该跌不跌”，并不能显示出股价的强度，更多的技术迹象显示，这里只是下跌途中股价的震荡和折返。其实这个案例仅通过均线系统也可以辨别其弱势，和图 3–8 存在极大的区别。

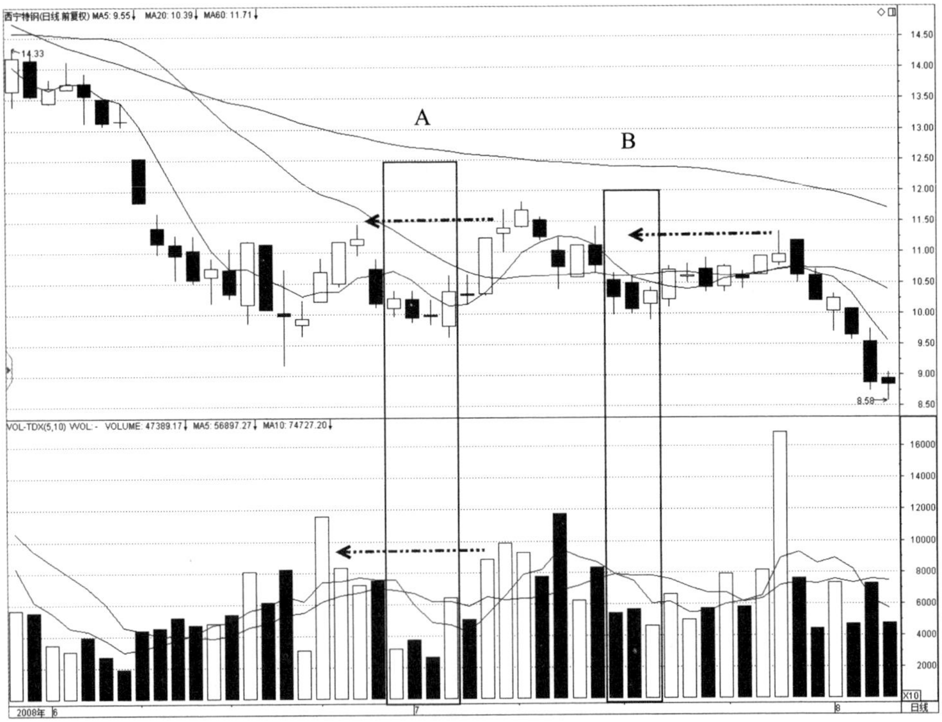


图 3–9

具有上涨强度的个股并非不会下跌，甚至正是通过下跌中的表现才能够判断出其强度的大小。同样，具有下跌强度的个股也并不是不会反弹，正是分析其在反弹中的表现，才能判断其强度的大小。

价格的涨与跌构成了折返。无论K线图还是分时图，排除直接涨停或跌停的个股，都存在折返。通过分析股价的折返，个股上涨或下跌的强度自然就会浮现出来。

在K线图上，涨势中的回落调整（折返）时间短、幅度小，说明做多力量处于优势地位，这种优势地位即表现为股价强度，预示市场将很快使股价结束回落，重归上涨。

在分时走势图上，现价线处于上涨途中，折返的持续时间、幅度明显少于上涨的时间和幅度，意味着股价的涨升强度较高，也说明做多力量处于优势地位，而且这种优势地位延续到之后交易日的概率较大。同时，这种走势也意味着盘口存在的压力相对较小，股价之后极有可能进入快速拉升阶段。小幅上涨中发生频繁折返，说明股价正处于确认强度的过程中，结果可能是转入带有强度的上涨，也可能转入弱势盘整或下跌。

实战中，如果价格折返的时间、幅度与上涨的时间和幅度大致相当，说明虽然处于涨势中，但继续涨势的强度已经降低。这时交易者应避免追涨操作，个别品种在操作上可以采取低吸的方法吸纳。

如果价格折返的时间、幅度渐渐多于上涨的时间和幅度，说明股价目前的涨升强度不足，交易者应保持观望。折返的幅度如果较大，说明股价遭受的打压相对较重，这时就要分析股价是否已转为跌势强度。

分析股价是否已由上涨强度转为下跌强度，主要也是通过折返或反抽以及一些技术关口上的压制等予以判断。跌势中的折返与涨势中相似，即折返的时间、幅度明显少于下跌的时间和幅度，意味着股价的下跌强度较大。在下跌强度没有任何改变之前，交易者应避免参与做多交易。

当折返的时间、幅度与下跌的时间和幅度大致相当，说明虽然处于跌势中，但继续跌势的强度逐渐减弱。但此时仍应保持谨慎，分析股价上涨强度是否会出现。

受到主力操控或资金高度密集的攻击，股价必然会在短时间内显示出涨跌强度上的极端转化，但是当资金不能以密集形式将股价继续推进，而是以变量形态出现时，某一方向上的极端强度可能会在瞬间转化为反向强度。因资金密集攻击出现的股价急跌急涨，其强度变化具有不稳定的特性，除非密集的资金能够持续出现，否则这种股价强度并不能成为参与盘中交易的依据。

如图 3–10 所示，该股股价出现一个快速涨升的过程。至 A 区域时，股价确认突破相关均线并继续上涨，显示股价上涨强度较大，同时这个过程伴以密集成交。B 日股价达到本次涨升最高点，之后股价迅速回落。

在这个案例中，B 日之后股价上涨强度是如何发生转化的呢？

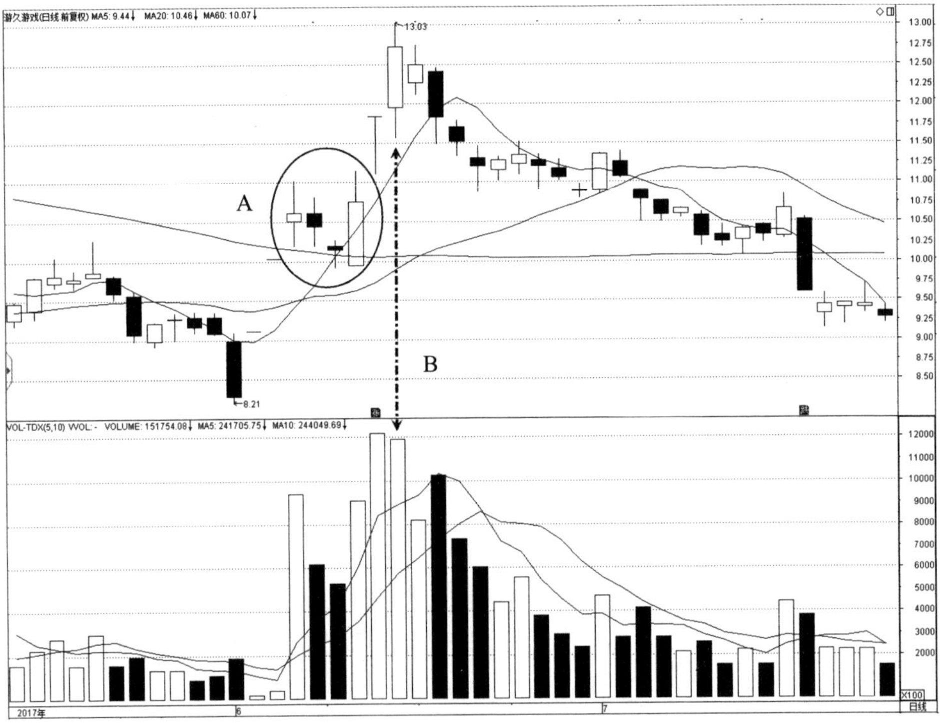


图 3–10

B 日是股价最高点，此时股价发生转折，同时量能也发生转折，所以 B 日无疑是一个关键的量价分析点。图 3-10 中 B 日的分时走势如图 3-11 所示，该股当日股价虽然整体涨幅突破 7%，但真正处于涨升的时间并不多，升幅主要由两个短时间内的迅速拉升构成，其余大部分时间里，股价都处于震荡回落的态势。

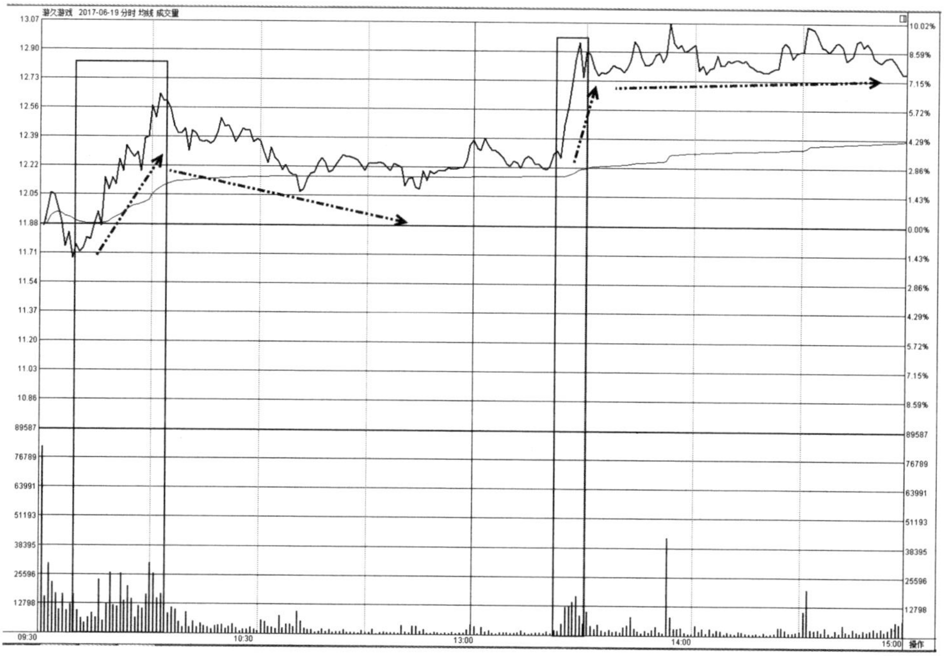

图 3-11

图 3-11 中的分时走势可以提示两个关键点。

其一，该股上涨的压力并不大，股价强度理应可以继续保持。原因是盘中的两次急速拉升幅度都超过 4%，早盘的急拉甚至超过 6%，但之后的回落相对较缓，量能在回落中并未出现变量等，这显示上方并无密集的大卖单打压。换个角度理解，如果盘中主导资金想封涨停板的话，难度应该不大。

其二，承接上述分析，该股涨升压制不大，但是并没有干净利落地封涨停板，而是将全天大部分时间都花费在震荡中，原因何在?

如果说主力资金意在震仓洗盘的话，那么这种幅度平缓、持续时间较长的折返过程不但吓不走人，相反还会吸引更多的人加入进来。尤其是午盘过后第二次急拉，无疑会吸引更多关注的目光。

强度明显，能大涨而不涨，排除震仓洗盘的可能性，那么只能是主力资金阶段性减仓或出货。从主力资金阶段性减仓或出货的角度来看待这个分时走势，一切都迎刃而解。利用短时间的对倒急拉做高股价，在这个过程中满足跟风追高资金的需求，然后不慌不忙地利用拉高的空间来减持筹码。

案例中拉高之后的两次长时间的折返，就是主力资金减仓所致，也正是主力资金的减仓或出货才导致该股上涨强度迅速转化为下跌强度。

分析强度变化还可以通过观察盘口的方式实现。例如，某股盘中涨到每股 9.60 元，之后出现折返，虽然折返幅度、时间都不足，但回升后股价一直不能突破每股 9.60 元，或者虽然穿越这个价位，但很快就回落到每股 9.60 元之下，这就是上涨强度不足或是将要转化为反向强度的信号。

实战中，一些个股还会利用对倒或交易中的时间差迷惑交易者，造成某股强度较大的假象。例如，利用尾盘最后几分钟迅速拉升股价到每股 9.60 元上方，看起来似乎强度依旧，下一交易日股价却突然低开低走。

## 三、炒作的“轮回”之道

轮回又称流转、轮转、生死轮回，意思是众生死了又生，生了又死，生死不已，像车轮一样转动不停，循环不已。

股票市场上，行情大势在上涨趋势（牛市）和下跌趋势（熊市）之间“轮回”，而操控个股股价的主力资金则随行情趋势的循环往复也会在出货—建仓—拉升—出货中“轮回”。

股价的波动起伏同样是一种“轮回”，跌久了，就会涨；涨久了，就会跌。体会此中真义的交易者往往能够处变不惊，淡看股市的风云跌宕。

在牛短熊长的A股市场，只做牛市大行情的话，可能你需要等待若干年。一些不甘寂寞又不愿远离股市的资金，就异常热衷捕捉波段上涨行情。

选择目标个股后，主力（主导）资金会反复参与炒作。某一波段获利减仓后，并不像市场资金那样马上加入另一热门个股的追逐，而是等待目标个股下跌。如果跌势并不理想，那么就砸盘助推一下。当个股跌到相应的价位，那么下一波炒作又将开始。

市场上也会反复炒作几个概念或板块，即所谓的“热点切换”。有时是事关某一行业的新闻或利好消息进行炒作，有时并无任何资讯，纯属资金蜂拥炒作。

对于主导资金的强势炒作，散户交易者应尽量避免盲目跟风操作。轮回意味着有生有死，有涨有跌。短期的爆炒，除非在资金上具有绝对优势，否则参与其中，谁能保证你踏准每个节拍?

## 四、潜伏与追涨

在行情的不同阶段，主力资金有“轮回”之道，交易者也应以不同技术方法予以应对。比如，在明确的跌势行情中，如果交易者仍不改短线追涨的交易方式，在跌势中过多参与股价的弱弹，那么很快就会累积大幅亏损。

### 1. 低吸潜伏

跌势行情中，较为适合的交易方式就是寻找波段低点低吸潜伏。低吸技术的本质其实就是等待和寻觅市场或主力露出破绽时悄然买入，然后潜伏等待。如果说追涨需要交易者具备一定程度的果敢，那么低吸则需要交易者具备稳定的心态。

人，总是会犯错。在股票运作的整个过程中，无论是多么高明的主力，也不可避免会露出破绽，更何况有些破绽不得不露。发现潜藏的主力，只要一些细节就可以做到，这一点前文讲过。

寻找波段低点低吸潜伏，技术上的难度并不大，难在逆市交易的心理掌控上。心理一旦失衡，所有正确的理论和行为都会灰飞烟灭。

实战中的心理要素主要包括四点。

（1）耐心等待时机到来

猎豹是世界上奔跑速度最快的动物，但猎豹不会随意发起攻击，因为那样做不一定有收获，而且自己的体能还会很快消耗殆尽。猎豹善于等待时机，一旦发现目标就不会轻易放弃，往往一击必杀。

等待时机也是积蓄动能的时候，一旦时机成熟，市场会加倍偿还你付出的耐心和忍受的煎熬。比如，个股在下跌途中横向震荡，如果交易者不能耐心等待局势的进一步演化，等待局势明朗，而是急于介入，那么当股价向下挖坑跳水时，很可能会因恐惧而选择止损操作。倘若交易者拥有足够的耐心并善于等待时机，那么股价急跌就意味着低吸机会临近。

（2）寻觅市场或主力犯错和露出的破绽

不但主力会犯错，市场有时也会。当市场上大多数参与者都被恐慌情绪或者过度乐观情绪蛊惑，做出一致的决定和行动时，市场就犯下了大错，这个时候就是清醒的交易者的最佳出击时机。

2007 年 6 月 5 日沪指大盘分时走势如图 3-12 所示。在连续下跌四天，尤其是前一交易日大跌 8% 的前提下，当天大盘再度暴跌超过 6%，市场恐慌达到了极限。

这时候即便是仓位被套，交易者也不能盲目跟风杀跌，而应控制情绪，冷静分析。无论何种事件造成大盘连续大幅暴跌，都只说明一个问题，即市场上大多数参与者都在恐慌情绪的支配下大肆抛售筹码，也就是说市场正在犯错，而且这个错误正在持续扩大。

这个现象已经连续出现了四天，第五天仍在持续，但每一波次下跌时的成交呈缩减趋向，说明跟风杀跌的筹码正在减少，指数可能正处于惯性下跌的过程中。盘口出现这种情况，意味着市场在错误的方向上继续狂奔的动力已经削弱。

这就是市场所犯的错误之一，此时交易者的任务就是克服自身受到的不良心态的影响，寻觅和发现这类错误，然后耐心等待时机的到来。

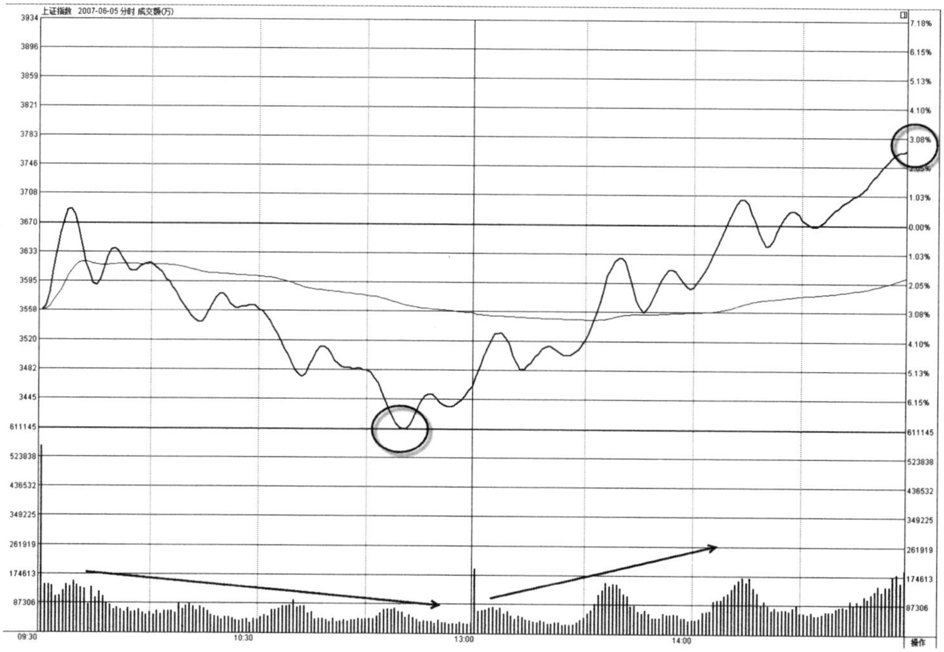


图 3-12

（3）确认目标后重拳出击

巨鳄会耐心地观察猎物的动向，寻觅进攻的机会。没有任何捕猎机会时，它会一直等待，等待猎物犯下致命错误。当猎物兴奋地跳进水塘，不知危险为何物时，它会迅猛而凶悍地出手，并且不满足于撕下一两块肉，它要的必然是整个猎物。

当交易者经过深思熟虑、反复分析研究发现获利机会时，千万不要畏缩不前。当你对一笔交易有把握时，要重拳出击，即做对还不够，还要尽可能多地获取利益，只有这样才能收获市场回报给你的重礼。

（4）发现失误时及时撤出

世上没有百分之百安全又能收获大利的投资，股票交易更是如此。不管你有多高的智商，多么精于分析研究，百战百胜的交易只存在于故事中。

股神巴菲特并不讳言自己所犯的错误。在 2012 年致股东的公开信中，他总结了公司 2011 年度的业绩表现和功过得失。“几年前，我花了约 20

亿美元购买能源期货控股公司发行的几种债券，这是一家服务于得州部分地区的电力公司，但这是一个巨大的错误。”巴菲特表示，“这家公司的前景与天然气价格联系在一起，而天然气价格在我们购买债券后不久就持续低迷。我们在2010年对这笔投资减记10亿美元，去年又增加减记3.9亿美元。”

### 2. 追涨

追涨仅指目前上涨趋势能够确认已经启动的个股，并非所有正在上涨的股票都可以追。追涨，追的是股票上涨的连续性。

区分哪些股票可以追涨，哪些不可以，关键在于起涨结构分析。起涨结构是确定一只股票是否具有追涨价值的关键因素，具备起涨结构或者说起涨结构刚刚构筑完成的股票才是追涨的目标，而不是那些目前涨得非常好的股票。能够带来利润的是买入之后涨得好的股票，而不是买入之前涨得好的股票！

起涨结构的内在构筑模式通常是三段式：初起阶段、确认阶段以及起涨阶段。很多个股在确认阶段会走出失败形式，随之进入下跌或震荡，还有一些个股在起涨阶段会出现假突破或挖坑等复杂变化。[①] 个别极端强势的股票只存在一段——直接拉升至涨停并连续涨停，这种极端形式存在但不常见。从资金攻击层次和级别的角度来说，其实这种极端强势也存在起涨结构，只不过其结构在短时间内即被提升至高层次和大级别上，脱离了短线交易的技术分析范畴。

① 具体内容参见中国宇航出版社2015年8月出版的《短线追涨与低吸技术》一书。——编者注

# 第十一章 袭击主力股

心态若是出现问题，技术就是云烟。

——《K 线图核心技术》

## 一、介入控盘庄股的技巧

一个控盘庄股在牛市行情中的整体升幅远非一般主力股可比。交易者可在控盘庄股常规运行期间寻找适宜的价位介入做多。

如图 3–13 所示，该股借助上市初期的高换手率和一段时间的横向折返震荡，完成大规模建仓任务，之后股价开启升势，但成交量一直处于整体消散态势。在升势持续运行期间，股价多次出现向下折返，但随后又轻松收复之前的高点，其间成交量并未放大。减量过顶的特征说明该股升势处于稳定运行之中。

对控盘主力而言，这些股价折返高点的压力根本不值一提，因为这些高点多是主力降低成本形成的。被套在高点的散单多数会在股价下跌时低价抛出，所以一些看起来岌岌可危的“股价高点”，其实不过是一个披着吓人外壳的空架子。

控盘庄股减量过顶的特征不消失，量能也没有突然出现变量等明显放大的情况，那么对交易者来说就是一个良好的追踪目标。当然，还需要关注其他一些技术细节。

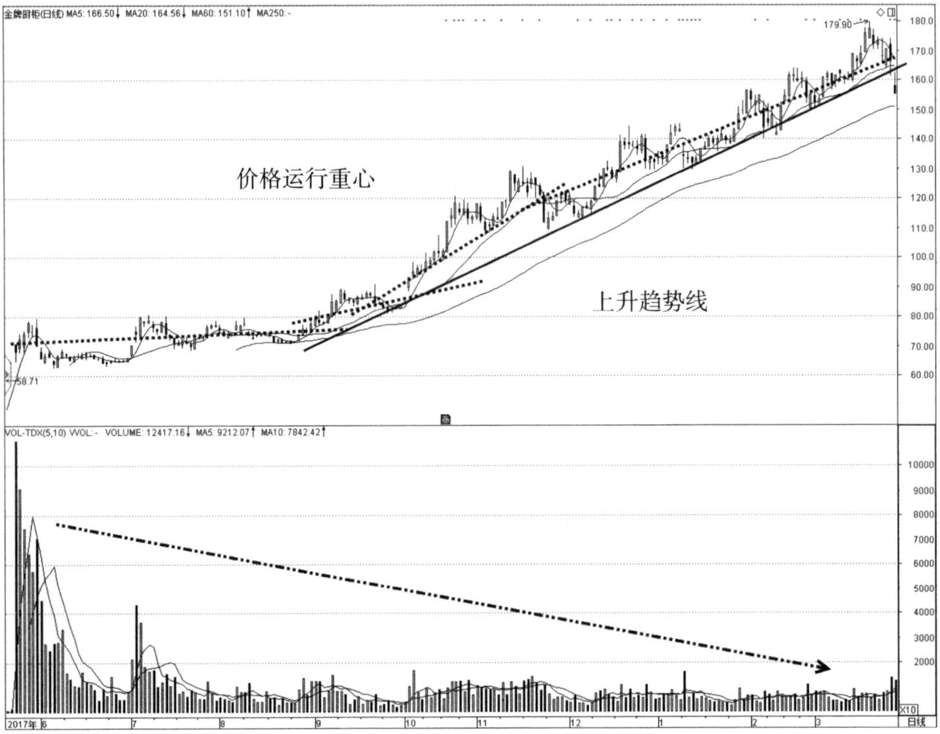


图 3-13

例如，图 3-13 中价格运行重心虚线一直处于上行态势，上涨趋势线也保持着稳定运行的态势。在这种技术形态下，交易者可以在股价折返震荡时分析均线系统与股价的支撑关系，寻找相应的介入点。

实战中，并非所有控盘庄股都像上述案例中的个股那样趋势明确，容易判断，特别是当控盘庄股出现大级别的调整（如次级回落调整走势）时，控盘庄股的回落调整幅度和强度，都会让交易者感到恐惧。

如图 3-14 所示，该股在升势中多次出现大幅或快速的回落调整，整体升势并非一帆风顺。下面以 A 日长下影阴 K 线为例，看看控盘庄股快速回落调整中的情形。A 日分时走势如图 3-15 所示，早盘低开后股价快速跳水，跌幅一度超过 6%，不可谓不迅猛。随后大部分时间处于震荡中，午后有所回升，但收盘仍有 4% 以上的跌幅。

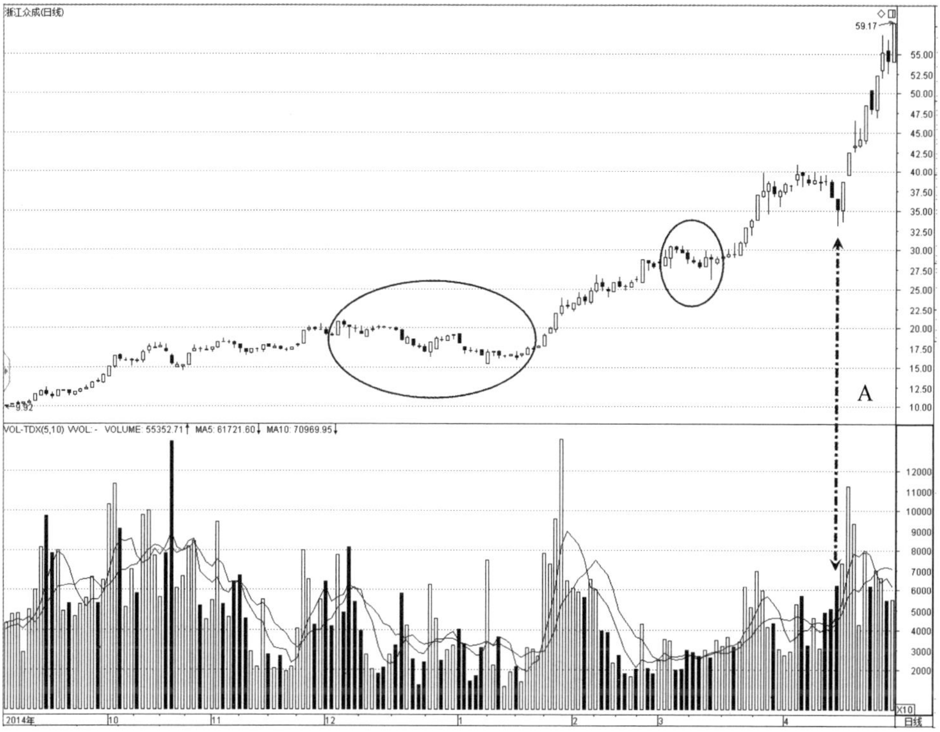


图 3-14

交易者操作控盘庄股，必须对股价的大幅波动做好心理准备，并制定相应的应对措施，以防出现意外时因恐慌做出错误的决定。比如，对可以预见的回落调整是持仓不动还是减仓后寻机回补；对不能预见的突然性回落，是仍旧稳定持仓还是低点做 T+0……必须提前做好诸如此类的操作计划和准备，一旦盘中发生这类情况，不至于手忙脚乱。

心态很难保持稳定。技术分析能力不足的初学者，一般来说不宜介入控盘庄股的操作，因为大部分初学者可能无法适应控盘庄股盘中激烈的折返震荡过程。

A 日次日的分时走势如图 3-16 所示，早盘开盘瞬间股价出现 3% 的下跌，但很快回升并以大角度拉升直至涨停板，股价的极端强势表现和前一日的弱势表现形成了鲜明的对比。

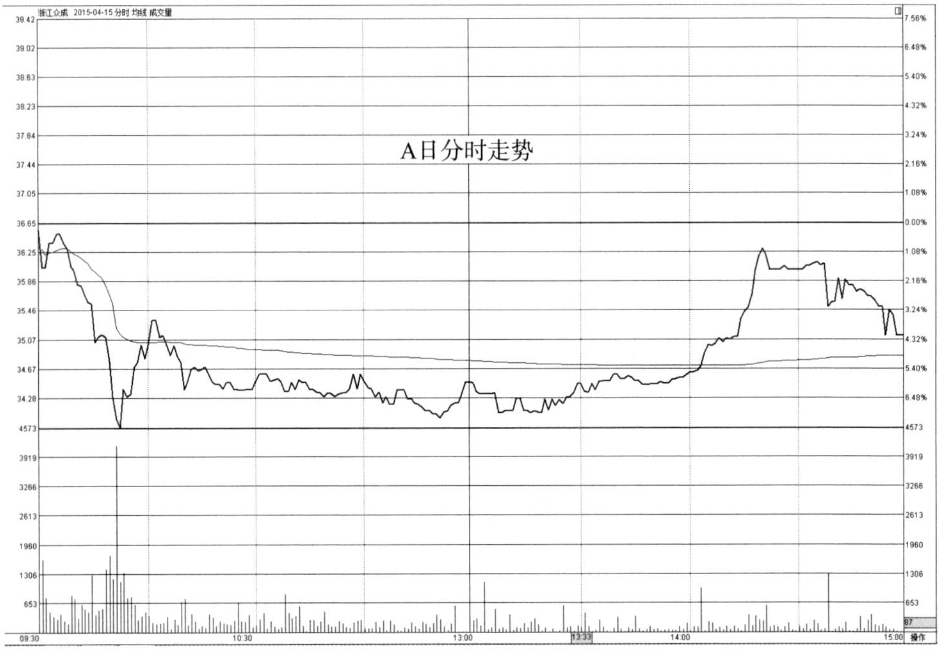
浙江众成 2015-04-15 分时 均线 成交量
A日分时走势
09:30
10:30
13:00
14:00
15:00

图 3-15

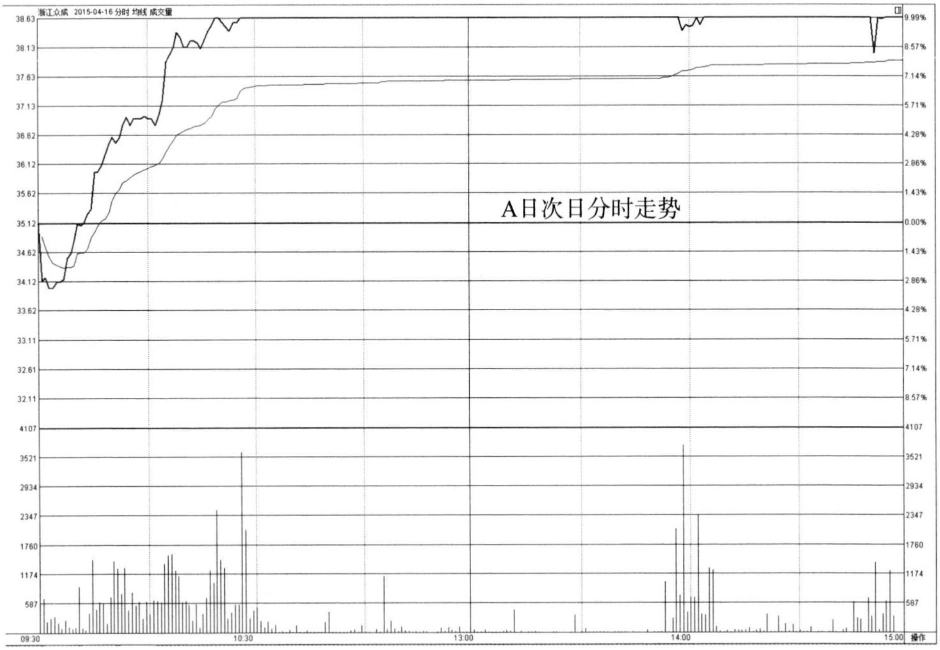
浙江众成 2015-04-16 分时 均线 成交量
A日次日分时走势
09:30
10:30
13:00
14:00
15:00

图 3-16

A 日的走势可能让人绝望并深信股价还会继续深跌，但次日的走势则将交易者从地狱直接拉升至天堂，这就是控盘庄股的特异处。

对没搞懂主力类型以及操作风格的交易者来说，很有可能会被股价盘中的强烈震荡搞懵，控制不住恐慌情绪，就可能将筹码卖在低点上。当股价再度转入强势上涨时，不是后悔不已，就是加码追高。应对控盘庄股，跟随其股价走势做决定，可能大部分时间都是错误的。

控盘庄股出现大级别回落调整的原因和其他个股相似，控盘庄股有时候也会遇到一些资金体量较大、难缠的对手盘。这类对手盘并非寻常的散单，而是有组织的资金。遇到对手盘，对控盘主力来说，就将展开一场相对艰难、耗时的硬仗。

这些有组织的机构资金并不像散户那样容易在低位交出筹码，而会不断地和主力抢夺筹码，这就使得主力不得不使出十八般武艺击退对手，此时控盘庄股往往会出现长时间或凶悍的调整，甚至让人误以为该股主力已经出货跑路。当然，并不能排除控盘主力因某种原因控盘失败，由调整走势转入趋势扭转的可能性。

## 二、主力被套的个股操作

前文讲到过主力被套，主力资金虽然有某些方面的优势，但只是相对散户等市场资金而言。面对整个市场，一些不可抗力或意外事件引发的风险，仍旧会将主力资金吞没。

对那些资金源于场外配资或其他融资渠道的主导资金来说，被套可能是致命的，因为按照约定，可能会被直接平仓或需要追加保证金。实力相对雄厚的主力资金在风险因素逐渐消散之后，会想方设法尽快脱困，主力资金被套的个股是交易者应重点追踪的对象。

被套的主力资金成本相对透明，主力急于降低成本，实现盈利，以免陷入资金困局，就会在短期内采取行动。如图 3–17 所示，A 区域股价暴跌，主力资金想在这种大角度、大速率的下跌过程中完成出货是不可能的。即

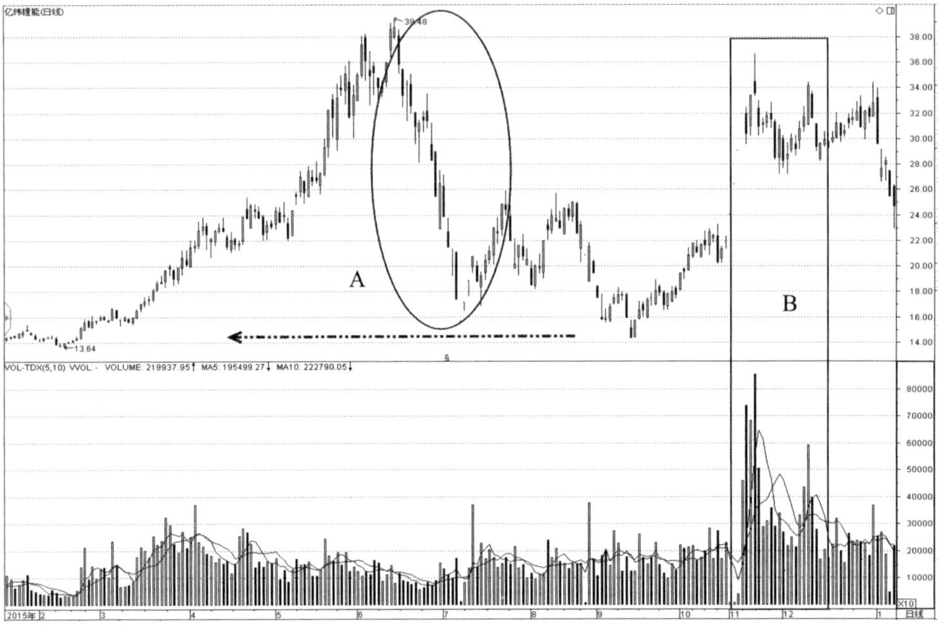


图 3–17

使在前期涨势阶段进行过阶段性减仓，面对如此暴跌，主力也很难全身而退。

经过一段时间的震荡折返后，该股股价在B区域出现一波凌厉的升势。B区域的股价高点虽不及A区域，成交量却远超A区域，这种量能状态显示的就是主力资金借机减仓、尽快摆脱困局的情景。

对交易者来说，由于资金体量相对较小，即使在A区域被套，也存在出逃的机会。主要问题在于，可能很多交易者在暴跌开始阶段会犹豫不决，以致错失最佳减仓机会。

当暴跌告一段落，股价出现反弹、回落的折返形态，同时价格低点接近涨势启动的价位时，也就离主力资金成本区域不会太远。此时交易者即使深套也不可随意减仓，而应关注盘面变化，倘若短线再出现急跌，应敢于分批做T+0。

跌势中的操作，考验的是交易者的定力和对股价“轮回”的理解。在恐慌盘集中杀跌的时间点上，分批做T+0的成功率还是非常高的，也是有效降低自身成本的途径。一旦当日做 T+0 失利，应当机立断抛出所加仓位，不能犹豫不决，导致仓位和资金失衡，浮亏无限扩大。

通过短线自救，能够在一定程度上降低成本。但这个时候的行情对交易者的心理是一种考验：浮亏仍然较大，涨势看起来遥遥无期，暴跌随时可能降临……焦躁、恐慌情绪非常严重。如果能够从不良情绪中摆脱出来，看一看更大的局面，就能发现主力资金的日子也不好过。主力资金不像散户大多是自有资金，其压力不言而喻。

在百般煎熬中，交易者有时候最需要的就是和主力比比耐心。

当股价终于再度强势起涨，交易者需要警惕的是在反弹高点出现历史天量，如图 3-17 中 B 区域所示。这种变量出现后，即使你仍旧没有解套，也要做好随时离场的准备。

## 三、应对新入场主力的攻防技术

新入场主力的概念以及相关内容，前文已经述及，相同的内容不再赘述。排除短线套利的主导资金，新入场建仓的主力资金多数需要一个相对漫长的收集筹码的过程。如果采取尖底拉升等较快的建仓方式，主力资金就会在一段拉升之后展开震荡盘整。

不同的交易者对交易有着不同的理解，也由此形成不同的交易风格。例如，有些交易者崇尚价值投资，倾向于选择低估值个股买入后长线持有，不关心股价的短期波动；有些交易者恰恰相反，喜欢追逐价格短期波动，并从中寻求做差价的机会。

这些风格迥异的交易者对新入场主力股的介入时点选择也有较大的差异。比如，L 型折返震荡建仓有两种形态，一是在股价原有的下跌过程中建仓，二是在股价低位折返震荡过程中建仓。

以第一种形态为例，主力的建仓行为多发生在股价仍处于跌势的阶段。在这个阶段，随着股价的不断下跌，会凸现其估值优势，中长线交易者可采取分批买入的策略，跟随主力建仓的步伐。

如图 3-18 所示，A 阶段是股价的跌势运行阶段，随着股价的长时间下跌，个股估值优势越发明显。对中长线交易者来说，虽然个股有估值优势，但不可低估下跌趋势的影响，过早介入目标股，可能要忍受股价继续大幅下跌的煎熬。

图 3-18

中长线交易者选择介入时点，可参考均线“涟漪效应”（即价格的波动变速形态），或者分析均线、成交量形态等。总之，买入之后，中长线交易者不应过度关注股价的短期波动，否则心态很可能会受到影响，动摇持仓信心。

对短线交易者而言，跌势运行阶段 A 只适合部分技术能力较强的人参与大波段反弹，弱弹对任何人来说都没有参与价值。B 区域，当趋势发生转折进入升势阶段，这时主力资金已基本完成建仓，将进行大幅度折返和阶段性拉升，股价将会表现得异常活跃，正是适合短线或波段交易的时候。

也有部分中长线交易者会选择趋势扭转之后入场做多，这样安全系数比较高，但介入成本也会随之提升。

L 型折返震荡建仓的第二种形态，即主力资金在股价低位折返震荡过程中建仓。这种形态下，交易者介入时点的选择相对复杂。

如图 3–19 所示，该股在股价低点构筑圆弧底形态，构筑过程中，股价反复出现折返震荡。有些交易者即使已经明确判断出主力资金正处于吸筹建仓期，仍旧难以承受股价忽上忽下的折磨。

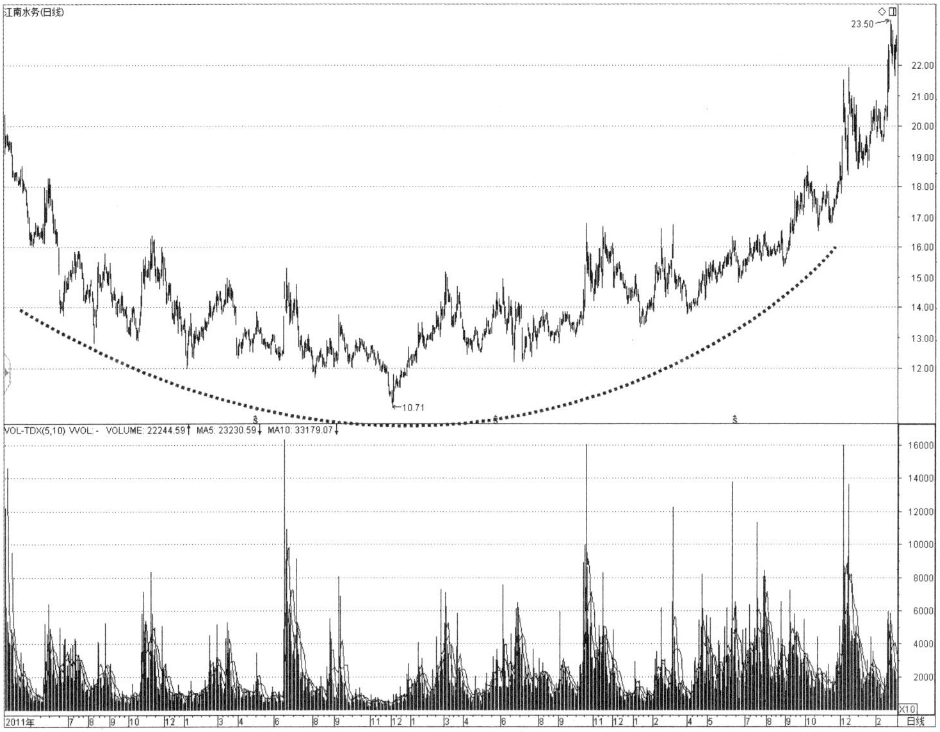


图 3–19

对中长线交易者来说，当通过技术环境判断有新主力入场且该股符合估值要求时，可以选择震荡低点介入，不必过度追求股价的最低点。对于短线交易者，技术环境分析仍是必要的，明了目前处于主力建仓阶段，才会对之后股价频繁折返有相应的心理准备，同时也可以选择适合的交易策略。

其实，新主力资金入场的底部构筑阶段并不太适合短线交易，因为很少会出现相应幅度的拉升。但是，在这种折返震荡中寻找做差价的机会，对于初学者提高盘感、锻炼快速阅读盘面的能力有很大的帮助。

## 四、识别对倒主力股的“囧途”

一些实力不太强的资金会利用对倒手法运作股价。对倒型主力股有一个显著的特征，就是个股的成交量多数时间里非常密集。对于这种类型的主力股，其实并不适合中长线交易者，频繁发生的阶段性回落会让人处于紧张焦虑的状态，导致做出错误的判断。

对倒型主力股更适合短线交易者参与。其相对明显的量价形态有利于短线交易者分析判断阶段性的高点和低点，在其中捕捉做差价的机会。

如图 3–20 所示，该股多次出现规律性的量价形态，即当成交量出现阶

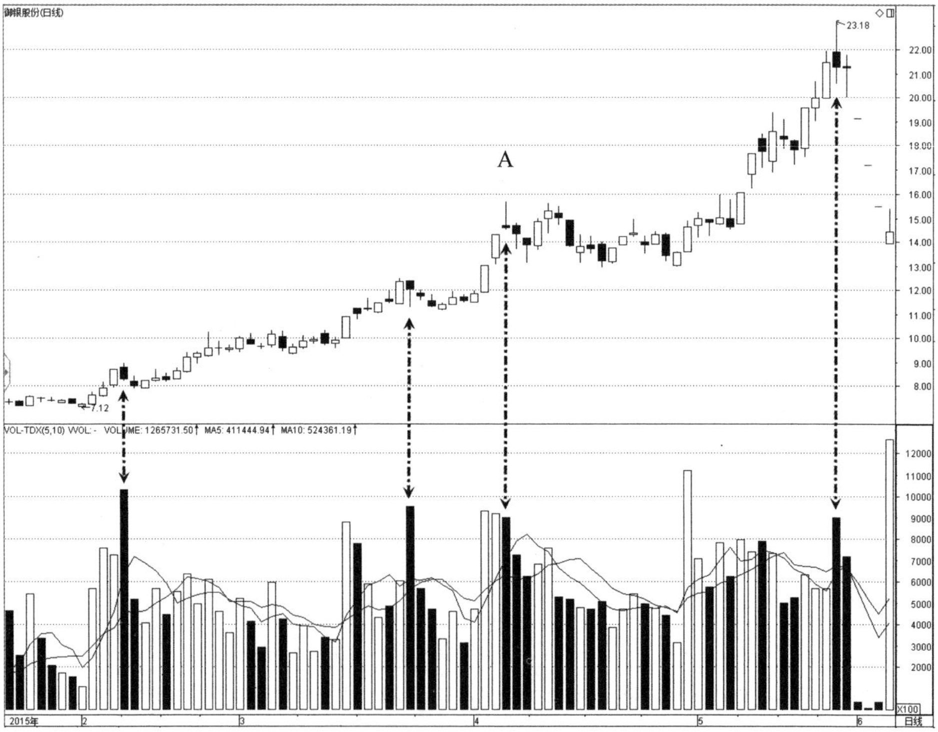


图 3–20

段性变量，股价却不能同步涨升时，都会出现一个回落调整。其实，这也是对倒型主力的运作特点，没有过多的资金投入，所以要尽可能地把握自身仓位和资金的平衡。对对倒型主力来说，仓位和资金都是流动的，静止在某一比例上，会对未来的盈利造成不利影响。

对交易者来说，对倒型主力股的这个特点也是其缺陷。不利用这个缺陷进行交易，就很难踏准主力的节拍。

以图 3–20 中 A 日为例，A 日的成交量并不是最大的，但也属于一波涨升中密集成交的高值。之前两个交易日，股价上涨，量能放大。至 A 日时，量能未明显缩减，但股价涨幅不及之前，出现量价背离。

分析 A 日的分时走势能更直观地看到这根 K 线当日发生了什么，A 日分时走势如图 3–21 所示，当日股价高开后，略经盘整便一度冲至涨停板。但这种极端强势没能持续，不久股价就开始回落，收盘时已将该日大部分升幅抹去。

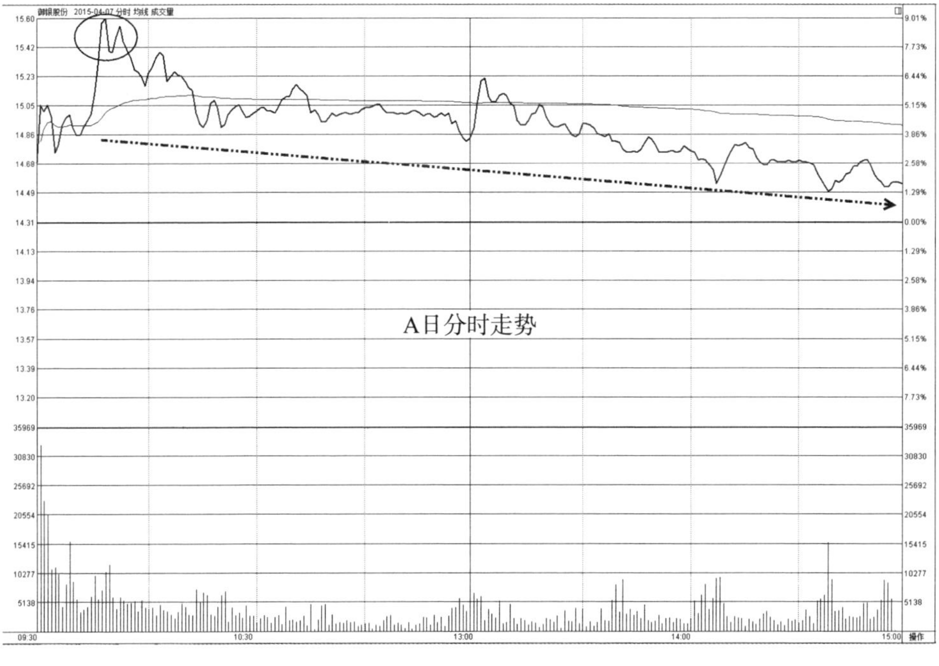


图 3–21

在该股整个运行过程中，类似于图 3-21 的情况很常见，尤其是在阶段性放量的价位上。当这种规律性的特征出现时，也就是短线交易者减仓的时候。一些经验丰富的交易者即使不能卖在涨停板价位上，也能在当天的相对高位减仓。

操作对倒型主力股，短线卖点相对容易判断，对买点的选择就需要有一定的综合分析能力，比如均线系统、成交量以及个股的分层透视技术。

# 第十二章　对手与对弈的那盘棋

在股市中，无论测量高点还是低点，实际点位总是和测量点位有差距。如果用哲学来替代数学，也许精确度会更理想。

——《K 线图核心技术》

## 一、主力不是阴谋论的产物

人们不会对股票市场存在主力资金存在疑问，但会怀疑主力资金是否具有多样化操纵股价的能力，甚至认为过度解读主力行为、将主力妖魔化不利于从股市操作中获利。

主力并不是阴谋论的产物，也不是想象中的阴谋家，它只是博弈的参与者，但主力能影响其他参与者并在一定程度上控制股价走势。

股票市场上，每个参与者都是利己的，即都寻求自身利益最大化。这也是博弈论的基本假设之一，即人是理性的。所谓理性，是指行动者具有推理能力，在选择具体策略时，目的是使自己的利益最大化。

没有人愿意当一个失败者，都希望从博弈中受益，而且希望利益最大化。无论主力资金还是市场资金，只要不告别这个市场，就会一直处于博弈的旋涡中，做出自认为理性的选择，追求属于自己的最大利益。

在这个过程中，当大多数资金（包括主力资金）的理性选择趋同时，就意味着不会有人从中获益。这样的结果是拥有多方面优势的主力资金不愿意看到的。解决这个问题的关键就是打破共识，诱使市场资金重新做出选择。只有这样，主力资金才有可能实现自己的利益最大化。

但是，相对于博弈本身来说，利益最大化只是一种假设，很少有人能够做到这一点，包括主力资金。虽然成功运作一只个股会使主力获利不菲，但承担的风险也是巨大的。同时，不管多么高明的主力资金，也无法阻止部分市场资金从自己的操盘中分一杯羹。

股票市场上没有妖魔，同样也没有神。当你把交易看作与对手弈棋时，也许很多以往曾让你惊恐不安的交易不过是整盘棋中主力的一个闲子。

## 二、交易中的读心术

### 1. 散户散手

（1）击鼓传花式的炒作

单一主力运作股价时，相对容易判断，但在击鼓传花式的资金炒作中，很难甄别资金的真实逃逸与回归。

股价一再上涨，股份和资金不断从 B 流到 C，再从 C 流到 D……一买一卖之间，既有回归也有逃逸，这个时候真亦是假，假亦是真，如何辨别？

不要把精力耗费在你达不到的层面，作为散户，明白自己的地位和优势是第一要务！如果你的资金无法搅动股价，还是老老实实藏在深山老林里打游击，毕竟在交易场上生存比露一小脸更重要。

（2）买股票的耐心

买股票，你得有讨价还价的耐心，主力不愿意打折，就坚决不买；遇到一门心思想清仓出货的主力，即使打出“吐血大甩卖”的牌子，也绝不光顾。不管看起来多大的折扣，都有可能“砸”在你手里卖不出去。

（3）跌势中的反弹、震荡

跌势中的反弹，启动时的普涨阶段最好赚钱。过了这个阶段，个股走势开始分化，有的股涨，有的横向震荡，有的下跌，这时钱就比较难赚了。

没有强度和量能的反复震荡，在下跌途中或低点，都是在消耗市场做多动能，只不过前者是为了降低自己的仓位，后者是为了吸筹。

（4）持久战

投降派即被套就割肉认输出局，这种态度并不可取，长此以往小亏会累积成大亏，当失败成为习惯，就更难纠正。速胜派即被套后希望快速反弹获利，这种态度也不可取，这种心态很容易被连续的下跌打懵，随之引发交易心理崩溃，难以理性发现股价的运行规律。

弱势交易之道是持久战。被套后，如经过分析判断持有的是优质股，则急跌补仓或做 T+0，急涨减仓，逐步降低成本，纠缠于此股不放手，持续一段时间必能转亏为盈。切不可因一时不利和亏蚀失去信心，转而交易其他个股。

动物捕猎往往紧追一个目标不放手，不会因途中遇到其他猎物而改变目标。随意在中途改变目标的往往是新手，捕猎失败的概率更大。如果操作，将会耗费更多的精力，效果却更差。即使偶尔捕到几次猎物，也不足以扭转亏损的趋向，因为运气不会总是垂青你。

（5）别过高估量自己的未来表现

就像股市配资一样，行情向好时能给你带来巨额利润；行情不好时，则会让你倾家荡产。你确定能在行情转折的关口结束配资吗？能控制贪欲的人世所罕见，别轻易认为自己是仅存的英明神武之人！

（6）不追求完美

做股票不能追求完美，一波行情中抓住一个板块或个股反复操作就能获得不错的盈利。如果在各个板块或个股之间来回操作，需要完美地踏准市场轮动的节奏，你有这个能力吗？即使偶尔踏准那么一两次，也只能说明你运气好。

**2. 心远地自偏**

每个怀揣致富梦想的人进入股市后，手中的金钱就变成了博弈的工具。在金融市场无声的厮杀中，胜利者的财富得以积聚，失败者则以惨淡的心情面对财富缩水。

股市不相信眼泪，也没有同情和怜悯。适者生存，弱肉强食，丛林法则是股市生存的真实写照。怀揣致富梦想的人可能在股市里将梦想化为现实，也可能让梦想远离自己。这里很多曾经的有钱人最终一无所有地离开，也有人以小博大，上演了一幕以钱生钱的暴富神话。

陶渊明诗云：“结庐在人境，而无车马喧。问君何能尔？心远地自偏。”笔者最喜欢诗中“心远地自偏”一句，每读此句，都会浮想联翩，想象趺坐蒲团默诵黄老的陶老先生怎样在闹市之中辟出一片宁静。

越是急于虏获更多金钱的人，反而最容易失去金钱，离金钱越远。越是淡看财富的人，越容易收获金钱，离金钱更近。人在股市，若能达到“心远地自偏”的境界，淡看价格的短期波动，避免跟随大众思维，保持心态上的从容与坚定，那么金钱与财富就在不远处。

稳定心态并不是一件容易的事，需要成熟的交易理念和交易技术作为后盾。稳定、坚忍的心态往往源于交易者对股价变化的深入研判和正确理念的支撑。

“纸上富贵”通常用来形容交易者曾经离金钱很近却最终远离金钱。在沉浮不定的股票、期货等金融市场，纸上富贵是一艘载满珠宝的船，缓缓航行在众多交易者的梦境与现实之间。

几乎每个参与交易的投资者都有过错失纸上富贵的经历：“赚了那么多钱，可惜没有兑现，最后反而遭受亏损！”这是股市中最常听到的感叹。导致这一结果，是因为交易者缺乏正确的理念和必要的技术研判能力。

**3. 善变是一种恶习**

善变——管不住自己的心和手，是很多失败者的通病。实战中，有些人缺乏耐心和耐力，很容易被眼前诱人的场景打动，忘记和放弃最初的计划和原则，转而跟随市场炒作热点追涨杀跌。

例如，在市场处于熊市下跌趋势时，有些人最初还能遵守减少操作频率、控制仓位等交易纪律，但是当一波凌厉的短期反弹行情不期而至时，心态就会随着行情的上涨发生变化，从最初遵守交易纪律到逐渐怀疑交易纪律是否有用，再到最后彻底放弃交易纪律，加入狂热的追涨大军。市场总是反复愚弄这些善变的人，追高的点位往往都会成为短期反弹行情的顶部。

善变在市场中很常见。

比如，一些人精于基本面的分析研究，并选出一些成长性良好的股票，在买入持仓的过程中，其他股票纷纷上涨，自己手中的股票却毫无表现，于是烦躁情绪不断发酵，最终难以忍受持仓个股的“死寂”，也忘记了自己最初的买入理由，忘记该股未来良好的发展前景，愤然将持仓全部清空，转而追涨热门个股。

然而，股市经常上演的就是“不卖不涨，一卖就疯涨”，卖出的股票不久开始启动，并展现出和当初研判几乎一致的靓丽局面。此时交易者的资金却被套在由热变冷的新持仓里面，只能望洋兴叹、自怨自艾，埋怨时运不济、苍天无眼。

善变会让牛市红利从手中溜走，也会让熊市亏损的创口加深。没有约束的地方是最容易犯错误的地方。放纵自己的人，结局往往都很惨淡。

管不住自己的人，想在股市上赚钱只能是空谈。股票市场中的成功者不一定是通晓市场奥秘的人，却一定是一个了解自己、能够掌控自己的高手。

交易者并不需要打败整个市场，能够战胜自己的弱点，就能在股票市场无往不利。道理很简单，似乎谁都明白，但真正能够做到的是少数人，这就是股票市场只有少数人能够长久获利的秘密。

**4. 幻想和现实之间有距离**

《吹牛大王历险记》一书中，主人公明希豪森可以骑着炮弹旅行，身陷沼泽时可以提着自己的头发将自己拔出来。这是一部风靡全球的幽默与幻想文学的经典之作，它让读者开心一笑的同时，也使人不得不佩服作者无与伦比的想象力。

充满幻想，对醉心于文学创作的人来说是一笔财富，而对交易者来说可能就是一场灾难。

交易市场是一个博弈的地方，任何人任何细节上的疏忽都可能带来资金亏没的灾难性后果。一个充满幻想、头脑装满不切合实际想法的交易者在这里很难长久立足，更别提赚钱和取得成功。

没有人相信一个衰弱的老人在百米赛道上跑赢博尔特，可在股票市场上，类似的传闻就有人深信不疑。问题不是出在智商上，而是关于财富的幻想上。股票市场确实是一个容易让人产生幻想或幻觉的地方。

A股市场历来有炒作题材股的习惯，题材股就是能够给交易者带来无限幻想的股票，和上市公司基本面是否改善并无太多的联系。换种说法，市场上的主力资金负责为交易者打开幻想空间，交易者则负责为主力资金贡献利润。

历来题材股炒作都是以相关个股股价迅猛飙升来吸引市场的眼球，随着相关题材被媒体广而告之并迅速为大众知晓，追逐暴富机会的人们就会蜂拥而至。

一种以石墨烯技术为基础的超级电容器，其充电速率远远高于普通电池。一时间一石激起千层浪，沪深两市所有和石墨烯沾边的上市公司股价都一飞冲天。事实上，石墨烯技术在世界范围内尚处于研发阶段，根本不可能在短期内形成生产力和大规模应用，更谈不上对上市公司的业绩做出贡献。

题材股的炒作，重点其实在“炒作”二字上，题材只是个引子。既然是炒作，那么炒无可炒时，一切都会恢复平静，包括股价。一轮炒作过后，结局就是一地鸡毛。

### 5. 股市不是提款机

股票市场是一个容易出现暴富神话的地方，在中国股市20多年的发展历史中，的确出现过让人暴富的机遇，比如早期的认股权证、转配股，就使个别人奇迹般地成为千万富翁甚或亿万富翁。股市暴富神话塑造了诸多传奇人物，每一轮牛市行情里，散户都能真切地感到身边就有赚大钱的人，这些短时间内的暴富案例，对散户有难以抵挡的诱惑。

不少人就是在热火朝天的牛市阶段进入股票市场的，大牛市赚钱效应使各方资金源源不断地涌入。司马迁在2 000多年前就一语点透了金融资本的特性："天下熙熙皆为利来，天下攘攘皆为利往。"资金或资本总是向有利可图的地方汇集。

牛市的财富效应比任何广告宣传效果都要好，一些曾经对股票市场抱有偏见的人，也会被亲眼所见的暴富案例打动，纷纷进入股票市场"抢钱"。

即便是毫无股票知识和操作技巧，仅为追逐暴利而来的人们，在牛市疯狂上涨阶段也能赚到丰厚的利润，于是股票交易就成了一件极其简单的事情，股市也成了大家的提款机。

然而，亲眼所见的暴富案例未必都是真实的，或者说未必最终能够成为事实。股票市场的博弈特性决定了这里只能是一个少数人赚钱的地方，永远不可能成为一个大家共同致富的理想国。很多人一时暴富，最终证明只是一场纸上富贵。

**6. 埋下种子，不一定会有收获**

一些交易者进入股票市场后，刻苦攻读大量股票交易图书，也由此获取了大量的相关知识。但对于无法将心态调适到正常状态的人来说，成功和他们之间隔着一条万丈鸿沟，可能终生都无法逾越，选择退出对很多人来说也许是一个不错的主意。

作家阮海彪说："据说生长人参的土地都寸草不生。你必须先经过寸草不生的考验，至于长不长人参，还是个未知数。"

股票市场的残酷性颇类于此，交易者投入了金钱和大量的精力，但是最终能否获利，还是一个未知数。亏损，尤其是长时间、大幅度亏损，对交易者来说就是一种考验。能否跨过横亘在面前的这道坎儿，对于确定自己是否适合股票交易至关重要。

股神沃伦·巴菲特认为："不能经受资金亏损50%的人不适合股票投

资。”即便是股神巴菲特也并非百战百胜，他“埋下”的种子有时候也会“烂”在地里。

埋下种子一定会有收获，这只是一个美好的愿望。你必须从概率层面做好失败的心理准备，并在资金和交易策略上对可能发生的亏损设计一套预备方案。即便如此，仍旧没有人可以百分之百保证战胜概率，永远不会遭受亏损。

**7. 看不懂股性，也看不懂自己**

股票本是一张纸，并无生命和灵性，但是有了交易者之间的博弈，股票便有了不同的个性：或急如烈火，或有条不紊，或蹒跚不前。

股市中不少人既看不懂股性，也看不懂自己，于是炒股者往往被股炒。买入弱势下跌个股，却偏偏期望短期内获取暴利；高位追涨短期飙升个股，却长期持仓想做巴菲特；长于基本面分析研究，拙于盘口技术者，却痴迷于短线交易。诸如此类的交易者，市场中不胜枚举，他们也是最容易被股炒的人。炒股者被股炒，结局就是陷于困境中难以挣扎，始终无法摆脱亏损的命运。

很多人对短线交易抱有极大的兴趣，认为那是财富快速增值的一条捷径。今天买，明天卖，隔夜就能大赚，这是很多人关于短线交易的幻想，但是很少有人问问自己是否适合短线交易。

大部分人在所谓的短线交易中不是割肉离场，就是被套后短线改长线，炒股者不是被炒出局，就是被炒成股东。其实短线交易对于交易者心理素质、技术能力等方面的要求非常苛刻，并不像很多人想象的那样简单，那样易学易会。

炒股者被股炒，多数是因为只看到了涨，却远远没能看懂为什么涨。很多上涨其实是为了未来的下跌。同样，很多下跌也是为了未来的上涨。

**8. 分散，还是集中**

投资风险无法消除，但能分散。一般来说，将资金投放于不同的投资品种上，如股票、国债、储蓄，可以防范某一领域发生重大风险时，不至于影响到整体资金的安全。

一些交易者“画虎不成反类犬”，以为分散投资的意思就是尽量多地持有各种股票，殊不知持仓过度分散也是交易的大忌。

关于投资分散的问题，美国投资大师费雪认为，不要过度强调分散投资。投资者相信把鸡蛋放在几个篮子里能降低风险，但购买太多股票的害处是不可能去观察所有篮子中的所有鸡蛋。投资者得冒花太少精力在他们熟悉的公司而花太多精力在他们陌生的公司上的风险。买入大量对其业务不甚了解的公司的股票，承受的风险要比分散投资做得不够充分大得多。

英国经济学家凯恩斯在给商业同行的一封信中写道：通过撒大网捕捉更多公司的方法来降低投资风险的想法是错误的，因为你对这些公司知之甚少，更无特别信心。人的知识和经验都是有限的，在某一特定的时间段里，我有信心投资的企业也不过两三家。作为投资人，起码应在购买一家股票之前，对企业的经营状况有所了解。

股神巴菲特的投资哲学就受到凯恩斯和费雪等人的影响，他更倾向于有限分散或是集中投资。他说：“不要犹豫不定，为什么不把钱投资到你最看好的投资对象上呢？”在他的投资组合中，前10只股票往往占了投资总量的90%。

持仓过度分散的交易者没有足够的精力分析个股的情况，对大盘指数和个股下跌的风险关注度也会大大降低。这些交易者手中单只股票的手数都不会太多，当大盘开始步入下跌趋势，因不同个股的下降速率不同，会产生每只股票都亏损不大的错觉，觉得目前的亏损可以承受，容易忽视整体仓位面临的风险。

当大盘下跌到一定程度之后，整体仓位严重亏损的事实摆在面前，交易者这时恍若隔世，不相信会有这么大的亏损，可一切都已为时已晚。

交易者的优点之一就是“船小好调头”，一旦发现大势不妙，完全可以在几分钟之内撤出阵地，没有基金等机构那种尾大不掉的弊病。当持仓过于分散时，不但不能发挥自己的长处，还会为自己增添许多羁绊。同时，持有多只股票，也就等于分散了原本不多的兵力，手中很难再留有针对每只股票的预备资金，当意外情况或重要机会出现时，也就无力应对，只能望洋兴叹。

# BIN TRAVERLER FORM

Cut By: NIDIA JOUEI Qty 26 Date 11-13-26

Scanned By: Qty Date

Scanned Batch ID's

Notes / Exceptions